ちくま新書

大正史講義【文化篇】

筒井清忠 編
Tsutsui Kiyotada

1590

大正史講義 文化篇【目次】

凡例

＊各講末の「さらに詳しく知るための参考文献」に掲載されている文献については、本文中では（著者名　発表年）という形で略記した。
＊固有名詞（地名・人名等）の旧字は原則として新字に改めた。
＊法律の条文などの引用資料のカタカナ文はひらがな文に改めた。

はじめに

筒井清忠

†大衆の登場と修養主義の盛行

大正時代の文化は、明治と異なる様々な多くの新しさを持っていた。大正時代を生きた人々は、それを「ハイカラ」「モダン」「新しい文化」「新時代（関東大震災後）」などと表現している。ただ、それは文化の多様なジャンルにおいて展開したので、簡単に一つにまとめられるものではない。

しかし、そこに一つの基調があったのも事実である。それは、『大正史講義』でも述べたが、やはり大衆の登場であった。それは多くの文化現象の背後に共通して見られたが、百貨店を中心にした消費文化やそれと密接な関係を持った宝塚歌劇などの興行・私鉄沿線事業などに典型的に見られた。そうした動きを積極的に推し進めた小林一三は自らの仕事を「大衆本位の事業」と言っている。

そして、例えば文学においてはそもそも「大衆文学」「大衆文芸」という言葉と実態が初めて現れたのであった（以上は第8、9、13、17、18、21、25、26講をもとにしているので参照されたい）。それだけに、高学歴層を主対象とした文化は極めて少なく、高学歴層向きの文化と大衆向きの文化との間に位置する中間的なものが多いのも一つの特質である。

そうしたなか、例外的に高学歴層向き文化として成立したのが教養主義であった。大正の新しさを見ていくにあたって理解しなければいけない一つのポイントは、この時代は日本において「教養」が確立した時代であったということなのである。そこで、この点をいささか詳しく見ておくことにしよう。教養の観念はどのようにして成立したのか。

それは、明治の終わりに「修養」という観念の中に含まれていた。明治末期の日本では、「修養主義」というものが盛行を極めたのだが、この「修養」の観念の中に「教養」の理念は包摂されていたのである。

明治末期の日本社会の青年層には、次のような事情からアノミー（無規範）的状況が生じていた。すなわち、国家体制の整備が進んだことにより、明治前期のような立身出世主義の一挙的達成の可能性が乏しくなり、「立身出世」は国家官僚になるための競争に典型的に見られるような厳しい試験と競争を必要とする困難で閉塞的なものとなったのである。一方、日清・日露戦争の勝利によって明治維新以来の「富国強兵」という国家目標がある程度達成されたように受けとめられ、青年層の関心が「天下国家」から「個人」の問題へと移行するという「社会的弛緩状態」も見られはじめていた。

こうして青年層の「堕落」や「煩悶《はんもん》」がしきりに問題にされだしたとき、状況打開のために登場してきたのが、清沢満之《きよざわまんし》・綱島梁川《つなしまりようせん》・西田天香《てんこう》・蓮沼門三《もんぞう》・田沢義鋪《よしはる》・野間清治らの修養主義者であり、修養書であった。そしてこの修養主義思想の中でとくに強調されたのが「人格の向上・完成」であった。「修養」とは様々な手段を通して「努力して人格を向上・完成させること」だったのである。

†修養主義からの教養主義の分離

「修養」は様々の立場の人によって説かれたのだが、こうしてみると「文化の享受による人格の完成」という「教養」の理念は「修養」の観念の一ケースであったことがよく理解されよう。すなわち、巨視的にいえば包括的な「修養」の観念のなかに「教養」の理念が包摂されて登場していたと見ればよいのである。

そうした修養主義の全盛期に、その主導者であった新渡戸稲造は「近頃修養々々と呼ぶ声が大分世間に響き渡り、殆んど一の流行語の如くなった」が、「修養の工夫は実際的、且つ具体的である。所が、実際的且つ具体的なるものは、学理や思想の立場から見れば、第二義に属するものであるから、何となく浅薄なるかの観を呈する」。「そこで、所謂思想家は」精神的・思想的な面のみを以て「却《かえつ》て高尚なるが如く信ずるようになるだろう」と予測したが、まさしく「所謂思想家」たちによって、大正期に入ると修養主義から教養主義が分離してエリート文化として自立していくのである。

「教養」を現代と同じような意味で自立させて初めて使ったのは和辻哲郎の「すべての芽を培え」(『中央公論』大正六年四月号)という文章であった。和辻は「数千年来人類が築いて来た多くの精神的な宝——芸術、哲学、宗教、歴史——」による自己形成を説き、「青春の弾性を老年まで持ち続ける奇蹟は、ただこの教養の真の深さによってのみ実現されるのです」としたのだった。今では当然至極の文章だが、これはそれまでにないこの言葉の使い方だった(それまでは「教養」はほぼ「教育」を意味していた)。

和辻の文章とほぼ同時期に、ケーベルの論稿や阿部次郎の書物などでも「教養」の語が和辻と近い意味で使用されはじめ、和辻の著作と相俟って教養の観念は普及していった。こうして岩波書店を軸にして、次のような形で教養主義の古典ともいうべき書物が次々に刊行されていった。

大正三年　阿部次郎『三太郎の日記』刊。岩波書店、本格的出版開始(夏目漱石『こゝろ』)。

大正四年　「哲学叢書」刊行開始。
大正六年　『思潮』創刊。『漱石全集』刊行開始。倉田百三『出家とその弟子』。西田幾多郎『自覚に於ける直観と反省』。
大正七年　阿部次郎『合本三太郎の日記』。
大正八年　和辻哲郎『古寺巡礼』。
大正十年　倉田百三『愛と認識との出発』。西田幾多郎『善の研究』復刊。
（『三太郎の日記』初版以外はすべて岩波書店刊）

この時期、原敬内閣下高等教育政策に変化が起こり、旧制高校の数が倍増、旧制高校生の数も膨れ上がり、これらの教養主義の著作を受け入れる層が確保され教養主義のいわば需要供給システムができ上がっていったのだった。

一方、修養主義の方は講談社・修養団・青年団、そして様々な宗教団体等を通して大衆的修養主義として大正期に着実に大衆の間に浸透していき、さらに昭和期につながっていく。とくに大衆の間に圧倒的な支持を得た長谷川伸・吉川英治らの修養主義的時代小説・大衆文学の影響力は大きかった（第18講参照）。それは映画・演劇・流行歌などマスメディアを通じて大衆の間に浸透していったのである。

†日本のエリート文化はなぜ脆弱だったか

そうすると、日本では、エリート文化の中核となる教養主義と大衆文化の中核となる大衆的修養主義とが、明治後期に「修養主義」として同時に同一物として成立していたということになる。このことは様々なインプリケーションを含むだろう。

まず第一に、日本ではエリート文化と大衆文化のエートス的中核が同時に同質的なものとして成立したため、後に両者が分離してもその分離は十分には成功しにくかったということである。原理的に同一のものの差異化は困難であるから。

ピエール・ブルデューは、一七世紀のフランスの支配階級の中に成立した「教養人」の倫理・態度はその後のフランスでは教育機関の「カリキュラム内容の変更や支配的階級の位置にある諸階級の交替があったにもかかわらず」エリート層に存続してきたとして、その「振る舞い方」「態度物腰」をあげている。それらは「自然や軽さの称揚」「「天与の才」の崇拝」「社交界での多種多様な会話や出遭いに適応する技術を卓越のしるしとみなす傾向」「奇抜さとか微妙な表現への注目」、要するに「ただ一つの獲得の道しかない点にその価値のすべてがかかっているような獲得物の所有様式」であった。

これに対しフランスのエリート文化で「軽蔑」「蔑視」されたのは、「努力」「習得」「学習」

「手仕事」「技巧」など、要するに「習得または獲得されうるものの俗悪さ」であった（ピエール・ブルデュー、宮島喬訳『再生産』藤原書店、一九九一）。

もし日本のエリート文化の中核的エートスが右のフランスのエリートの倫理と同じようなものであれば、それは十分に大衆の文化と分離し、差異化に成功しえたであろう。しかし日本で生じた事態はそれとは全く反対であった。

学歴エリートの養成機関である旧制高校文化は「武士道的」なものから「修養主義」へと変化しつつ確立していったのである。そこでは「努力」「習得」による「人格の完成」に高い価値がおかれており、その点でそれは大衆文化の中核的エートスと何の差異もなかった。このことは、近現代日本におけるエリート文化が「脆弱」であった大きな要因と考えられよう。

近現代日本のエリート文化が「脆弱」であった要因はもとよりこれ一つではない。旧支配層であった武士の正統的文化の内容と学歴エリートたちの「文化内容」との間に連続性が乏しく、学歴エリートの威信が伝統による裏付けを得にくかったことなどそのほかの原因もそこにはある。しかし両文化の中核的エートスの同質性という要因は、最も重要なものであったといえよう。

それは、次のような点に現れることになる。教養主義が展開していくにあたっては、一つの軸になったのが哲学書の出版でそれは西田幾多郎を中心にしたものも大きかったが（第5講参照)、一つの焦点が哲学的に受けとめられた作家夏目漱石であった。

夏目漱石については第6講に詳しいが、そこで明らかにされているように、漱石の神話化は死後急速に進み、「則天去私」というよく知られた言葉が宗教的教養のように受けとめられ、一種の「聖人」として漱石は祀り上げられていった。とくに漱石の作品は教養主義と結び付け捉えられる風潮が強かったため、文学者という以上に一種の思想家と見なされつつ神話化は完成していく。結局、「近代日本の運命を担った知識人」としての漱石像は、大正から昭和にかけて一つの神話化の作用によって作り出されたものなのだった。

このことが意味しているのは何か。日本の教養主義は権威主義的偶像崇拝傾向という大衆的心性に非常に近いところがあったということである。それは流行・ブームなど大衆化の波に弱いということにもつながる。教養主義自体が、大正後期になると学生・知識層に急速に広まっていった「流行」としてのマルクス主義の圧倒的影響力に押しまくられていく有様は第4講に詳しい。

大正期に発達した文化の中でも最もエリート主義的色彩の濃かった教養主義は、大衆と根本的に違ったハビタスによって養われた人々に依拠するのではなく、大衆とほぼ同じ地点から出発し受験勉強・合格によって選ばれた人々に依拠していたため、大衆からのプレッシャーに極めて弱い体質を持っていたのである。

†巨大な大衆化・同調圧力の国へ

大正後期の円本ブームについては、第20講に詳しいが、そこでも同じようなことが起きている。

大正後期、円本という大衆化の嵐が出版界を襲った。円本の大量生産システム、予約制が出版経営の計画化、作家の専業を可能とし、出版の全工程が近代化されることになったのである。岩波書店は円本ブームに乗り遅れたが「岩波文庫」を創刊し、さらに同時期に始めた定期配本の岩波講座も広義には円本であった。岩波茂雄は『キング』や円本を批判しつつも、それが生み出した大量流通システムによって事業を拡大したのである。戦後、岩波茂雄は「出版だけに固執していなくて、ラジオでもやろう」という支配人小林勇の提案を受け日本放送協会の放送委員を引き受け、それはこれを引き継いだ小林による「岩波放送局」構想へとつながっていった。

知識人向きの岩波書店も大衆化の波の中にあったことが理解されようが、そのこととすでに述べた漱石の神話化やマルクス主義の「流行」とは強い関係を持っていると見てよいだろう。思想・文学の本がその内容自体によって読まれるより、「流行」によって読まれる傾向が日本では極めて強いということなのである。

これは、女性の比較的高い学歴層にも違った形で見られたことを第15講が明らかにしている。一九二〇年前後から女子学生服は洋装へと転換していくが、その具体的なデザインは制服のある場合は学校ごとに、服装自由の場合は個人ごとに異なった。そして、大正後期から昭和初期にかけて次第にセーラー服を制服とする女学校が増え、職業婦人の洋装とは一線を画す女学生の洋装として定着していく。

セーラー服は当初キリスト教主義の女学校で採用された様式であったが、欧米の流行を取り入れた洗練されたスタイルに女学生の人気が集まった。服装自由であった東京女高師附属高女では一九三〇(昭和五)年に通学服調査が行われ、洋装着用者四四二名中、半数を超える二八六名がセーラー服を着用していた。また埼玉県立児玉高等女学校の卒業生は、「当時の女学校は殆どの学校が夏冬共にセーラー服であったので、私達は自分達の冬の制服が如何にもみすぼらしく、野暮ったく思われて、みんなセーラー服にあこがれていた」と証言している。着用者である女学生の人気を集めたセーラー服の流行が、女子学生服を画一化させたのである。その影響力は制服がない公立の小学校にも及び、女子児童の間でも自発的なセーラー服の着用がみられた。

一部の教育者によって服装選択能力の育成を目指す教育や個性的な洋装着用も試みられた時代であったが、結局それは女学生の心を摑んだ流行のスタイル・セーラー服へと画一化された。

すなわち、学生服の画一化という点でも、当時女性の最も高い教育受容層において見られたのは「国家の権威や学校の指導」を突き抜けた「流行の力学」なのだった。

百貨店を中心とした消費文化が、「モダン」の名のもとに「流行」を基軸に展開していく様態は第24講に詳しいが、流行・ブームとは巨大な大衆化・同調圧力の謂いにほかならない。大衆化の圧力は既成のエリート層支配を破壊する革新的機能も果たすが、大衆化・同調圧力が成員を大きく規制する側面も強く持っている。いずれにせよ問題は国民がそれをわきまえいかに対処するかにかかっているが、その圧力は強く抗することは容易ではないだろう。

大正期に完全な意味でのエリート主義を離陸させなかった国日本が昭和に巨大な大衆化・同調圧力の国になるのは当然のことだった。そして、それを生み出したのが大正文化であった。多様に花開き、様々な可能性を孕んでいた大正文化ではあったが、その基底に大衆化の波が渦巻いている限り次の時代がどのようなものになるかは、ある程度運命づけられていたといえよう。そしてそれがある意味では今も続いているのだとすれば、これからの日本を私たちにとってより好ましいものにすることができるか否かは、私たちがその起点＝大正文化をよく認識できるか否かにかかっているといえるのではないだろうか。本書刊行の意図はそこにある（全体にわたり、第4講「大正教養主義――その成立と展開」、拙著『日本型「教養」の運命』〈岩波現代文庫、二〇〇九〉をもとにしているので参照されたい）。

第1講

吉野作造と民本主義

今野 元

†西洋(西欧)派日本ナショナリズムへの道

吉野作造の思想的立場は民本主義という概念に表現されている。民本主義とは、国家主権は天皇にあるが、国政は民意に基づくべきだとする考えである。この民本主義は、二つの意味を有している。第一は、天皇の主権と議会の実権とを両立させるということ。第二は、強力な西洋化(西欧化)の潮流への日本の順応と日本の政治的・精神的主体性とを両立させるということ。以下では、吉野がどのようにこの発想を育んだかを辿っていきたい。

明治一一(一八七八)年一月二九日に宮城県古川《ふるかわ》の平民に生まれた吉野は、上京前すでに思想的基盤を育んでいた。彼は地方名望家の長男だったため、家業で頒布《はんぷ》していた新聞を読んで政治に触れた。仙台の県立尋常中学校、第二高等学校に進学した吉野は、日清戦争で尊皇愛国の念に燃えた。「荒野原太刀を枕のまどろみて誉のいさをや夢よ見る覧」、「唐の荒野に生へし醜草も靡くや君の御稜威《みいつ》の風に」、「露霜におきふすも君の為なれや大和男子の何いとふべき」などと詠んで、日本将兵の勇武や勤王の精神を称えたのである。同時に吉野は、日本の権威や風習を尊重するアメリカ出身のプロテスタント宣教師A・ブゼルの薫陶を受け、キリスト教知識人としての矜持にも目覚めた。ここで西洋（西欧）派日本ナショナリストとしての吉野の基盤ができた。なお彼にとって、キリスト教徒であるとは西洋近代文明という「知的高み」から日本社会を見下ろすことであって、終始それ以上ではなかった。彼にとってイエス、神、三位一体は関心外で、聖書を引用することすらほとんどなかった。

†東京帝国大学法科大学での擡頭

明治三三（一九〇〇）年九月に東京帝国大学法科大学に進学した吉野作造は、政治学者か政治家を目指すようになる。後年の回顧によれば、学生吉野は文部官僚の非常勤講師木場貞長《こばさだたけ》の行う政治学講義がJ・C・ブルンチュリの講釈に過ぎず、民主主義から程遠いのに呆れたというが、逆に吉野はブルンチュリを英語で精読していたという蠟山政道《ろうやままさみち》の証言もある。吉野は小野塚喜平次の政治学演習に出たほか、穂積陳重《ほづみのぶしげ》の法理学演習でヘーゲル法哲学のレポートを書き、それを単行本にまとめた。吉野は成績優秀で特待生となり、一九〇四年に政治学科首席で卒業したが、彼の快進撃はここで一旦止まる。当時は学部卒業後すぐに助教授に採用されることもあったが、吉野は採用されず、家業が傾き妻子を抱えた身で、大学院に進学した。政党政治家への道は、古川町長だった父年蔵らに止められていた。日露戦争で志願することも考えたが、兵役検査で不合格となった。

長い就職活動中、吉野はいろいろな経験をした。刊行されたヘーゲル研究は、一年先に卒業し、すぐに行政法助教授になっていた同い年の上杉慎吉に激賞された。弓町《ゆみちょう》本郷教会に属した吉野は、海老名弾正《えびなだんじょう》の主宰する雑誌『新人』で愛国的言論活動を展開し、日露戦争を後進的専制国家ロシアとの戦いとして称揚し、戦勝国日本の擡頭を警戒する西洋の黄禍論に憤慨した。一九〇六年、吉野は北洋軍閥の総帥だった袁世凱《えんせいがい》の息子の家庭教師となって清国に渡り、中国社会が後進的だと日本で吹聴すると同時に、教師としてその近代化に貢献しようとした。結局彼は一九〇九年に帰国し、遂に母校東大法科の政治史助教授への就任を果たした。

†西洋体験とその影響

明治四三（一九一〇）年、吉野作造は留学に出発する。のち彼は自分の英仏体験を強調したが、実際はドイツ語圏が主な留学地だった。東大法科の定番の留学地だったハイデルベルクでは、大学に馴染めず一学期で退去し、欧州学界と学問的に向き合えたとは言い難い。精神的に不安定になり、現地人を前に軍歌「元寇」を歌ったりもした。彼はもはや大学に通学すること

吉野作造がカトリック信仰を見学したリーデンハイムの礼拝堂（ヴュルツブルク郊外、2013年1月6日、筆者撮影）

なく、ヴィーン、ベルリン、英仏を旅行し、アメリカを通過して一九一三年に帰国した。吉野の留学中の研究課題はカトリック教会の批判的考察だった。プロテスタンティズムを政治に生かしたいと考えていた彼は、フランス世俗主義の影響で政教分離論が擡頭したのに困惑し、政治から分離すべきはキリスト教一般ではなく、その悪しき形態であるカトリシズムだと考えて、その研究を進めたのである。同時に彼は欧州社会の様々な局面に目を配り、見聞を広めた。

帰国して政治史教授となった吉野は西洋志向の進歩派言論人として振舞った。彼は滝田樗陰《ちょいん》から依頼され、一九一四年年頭から『中央公論』で政治評論を行うようになる。吉野は「学術上より見たる日米問題」で、折から激化しつつあったカリフォルニア州での日系移民紛争について、アメリカ人の排斥運動よりも日系移民側の水準の低さを問題視した。また「民衆的示威運動を論ず」で、日比谷焼き討ち事件のような民衆暴動を政治的覚醒という意味で肯定した。東大法科での講義では、社会主義運動を熱心に論じた。留学中の研究成果であるカトリック教会史研究は東大法科法理研究会で披露されたが、その話題はいつしか消えていった。

†大正デモクラシーの論客

大正三(一九一四)年夏に始まった第一次世界大戦は吉野作造を一躍有名にした。東大法科でヨーロッパ政治史を講じていた彼は、『中央公論』などで斯界《しかい》の権威として欧州大戦を実況報道する機会を得た。日本政府が日英同盟を理由にイギリス側に立って対独宣戦を行うと、彼は政府の決断を言論界から後援した。その論調は、ドイツを後進的専制国家とみなし、日本の対独戦を文明論的に肯定するものだった。日独戦争は日本がドイツから脅威を感じることなく始まり、開戦直後の国内にはドイツと戦争をする必要性を疑い、強大なドイツを敵に回す危険性を指摘する声もあったが、吉野の戦争解説及び日本の速やかな勝利は、懸念を払拭する役割を果たした。

この時展開されたドイツ帝国の辛辣な評価は、吉野のかつてのロシア批判・清国批判・日系移民批判の延長であったが、ドイツ留学で苦労した彼の意趣返しのようでもあった。吉野は、ドイツの中国からの駆逐をアジアの西洋からの自立の第一歩だと考えた。吉野は同盟国の英仏(特にイギリス)を文明国として熱狂的に称揚しただけでなく、かつて酷評したロシア帝国までも十年前から一転して日本の良き同盟相手として好意的に扱った。軽快な正戦論は日本社会で喝采を浴び、吉野は東大法科を代表する教授と見なされるようになった。

大戦中期の一九一六年一月、吉野は『中央公論』で「憲政の本義を説いて其有終の美を済《な》すの途《みち》を論ず」を発表し、日独戦争の肯定から民本主義の鼓吹へと移行した。彼は大戦を進歩的勢力（英仏露日）対保守的勢力（独墺）という図式で見たので、日本には進歩的勢力の一角をなすにふさわしい国内改革が必要だと考えるに至った。吉野は国民の智徳が向上し専制政治から立憲政治に移行するのは、ドイツをも含めた世界の普遍的潮流だと説いた。吉野は「一天万乗《いってんばんじょう》の陛下を国権の総攬者として戴く」日本でも、帝国議会で民意を体現する政党が実務を担当する政治が可能だとし、主権論を実務から切り離した。ただし彼の構想では、民衆は政党には参加せず、選挙を通じて外部から政党を統制するのだとされていた。吉野は「普通選挙」という名で男子・普通・平等・直接・秘密選挙（実はドイツ帝国議会の選挙法）を日本にも導入すべきだとした。

一九一七年に革命のためロシア帝国が戦線を離脱し、代わってアメリカ合衆国が参戦して、翌年に独墺の敗北が決定すると、民主主義の勝利を謳い上げる吉野の論調も最高潮になった。彼はアメリカ参戦を歓迎し、トーマス・ウッドロウ・ウィルソン大統領の平和主義、道徳主義に感激し、「ピューリタンの血」の偉大な作用を称えた。これは開戦前の日系移民批判とも連続するアメリカ礼讃論である。一九一八年に終戦すると、吉野は道義を無視する「独逸主義」

に対して正義最優先の「米国主義」が勝利したと寿《ことほ》ぎ、「国際民主主義」、つまり諸国家間に自由で平等な秩序への志向が広まることを期待した。

吉野の民本主義論の擡頭は、日本が英米覇権下で進行するグローバル化に順応していく過程でもあった。熱烈な愛国者・尊皇家でもあった彼は、英米主導のグローバル化に順応しても日本の主体性は少しも揺るがないと信じ、皇太子として初めて洋行した若い摂政宮裕仁《せっしょうのみやひろひと》親王(のち昭和天皇)の進歩的影響に期待した。だが保守勢力は、グローバル化への順応は強者への阿諛追従《あゆついしょう》に他ならず、日本の主体性を危うくすると考えた。当時まだ若かった近衛文麿公爵が一九一八年一二月号の『日本及日本人』で発表した「英米本位の平和主義を排す」がその例である。

一九一八年一一月二三日に東京神田の南明《なんめい》倶楽部で行われた立会演説会は、両勢力の衝突であった。前年のロシア革命に続き、日本でも米騒動が起きた一九一八年の夏、民主化を鼓吹していた『大阪朝日新聞』がある記事で「白虹《はっこう》日を貫けり」と記した。これは荊軻《けいか》が秦王政(のちの始皇帝)を襲撃した際に起きたという自然現象で、国家転覆の予感を表現したものだった。朝日新聞社編集部も一旦用いたこの表現を不穏当だったと後悔し、急遽輪転機を止めたが、市中に出回ったものは回収しきれなかった。大阪地検が担当者を新聞紙法違反容疑で起訴し、同社には抗議の手紙が殺到した。そうしたなか玄洋社・黒龍会系の愛国団体だった浪人会は、講演会で『大阪朝日新聞』を非難した。それに感化された池田弘寿《ひろとし》らが、人力車で移動中の朝日新聞社の村山龍平《りょうへい》社長を豊国神社の鳥居前で襲撃し、これを凌辱するなどの挙に出た。

この事件に関して吉野は、『中央公論』一一月号に玉虫色の記事を書いた。彼は一方で朝日記事について論じないとした上で、国体冒瀆、朝憲紊乱《ちょうけんびんらん》を憂い、強硬な抗議もあり得るとした。だが他方で、彼は村山襲撃事件を非難し、浪人会が東京でも演説会で朝日新聞社への暴力的制裁の継続を暗示したと批判した。この記事に憤慨した浪人会関係者は、一一月一五日に速記業者を伴って本郷の研究室を訪問し、予定があるといわれ、翌日また訪問して、吉野が事実無根なことを述べたと抗議した。浪人会によれば、池田の村山襲撃は浪人会の指示ではなく、東京の演説会での暴力示唆などしていないという。押し問答の中で、実は吉野が東京の浪人会演説会を実際には訪問しておらず、伝聞情報だったことが判明した。また朝日記事を読んでいないとして論評を渋る吉野に、浪人会は現物を持参して感想を求め、その公表を迫った。

そのあと一週間にわたる両者のやり取りや新聞報道で、吉野に不信感を募らせた浪人会は、一一月二三日に神田で立会演説会を開き、彼に公開の場での浪人会への謝罪とその名誉回復を求めた。この場に、吉野支持派の学生などが大挙して押し寄せ、施設内外で彼の応援活動を行った。結局浪人会及び吉野は、ともに天皇崇敬という共通項で歩み寄り、最後に全員で天皇陛下万歳を三唱して散会した。浪人会は一連のやりとりの記録を公開したが、歴史家は浪人会側の見解を度外視し、吉野派の見解に沿って、この事件を保守頑迷に対するデモクラシーの勝利と説明するのが常である。

この事件で吉野の応援団をなした学生たちは、彼を盟主と仰いで「新人会」を結成した。この新人会は吉野への傾倒から始まったが、その会員たちが彼の意のままに動く腹心の部下だったわけではない。新人会の学生たちはロシア革命の影響でマルクス主義に深く傾倒するようになり、その観点から吉野の自由主義を無邪気だと批判するようにもなる。やがて新人会は大学の枠を超えて一般社会とのつながりを深め、また日本共産党を準備することとなり、東京帝国大学によって解散が宣言された。

この立会演説会での吉野を応援するべく、福田徳三ら民主化支持の言論人が作った団体が黎《れい》明会《めいかい》である（大学教授が中心で、長谷川如是閑《にょぜかん》のような報道関係者は入会できなかった）。黎明会の人々は、戦後世界の趨勢に順応しても天皇を中心とする日本の主体性は揺るがないという確信を共有していた。だがこの黎明会では、アメリカ一辺倒の吉野、姉崎正治《あねさきまさはる》と、ドイツに一定の理解を示す福田とが対立し、一九二〇年にはもう解散した。

なお吉野は浪人会と対立したが、最後に天皇陛下万歳で会を終えたように、保守勢力とも友好関係を持つことがあった。大阪国粋会幹事だった笹川良一は、一九二四年ころ吉野のもとに押しかけて威嚇したが、訪ねてみて昵懇《じっこん》になり、吉野が郷里の近い有力者である後藤新平に笹川を推薦するという事態となった。また大川周明は、東京帝国大学法学部に提出した博士論文が一向に受理されず苦慮していたが、吉野の後援で一九二六年に法学博士号を取得することができ、彼に恩義を感じていた。

†普通選挙運動・社会主義政党支援・国際協調

吉野は「普通選挙」を求める運動を成功させた。彼は、普通選挙で有権者が大幅に増えれば政治から腐敗がなくなると考えていた。同時に非議会勢力（軍部・官僚・枢密院・貴族院など）を「非立憲」勢力と呼んで攻撃したが、「非立憲」勢力の背景にいる天皇には強い愛着を示した。吉野は、議会は官僚を牽制するのであって、天皇とは決して衝突しないと主張した。

吉野は政党内閣を支持したが、政党一般の応援者ではなかった。彼は伊藤博文が作った保守政党である政友会には不信感を懐き、その対抗勢力に期待した。一九一八年に就任した「平民宰相」原敬には、吉野は非常に批判的な態度を取った。そして社会民主主義を掲げて社会主義政党の支援に乗り出し、とりわけ社会民衆党、社会大衆党を支持した。

吉野は英米主導の戦後国際秩序を肯定し、日米対立の緩和に努めた。太平洋を挟んで擡頭する日米は、日系移民問題、山東半島還付問題、ヤップ島問題などで激突し、両国世論を興奮させた。彼は多くの場合アメリカの立場を支持し、日本が英米に従うべきと説いて、日本世論の鎮静化を狙ったが、逆効果な面もあった。

吉野は東アジアの進歩的勢力との連携を模索した。彼は中国、朝鮮の前近代性を酷評していたが、だからこそ進歩的な中国人、朝鮮人には強い共感を懐いた。このため日本に留学してきた彼らを、私財をも投じて支援しようとし、そのためもあって東京帝国大学から朝日新聞社に転職して収入を増やそうとしたが、筆禍事件でうまくいかなかった。ただ吉野は日本の大陸権益を否定していたわけではなく、また軍備を整えることにも異論がなかったので、錯綜する議論には異論も提起された。

†大正デモクラシーの終焉と吉野作造の死

吉野は楽天的中庸路線の人であった。西洋（西欧）的＝「普遍的」潮流への順応と日本の主体性の維持、民主主義と尊皇精神、近代化を目指すアジア諸勢力への支援とアジア諸国の一般的後進性の酷評、中国・朝鮮の主体性尊重と日本の国益確保、国際協調（対米中協調）と最新鋭の軍隊保持といった具合に、吉野思想は「反対物の複合体」（カール・シュミット）である。彼は困難を承知で両者を両立させようとしたというより、両者が当然のように両立すると信じ切っていた面があり、そう思えない人々を批判した。吉野が両立を疑わなかったのは、ブゼルや海老名のような日本主義的キリスト者との交流のためかもしれない。

だが吉野も最晩年には楽天主義を貫けなくなる。一九三一（昭和六）年の満州事変を、彼はいち早く軍部の陰謀ではないかと疑ったが、リットン調査団が満州国建国を問題視すると、同国を国家承認する日本政府の立場を支持し、西洋列強の影響力を排除して東アジア諸国が連帯する「東洋モンロー主義」に傾斜した。一九二八年から実施が始まった普通選挙は政治の腐敗を克服するものとはならず、政党政治不信の高まりのなかで、一九三二年に海軍将校らが犬養毅首相を殺害する五・一五事件が起き、政党内閣が終わりを迎えた。吉野自身も一九二五年以降は体調を崩し、政治評論よりも日本史研究に活動の重心を移した。

一九三三（昭和八）年三月一八日に吉野が結核でこの世を去ったあと、残された人々は両立しがたい両極の齟齬を受け止め、どちらを取るかを決断せざるを得なかった。実弟の吉野信次は商工大臣、愛知県知事として総力戦体制を担い、「支那に対して徹底的膺懲《ようちょう》を加へ、彼の猛省を促し、以て東洋永遠の平和を確保する」ことを日本の目標とした。次女の赤松明子は社会民衆党から分離した国家社会主義婦人同盟を担い、その夫で新人会の指導者だった赤松克麿《かつまろ》は大政翼賛会企画部長となった。東大法学部で吉野の系譜に属した若手教授たちのうち、神川彦松、蠟山政道は国際協調を無理と感じて大東亜共栄圏の支持に回り、矢部貞治は議会制民主主義に無理を感じてファシズム理論を輸入し、講座後継者の岡義武は素朴な西欧左派憧憬者に留まったが、西洋史研究から日本史研究に避難した。吉野の楽観主義路線を共有していた先輩の小野塚喜平次《おのづかきへいじ》や美濃部達吉《みのべたつきち》も、時局に論評できなくなった。一九四五年の対米敗北は、吉野の西洋（西欧）派日本ナショナリズムの最終的挫折でもあった。

†敗戦後の吉野作造

対米敗戦後の吉野作造の評価は分かれた。米ソ覇権下の戦後世界では、日本の政治的・精神的主体性は許容されなかった。アメリカ進駐軍から「人類普遍の原理」を受容するよう求められた日本国憲法下では、保守主義者は弱体化し、自由主義者と社会主義者とが政治的主導権を争った。社会主義者は、吉野が果たした一定の進歩的役割を評価しつつも、国益への固執や天皇への敬愛など、ブルジョワ知識人吉野の限界にも批判を向けるという両義的評価をした。これに対し自由主義者は、吉野を天皇と共産党に抗した勇敢な闘士だったとし、ナショナリズムなど彼の限界とされた面については、単純に無視するか、年を重ねるうちに克服された、検閲対策に過ぎず本心ではなかったなどと釈明した。

冷戦終焉とともに優勢になった自由主義系の吉野研究者は、社会主義者の吉野論を一面的批判だとして却下した。彼らは顕彰事業として『吉野作造選集』を編集し、古川に吉野作造記念館を設けて、戦後民主主義を日本国内で準備した英雄として、いわば丸山眞男の先駆者として吉野を紹介するようになった（だが当の丸山は、吉野を政治学者として極めて低く評価していたのだが）。つまり吉野は、日本国憲法に適合する部分だけに着目されて、日本政治史の殿堂に祀られたのである。近年では、胸中で民主主義に不信感を懐き、「ポピュリズム」を警戒して民主主義よりも「立憲主義」を唱えるようになった自由主義者が、吉野にエリート主義的知識人の理想を見ようとしている。

さらに詳しく知るための参考文献

田中惣五郎『吉野作造――日本的デモクラシーの使徒』(未来社、一九五八)……講座派マルクス主義者による両義的評価。

松尾尊兊『大正デモクラシーの研究』(青木書店、一九六六)……自由主義的吉野評価。

伊藤隆『大正期「革新派」の成立』(塙書房、一九七八)……白黒図式批判の嚆矢。

三谷太一郎『新版大正デモクラシー論――吉野作造の時代』(東京大学出版会、一九九五)……自由主義的吉野評価。

田澤晴子『吉野作造――人生に逆境はない』(ミネルヴァ書房〔ミネルヴァ日本評伝選〕、二〇〇六)……自由主義的吉野評価。

松本三之介『吉野作造』(東京大学出版会、二〇〇八)……自由主義的吉野再評価。

今野元「吉野作造対浪人会の立会演説会――論争の発端から終結までの過程分析」(『共生の文化研究』第一二号、二〇一八)……本講の基になるもの。

今野元『吉野作造と上杉愼吉――日独戦争から大正デモクラシーへ』(名古屋大学出版会、二〇一八)……本講の基になるもの。

第2講

経済メディアと経済論壇の発達

牧野邦昭

†経済雑誌の登場

日本において近代資本主義が導入され、さらに印刷業・製紙業が発達するにつれて、経済に関する情報や評論を載せた雑誌が刊行されるようになった。経済の各部門(農業、工業、金融など)を扱う経済雑誌は明治初期から刊行されるようになるが、経済全般の問題を扱う雑誌は一八七九(明治一二)年に田口卯吉《うきち》により刊行された『東京経済雑誌』が最初とされ、同誌は有力な経済雑誌として発展した。「日本のアダム・スミス」と言われた田口の主宰した『東京経済雑誌』は経済面で自由主義を強く打ち出しており、これに対抗する形で犬養毅《いぬかいつよし》の『東海経済新報』(一八八〇年創刊)、町田忠治《ちゅうじ》の『東洋経済新報』(一八九五年創刊)、河上肇の『日本経済新誌』(一九〇七年創刊)が刊行される。『東京経済雑誌』とそのライバルの雑誌は日本経済全体を論じる、いわば「経世済民の志をのべる」経済雑誌(杉原四郎『日本の経済雑誌』)であった。

このほか、東京高等商業学校（現在の一橋大学）と神戸高等商業学校（現在の神戸大学）の教授陣を中心として編集された日本最初の経済学専門の学術雑誌である『国民経済雑誌』（一九〇六年創刊）、一般の読者を対象として興味を引く話題を提供する『実業之日本』（一八九七年創刊）や『実業之世界』（一九〇五年創刊）などの実業雑誌も登場する。特に増田義一《ぎいち》の『実業之日本』は新渡戸稲造《にとべいなぞう》を編集顧問として「成功」「修養」をわかりやすく説き、一方で野依秀市《のよりひでいち》の『実業之世界』はそれとは対照的に、堺利彦ら売文社と協力しながら企業や著名人（新渡戸を含む）への攻撃やゴシップの暴露を行い、それぞれ売り上げを伸ばした（なお、対極的な『実業之日本』と『実業之世界』が共に渋沢栄一と深い関係があったことも興味深い）。このように明治後期には多種多様な経済雑誌が刊行されるようになった。

†『東洋経済新報』と『ダイヤモンド』

大正時代に入り、経済メディアをさらに発展させることになったのが第一次世界大戦に伴い日本経済が急成長した大戦ブームである。大戦ブームは人々の経済への関心を高め、そうした関心を取り込むことに成功した既存の経済メディアは大きく売り上げを伸ばした。

『東洋経済新報』は明治末期からイギリスのマンチェスター学派の「小英国主義」（Little Englandism、植民地の獲得を優先する帝国主義政策への反対、自由貿易の推進）の影響を受けて帝国主義を批判していた。特に一九一二（明治四五・大正元）年から主幹となった三浦銕太郎《てったろう》の下で、帝国主義に反対し国内の改革と個人の自由な活動によって国民の福祉を改善していく「小日本主義《しょうにほんしゅぎ》」を提唱するようになっていた。三浦は各国の帝国主義政策がかえって軍備拡張により国際情勢を不安定化させ軍事費支出の拡大により経済に悪影響を与えていると批判し、日本もイギリスの「小英国主義」を見習って、「小日本主義」の立場から、満州における利権を放棄して軍事費を削減することを主張した。三浦は「放資事項」という会社評論の欄の設置や口語体の採用、旬刊（月三回刊行）から週刊への移行など『東洋経済新報』の誌面刷新や経営改革にも取り組み、同誌の販売部数は大きく増加した。

一九一一年に東洋経済新報社に入社した石橋湛山《いしばしたんざん》は当初は同社が刊行していた月刊誌『東洋時論』の記者として文芸・社会評論に健筆を振るっていたが、『東洋時論』の売行きは不振で、結局一九一二年の同誌の廃刊により湛山は『東洋経済新報』本誌の記者に移り政治経済の評論を行った。湛山自身は三浦と異なり「小日本主義」という言葉はほとんど使っていないが、「大日本主義」（＝帝国主義）は明確に批判し、国際摩擦の原因となる移民や帝国主義の不要を主張した。湛山は東洋経済新報社の「小日本主義」の主張に経済的な裏付けをし、日本は植民地を放棄しても貿易によって遥かに多い利益を得られるとして「大日本主義」を批判した。また一九一八年には高橋亀吉《かめきち》が東洋経済新報社に入社して頭角を現し、外部の雑誌にも執筆したり単行本を刊行し、労働運動にも関わるなど幅広く活躍するようになった。三浦銕太郎の後継者候補として石橋湛山と高橋亀吉が並び立つ形になったが、結局湛山が一九二四年に三浦に代わって主幹となり、翌二五年に東洋経済新報社代表取締役に就任して石橋体制が確立した。二六年に高橋は東洋経済新報社を退社して経済評論家として独立するが、その後も頻繁に『東洋経済新報』に寄稿し、同誌上の座談会に参加するなど東洋経済新報社とは引き続き密接な関係を持った。

一方、大戦ブームにより新しい経済雑誌も発展を遂げた。一九一三年五月に石山賢吉が同人とともに創刊した『ダイヤモンド』はその代表例である。慶應義塾商業学校出身の石山は同校出身の野依秀市と『三田商業界』（『実業之世界』の前身）を編集していたがその後退社し、新聞『日本《にほん》』などの記者を経て『ダイヤモンド』を創刊した（誌名には「小さくても光る」という意味が込められていた）。創刊号に掲載された「本誌の主義」では「本誌の主義は、算盤の二字を以て尽きます」、具体的には「本誌は、算盤を以て如何なる有価証券に投資するの有利にして又不利なるかを研究し此方面の人々に向つて一種の転ばぬ先の杖を提供」し、「経済界の出来事を争ふ可らざる数字を以て示し、権威ある報告をな」すと、数字を基に情報を提供したいと宣言している。

『ダイヤモンド』は創刊当初は日露戦争後に続いていた不況の中で苦戦する。一方、一九一五年後半からは第一次世界大戦により欧米や東南アジアへの輸出が急増して日本経済は大戦ブームに突入する。株式が高騰し、それに伴い各企業の業績への関心が高まったが、それまでは日本経済全体に関する分析や提言、経済学の学術的な記事、個人が「成功」するために必要な教訓、企業や経営者のゴシップやスキャンダルなどを中心に扱う雑誌はあっても、個々の会社を株価だけでなく業績や会計報告を基に分析することを主に行う経済雑誌はあまりなかった。会社評論に重点を置く『ダイヤモンド』は大戦ブームの中で読者に投資の材料を提供する雑誌として急速に部数を増やすことになり、発行頻度も創刊時の月刊から半月刊、そして一九一九年には旬刊になった。石山の慶應人脈により福沢桃介、松永安左エ門、小林一三、藤原銀次郎、武藤山治などの実業家が支援したり寄稿したりしたこと、雑誌の信用を高めるために慶應出身で『時事新報』や新聞『日本』を経営した伊藤欽亮《きんりょう》が監修したことも『ダイヤモンド』の発展を後押しした。

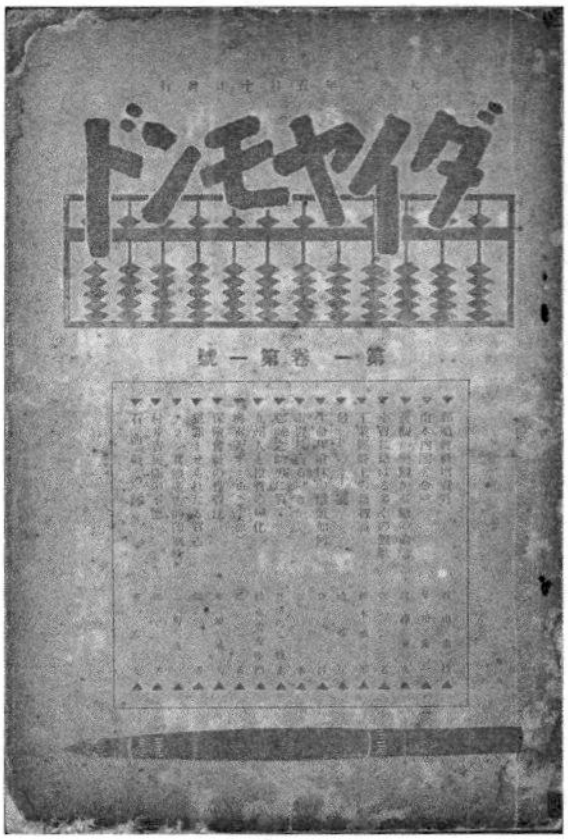

『ダイヤモンド』創刊号（大正２年5月10日発行）

『ダイヤモンド』の登場により会社評論が経済メディアの重要な要素となり、会社評論を廃止して「一般経済」の記事に集中しようとした『東洋経済新報』もそれに伴う部数の減少により会社評論を復活するに至った（一九二四〜二五年）。大まかに言えば『東洋経済新報』は日本経済など経済のマクロ的な側面（公経済）、『ダイヤモンド』は会社評論などミクロ的な側面（私経済）に力を入れていたが、『ダイヤモンド』も企業業績に影響を与える財政経済の記事を掲載するようになるなど、両誌の誌面構成は次第に似たものになっていった。

†『中外商業新報』と『エコノミスト』

また、新聞も経済メディアとして重要な役割を果たすようになった。一八七六年に益田孝《たかし》（三井物産社長）が渋沢栄一らの協力を得て創刊した『中外物価新報』は一八八九年に『中外商業新報』と改題し、商況報道のほか商工業・経済に関する記事・論説だけでなく連載読み物や小説、漫画なども掲載して読者を増やした。日露戦争期には他紙との拡販競争による費用の増大や景気低迷による部数減少もあり経営が悪化したが、経営形態の見直しや経済・商況記事以外の記事の拡充により経営危機を脱した。大正に入り大戦ブームで更に部数を伸ばした同紙は大正後期には日本の代表的な経済新聞となった。

一九二一年には小汀利得《おばまとしえ》が入社し、一九二七（昭和二）年には経済部長となり昭和初期の金解禁論争では石橋湛山・高橋亀吉らとともに濱口雄幸《はまぐちおさち》内閣の旧平価金解禁論を批判して『中外商業新報』の評価を高めた（小汀は一九三四年には編集局長、四五年に社長となり、戦後の公職追放とその解除後は経済評論家として活躍した）。『中外商業新報』は一九四二年に他紙との合併の上で『日本産業経済』に改題し、一九四六年に『日本経済新聞』となり現在に至っている。

『中外商業新報』のほか、大戦ブームとそれに伴う大衆社会の登場を利用して部数を大きく増やした一般の新聞も経済報道に力を入れるようになった。大阪毎日新聞社は一九二二年に需要急増に対処するために高速輪転機を備えた新工場と新社屋を大阪・堂島に新築した。この大阪本社新築落成記念事業の一つとして出版事業の拡充が行われ、『サンデー毎日』『英文毎日』『点字毎日』『エコノミスト』の創刊が企画された（『エコノミスト』のみ翌一九二三年四月創刊）。『エコノミスト』は初代編集長となった佐藤密蔵《みつぞう》（小説家の佐藤紅緑《こうろく》の兄）と、経済記事に力を入れていた専務の高木利太《とした》がイギリスの経済誌 *The Economist* を参考に企画し、社外から元官僚の岡実《みのる》（農商務省工務局長時代に工場法を成立させ、のち大阪毎日新聞社会長、政治学者の岡義武・岡義達《よしさと》の父）を招いて創刊した（*The Economist* は『東京経済雑誌』や『東洋経済新報』もモデルとするなど日本で高く評価されていた）。

『エコノミスト』の「発刊の辞」では、明治維新以来産業は発展したものの依然として「五大国はおろか、十等国に近い有様」であり、特に当時の大戦ブーム後の反動景気により「戦時中獲得したる販路も、勃興したる事業も萎微凋落のどん底に沈淪《ちんりん》し、容易に恢復の見込が立たない」ことから、「本誌を創刊して財政経済及社会問題の各方面に亘り根本的な自己反省に立脚して帝国の経済復興の為め、国民必須の知識と参考資料を提供せん」と謳われている。創刊後間もない一九二三年九月一日に関東大震災が発生し、東京に本拠を置く多くの出版社や新聞社が被災し打撃を受ける中、『エコノミスト』は印刷製本が大阪で行われており震災後にいち早く刊行できたことも幸いした。『エコノミスト』は新聞社の雑誌として新聞の情報網を利用した記事を提供するとともに、慶應義塾大学の堀江帰一、京都帝国大学の河田嗣郎《かわだしろう》らジャーナリストの経験のあるリベラル派の大学教授が多く寄稿し、大正時代のデモクラシーと大衆社会化の風潮に乗って部数を伸ばした。また大阪株式取引所の取引表など大阪独自の統計が掲載されていたり、河田嗣郎が大阪商科大学（現・大阪市立大学）に移籍してからは大阪商大の研究者が多く寄稿するなど、当時の大阪の経済的な重要性も反映して大阪に重点が置かれていたことも他の経済メディアと比べて特徴的であった。

このように大正期には、現在の日本の代表的な経済メディアが出そろい発展することになった。

†学術経済雑誌と個人雑誌

このように経済に関する商業メディアが発展する一方、高等教育機関が関係する経済雑誌も次々に登場していった。前述の『国民経済雑誌』の後、一九〇九年には慶應義塾関係者により『三田学会雑誌』が創刊されている（『三田学会雑誌』は当初は法律・政治・文学も含む文系全体の学術誌であった）。しかし一九一五年に京都帝国大学で『経済論叢』が創刊されて以降、一九二〇年に東京帝国大学経済学部が『経済学論集』を、また一九二一年には東京商科大学が『商学研究』を創刊するなど、戦前の日本の学術経済雑誌は基本的に高等教育機関の機関誌としての色彩が強くなっていく。『三田学会雑誌』は一九二二年頃からは慶應義塾大学経済学部の機関誌となり、『国民経済雑誌』も一九二五年からは神戸高等商業学校の機関誌となる。ただ高等教育機関ごとに学術経済雑誌が作られてもそこに掲載された論文をめぐって（後述する総合雑誌などを利用して）論争は盛んに行われており、また各高等教育機関がそれぞれの学術経済雑誌の質を高めるために努力して互いに切磋琢磨し合うことになったため、全国的な学術経済雑誌の不在は当時はそれほど問題とはならなかった。

一九一九年に東京帝国大学と京都帝国大学で経済学部が法学部から独立し、アカデミズムの中で経済学が新興の学問として制度的基盤を整えていく中で、当時の代表的知識人であった高等教育機関に属する経済学者は時事的な論説や評論も自分の所属する機関の学術経済雑誌に積極的に寄稿したため、学術経済雑誌は高等教育機関の刊行する経済オピニオン誌という側面も持つようになり、一般の読者にも読まれていた。例えば京都帝国大学の『経済論叢』第一巻第一号は半年の間に八版を重ねるほどの売れ行きを示した。大内兵衛《ひょうえ》は大蔵省の役人をしていた一九一九年頃を振り返り、当時「京都大学は経済学の新しいメッカとなってき」ており、「毎月、第一に読む時事論文は『経済論叢』に掲載される京大の」戸田「海市《かいいち》」のそれであった」と回顧している（大内兵衛『経済学五十年』東京大学出版会、一九六〇）。

さらに、自分の主張や研究を読者に直接伝えるために個人雑誌を刊行する著名な経済学者も登場する。『読売新聞』や『日本経済新誌』でジャーナリストとしても活躍した京都帝国大学教授の河上肇は『貧乏物語』（『大阪朝日新聞』での連載一九一六年九〜一二月、単行本一九一七）で大きな反響を呼んだ。他方で『貧乏物語』の内容を櫛田《くしだ》民蔵《たみぞう》から批判され、社会問題の研究に本格的に取り組むようになった河上は、一九一九年からは弘文堂から個人雑誌『社会問題研究』の刊行を開始した。河上のマルクス主義研究や論説が掲載された『社会問題研究』は社会主義や労働問題が関心を集める中で発売当初からよく読まれ、毎月の発行部数は二万部、最も多かった時期には四万〜五万部に達した。他の河上の著作と合わせて河上には多額の原稿料・印税収入が入ったが、河上はその大半を社会運動や労働運動にカンパした（吉野俊彦『永井荷風と河上肇』NHK出版、二〇〇一）。

†総合雑誌における経済論争

このように大正期には商業経済メディアや学術経済雑誌が盛んに刊行されるようになるが、そのように経済メディアが多様化する中で、明治期のような「経世済民の志をのべる」論説中心の雑誌は、「大日本主義」批判など特徴的な主張を維持しつつ誌面を刷新して経済界の多様な情報を提供するようになった『東洋経済新報』を除くと姿を消していく。一般経済記事と共に学術記事を掲載していた『東京経済雑誌』は一九〇五年の田口卯吉の死後は振るわなくなり、『東洋経済新報』が旬刊から週刊になった翌年(一九二〇年)には週刊から半月刊となり、さらに関東大震災で大きな打撃を受け、『エコノミスト』刊行と同じ一九二三年に終刊となった。

他方で、ジャーナリズムが発展し経済に関する関心が一般読者にも広がるなか、経済に関する論説は様々な内容を扱う総合雑誌に多く掲載されるようになる。『中央公論』は明治末期に「公論」「説苑」「創作」を三本の柱とする構成を備えるようになり、政治や経済に関する論説である「公論」に東京帝国大学の政治学者の吉野作造が寄稿するようになったことで総合雑誌に社会科学者が登場することが増えていく。吉野作造と経済学者の福田徳三が中心となって大学教授を中心としてデモクラシー思想を普及するための知識人サークル「黎明会」が一九一八年に結成されるなど、大学教授が啓蒙言論活動を展開していく中、『中央公論』にも福田のほか河上肇、堀江帰一ら経済学者が頻繁に寄稿するようになる。

さらに一九一九年には『解放』と『改造』が創刊される。『解放』は堺利彦を編集長、福田徳三を主筆として麻生久《あそうひさし》や赤松克麿ら黎明会同人によって発刊されたが長続きせず一九二三年に終刊した。『改造』は山本実彦《やまもとさねひこ》の政界進出の手がかりとして刊行されたものだったが、売れ行き不振のため第四号を福田のほか河津暹《かわづすすむ》、河田嗣郎、戸田海市ら経済学者や賀川豊彦《かがわとよひこ》、堺利彦らを執筆者とする「労働問題・社会主義批判号」としたところ売れ行きが急増し、その後もこうした当時の労働運動の興隆や社会主義への関心の高まりを反映した誌面作りにより急速に発行部数を伸ばして『中央公論』と肩を並べる雑誌に成長した。

当時としては急進的な編集方針となった『改造』は検閲対策として大学（特に帝国大学）の威信を利用しようとしたため、大学教授に執筆を依頼することが多かった。それもあり『改造』誌上では一九一九年一二月号の「河上・福田両博士論戦批判」に始まり、小泉信三と櫛田民蔵との間の「価値論争」、福田徳三、那須皓《なすしろし》、河田嗣郎らの「農村問題論争」、向坂逸郎《さきさかいつろう》、高田《たかた》保《やす》馬《ま》、櫛田民蔵らの「地代論争」など、経済学者による誌上論争が盛んに行われた。前述のように当時は全国的な学術経済雑誌が存在しなかったために総合雑誌上で学術的な論争が行われたが、同時にこうした論争自体が総合雑誌によって一種の「商品」となったことを意味していた。

一九一八年の大学令・高等学校令に代表される高等教育拡張政策による高等教育の量的拡大は国民の教育水準の上昇をもたらし、社会主義や労働問題への関心の高まりもあり、経済に関する記事と論争が総合雑誌上で商品として広く受容された。そして専門的で難解な論文も掲載されるようになった総合雑誌は、日本の経済学の発展にも大きく貢献した。『改造』の急成長、そして大正末期の一九二六年三月に日本評論社から刊行された『経済往来』が発展して一九三五年に総合雑誌『日本評論』となるのは、総合雑誌が経済論壇としても大きな役割を果たしていたことを示している。

†経済メディア・経済論壇の発達がもたらしたもの

大正時代には雑誌の中で経済雑誌が重要な位置を占めるようになり、新聞や総合雑誌でも社会・経済問題の記事に重点が置かれるようになった。大戦ブームによる日本経済の発達、大戦後の不況やロシア革命による社会・労働問題への注目、高等教育を受ける層の増大により、経済に関する情報は財界人や投資家などごく一部の人々からより広範な層に需要されていく。そうした中で高等教育機関の経済学者も経済メディアを利用して自分の研究を発表していき、それが日本の経済学を発展させていくが、その論説や経済学者間の論争自体が商品として消費されていくようになった。昭和初期には金解禁という経済政策の是非が国民的な関心事となり経済雑誌や総合雑誌上で論争が行われ、さらに日本の資本主義の性格をめぐる「日本資本主義論争」が総合雑誌上でも展開されるが、その背景にはこうした大正時代における経済メディアおよび経済論壇の発展があった。

また経済メディアは昭和恐慌後の高橋財政下における好況、そして日中戦争勃発後の戦時インフレーションの中でさらに部数を伸ばし発展していくが、政府は戦時経済を運営するために石橋湛山、高橋亀吉、石山賢吉、小汀利得らを各種の委員会や非公式な会合で重用していく。大正時代から経験を積んだ経済ジャーナリストの知識と影響力は昭和に入り無視できないものとなり、逆に実際の経済政策にも関わるようになっていくのである。

さらに詳しく知るための参考文献

杉原四郎『日本の経済雑誌』（日本経済評論社、一九八七）／同『続　日本の経済雑誌』（日本経済評論社、一九九七）／同編『日本経済雑誌の源流』（有斐閣、一九九〇）……日本の経済雑誌の研究の第一人者だった杉原四郎氏の研究をまとめたもの。明治から昭和に至る日本の経済ジャーナリズムの動向を知る上では欠かせない文献。本講では扱わなかった各業界の専門雑誌、大阪や横浜などで刊行されていた地域雑誌も取り上げられている。

東洋経済新報社百年史刊行委員会編『東洋経済新報社百年史』（東洋経済新報社、一九九六）……東洋経済新報社の詳細な社史。各時期を「経営編」と「言論編」とに分けて記述しているので出版社の経営史を知る上でも役に立つ。コラムも充実している。

中村宗悦「『経済雑誌ダイヤモンド』から見た大正期の経済社会問題」（『近代日本研究』第二九巻、二〇一二）……『東洋経済新報』と比べて研究されることの少なかった『ダイヤモンド』の誌面を紹介し、大正期の経済社会問題が当時の経済メディアでどのように扱われていたのかを分析している。

日本経済新聞社社史編集室編『日本経済新聞社百年史』（日本経済新聞社、一九七六）……『中外物価新報』以来の歩みをまとめた社史。創刊にあたり三井物産の益田孝が渋沢栄一に相談したところ、渋沢は「先の欧州視察でロンドン・タイムズの実況に触れ、かつまた経済知識の啓発を念願としていたので経済新聞の発行に異論なく、助力を約して激励した」など、興味深いエピソードも多く収録されている。

エコノミスト編集部編『大正・昭和経済史　『エコノミスト』半世紀の歩み』（毎日新聞社、一九七九）……『エコノミスト』創刊からの歩みを、当時の出版事情や経済の動きと誌面や編集部員の証言などとを合わせて描いている。

馬静『実業之日本社の研究　近代日本雑誌史研究への序章』（平原社、二〇〇六）……『実業之日本』のほか『婦人世界』『日本少年』『少女の友』などの雑誌や多くの単行本を刊行し、明治末期から大正半ばまで日本の出版業界で一時代を築いた実業之日本社に関する本格的な研究書。同書に所収されている「『実業之日本』目録一覧（社説・論説）」は貴重な資料。

佐藤卓己『天下無敵のメディア人間——喧嘩ジャーナリスト・野依秀市』（新潮選書、二〇一二）……『実業之世界』を主宰した野依秀市の詳細な評伝。多岐にわたる野依の派手な活動を「「言論人」ではなく「メディア人間」、あるいは「メディア（広告媒体）」そのものとして研究」することにより野依と『実業之世界』の実態を明らかにすることで、一流雑誌や全国紙の視点で書かれてきた従来のメディア史、ジャーナリズム史に一石を投じている。

牧野邦昭「『経済論叢』の歴史的意義」（『経済論叢』第一八九巻第一号、二〇一五）……現在は京都大学大学院経済学研究科の紀要としての色彩が強い『経済論叢』は、戦前には河上肇など多くの著名な経済学者により盛んに研究が行われた京都帝国大学経済学部の機関誌として研究者以外にも多くの読者を持つ経済雑誌だったこと、またそこに掲載される学術論文は当時の世界的な経済学の水準にも遜色のないものだったことを示している。

第3講
上杉慎吉と国家主義

今野 元

†日本国家の主体性を求めて

上杉慎吉《しんきち》のモットーは「国家は最高の道徳なり」である。彼の国家主義思想は、以下のような要素を含んでいる。第一に、上は天皇から下は一国民に至るまで、男も女も、全員が国家という共同体に参画することで、人間は人間らしくなるということ、第二に、国際社会は列強の弱肉強食の場だが、日本の国内社会は相互連続の共同体だということ。第三に、西洋覇権、なかでも英米覇権が明瞭になりつつあった時代に、日本国家も主体性を維持するべきだということ。以下では、上杉がどのようにこの発想を育んだかを辿っていきたい。

上杉は明治一一(一八七八)年八月一八日に福井で生まれ、加賀国大聖寺《だいしょうじ》藩(前田家支流)の医師の家庭で育った。彼は大聖寺を本籍としつつ、父の転勤に従って輪島や武生《たけふ》を経て金沢に移住し、第四高等中学校(のち第四高等学校)に通学したが、当時の活動実態を知る手掛かりは少ない。本人は後年、故郷で英語を夷狄《いてき》の言葉と罵り、浅見絅斎《けいさい》を愛読し、武道や庭球に勤しんだと回顧したが、今日の史料には、金沢時代の尊王愛国論も、肉体的鍛錬の痕跡も残っていない。本人は学校教師など上の権威を挑発していたともいうが、こうした天邪鬼《あまのじゃく》の性格は当時の作文にも表れており、後年にも表れてくることになる。上杉は前田家中の人々をつなぐ加能越《かのうえつ》郷友会に入っているが、前田侯爵家とのつながり及び金沢人脈との付き合いは東京に出てからも続いた。

†東京帝国大学法科大学での擡頭

明治三一（一八九八）年九月に東京帝国大学法科大学に進学した上杉愼吉は、活発にして奔放な学生生活を送った。初年度の成績で首席だった彼は特待生となった。法科大学長・憲法教授の穂積八束《ほづみやつか》は、上杉に一目ぼれして私設の学生寮に迎え入れた。だが入学前から穂積を軽蔑していた上杉は、入寮したものの穂積に反抗的だった。学生上杉の恋愛や吉原通いも噂になった。上杉は独特の試験勉強法で好成績を上げたが、卒業時には深酒も祟って政治学科第三位に落ちた。それでも彼は、身元引受人でもあった行政法教授の一木喜徳郎《いつききとくろう》に推挙され、一九〇三年の卒業と同時に行政法助教授に採用された（この人事を穂積八束の主導だと推測する人は多いが、真相は明らかではない）。上杉に行政法の研究歴はなかったが、かつて法学・政治学の世界には、業績が全くないテスト秀才が東大法科助教授に採用され、忽ち斯界の権威と仰がれるという現象がよくあった。穂積八束（憲法）も小野塚喜平次（政治学）も美濃部達吉（比較法制史）も、みなそうして就職したのである。

上杉は、助教授採用時から自分の研究を構築し始めた。もともと学者志望だったというわけでもないようだが、彼は学部生時代に法理学教授の穂積陳重《のぶしげ》（八束の次兄）の演習で社会学に興味を懐き、「社会主義と法律との関係」について報告を行っていた。ここでの社会主義とは、公共の利益のために個人の権利を抑えるという発想のことで、マルクス主義からカトリック社会教説まで幅広いものが念頭に置かれ、のちの国家主義とも通じるものがある。就職後の上杉は、公法学の民法学からの自立を志し、また公法学の思想的背景としての西洋政治思想史の萌芽的研究を行った。彼が扱ったのはボダン、カント、独仏保守主義などで、フランス革命を問題視し、それを収拾した英雄としてナポレオンやヘーゲルを称揚した。上杉は天皇を重視する憲法学を育んだが、当時は国家主権説（それを批判する立場の言い方では天皇機関説）を君主主義と民主主義との調和として支持する立場であり、立憲制により天皇の政治上の免責ができる利点にも注目していた。

明治三九（一九〇六）年五月、上杉愼吉はドイツ留学に旅立った。当初英仏にも行く予定だったが、結局はドイツ帝国内のバーデン大公国が主な留学先となった。彼は留学前から憲法教科書としてゲオルク・マイヤーやゲオルク・イェリネックの一般国家学を読んでいたが、二人はともにハイデルベルク大学教授であった。前者は故人であったが、まだ活躍していた後者に上杉は師事した。一時彼は、イェリネック邸に宿泊していたともいう。ただ自由主義憲法学であるイェリネックの学説を上杉が祖述するということはなく、彼のイェリネックへの言及は断片的なものに留まった。当時のもう一人の代表的憲法学者だったパウル・ラーバントに対する上杉の言及も、同様に断片的である。ハイデルベルク留学当時と思われる彼の写真は残っており、他の留学生、特にトルコ帽を被った二人の人物と一緒のものが伝わっている。二学期間（一年間）ハイデルベルクで過ごした上杉は、一九〇七年夏からジュネーヴ、シュトゥットガルト、ベルリンと回った。

ところが上杉は一九〇八年夏頃から精神的に不安定になり、ロンドン行きを断念して、ハイデルベルクのイェリネック邸を離れて山奥のアーデルスハイムに引きこもった。あるときには、自分の蔵書を暖炉で燃やすなどの挙に出たという。この滞在で、彼はカトリック・プロテスタ

上杉愼吉が貯蓄組合を見学したグラーベンの街並み（カールスルーエ郊外、2020年2月1日、筆者撮影）

ントが共存あるいは対立する田舎町の日常生活に触れたが、部外者であるがゆえに町長への就任を要請されたともいう。

休養を終えて、上杉はバーデン大公国の首都カールスルーエで実務見学をした。彼は、バーデン（巴丁）をドイツでも模範的な行政がなされている領邦だと考え、その実務を隅々まで観察し、帰国後に内務省地方局から『カールスルーエ市の公共施設・附　巴丁婦人協会の事業』を刊行して、ドイツ官僚制の合理的統治を紹介した。彼は、ドイツは官吏が民衆に奉仕し民衆が官吏を敬う「官尊民尊」の国だとし、官民対立が著しい日本と対置した。一九〇九年五月、上杉はベルリンからシベリア鉄道経由で帰途に就き、六月末に帰国した。

帰国した上杉はただちに帰朝報告をした。東大法科法理研究会での報告で、彼はオスマン帝国の憲法制定過程を解説し、また熾烈な帝国主義と国家の中央集権化の潮流とを紹介し、議会政治の凋落と君主主導の明確化とを説いて、恩師穂積八束を喜ばせた。さらに一九一〇年、上杉は『婦人問題』を刊行して、前田朗子前侯爵夫人に献呈する。この著作には、恩師の妻カミラ・イェリネックの女給廃止運動、アウグスト・ベーベル『婦人と社会主義』、マックス・ヴェーバー『エルベ川以東ドイツの農業労働者の状況』などが引用されている。彼は、一方で男女の区別の否定には与しないが、他方で女性の状況改善にも目を向け、廃娼運動、女工待遇改善、官能小説抑制などを支持した。

上杉はドイツ語での論文発表をも試みた。恩師イェリネックらが編集する『現代公法学年報』では、ドイツ語圏諸国や世界各国の立法事業が紹介されていたが、そこで彼は日本の立法事業を紹介した。それは日本の万邦無比の君主制を誇るというよりも、日本が近代化したこと、とりわけ憲法を制定し議会を開いて民主化したことを強調するものだった。とはいえ彼は、ドイツ語雑誌でドイツの国法学説との批判的対峙をなしえたわけではなく、その内容は日本紹介に限定されていた。上杉はこの雑誌で日本法制を紹介し続け、その死後その役割は直弟子の大串兎代夫に引き継がれた。

東大法科助教授として歩んでいた上杉愼吉の人生は、美濃部達吉の擡頭によって激変した。美濃部は上杉よりも五歳年長の同僚で、在学中から一木喜徳郎に心酔し、上杉と同様一木の推薦で、研究実績のないまま東大法科への就職を果たしていた。美濃部はハイデルベルクに留学し、イェリネック本人には接触しなかったが、イェリネック学説の熱心な輸入者になった。美濃部憲法学の特徴は、主権は天皇にも国民にもなく国家にあると説くこと、天皇の崇敬と議会の擡頭とが全く矛盾しないと説くこと、自分の憲法解釈を世界の通説、憲法学者の常識だと称して権威づけ、帝国憲法の文言を重視しないこと、などである。

世界学界の普遍的権威を掲げる美濃部に、日本国内の天皇の権威を掲げて対抗したのが上杉だった。上杉は留学を経て、国家主権説は民主主義の伸長を招く傾向があり、天皇を一機関として扱う憲法理解は天皇の権威を貶める危険性がある、帝国憲法の文言上天皇が日本の主権者であることは明らかで、国家主権ではないと説いた。これに対し美濃部は、自分の国家主権説は世界学界の通説であって法学者の常識である、国家主権説は民主主義に通じるというのは不当な言いがかりだと反論した。

学界権威主義対天皇権威主義の対立に、学界も一般社会も割れた。上杉が天皇の権威を笠に着て学問の自由を脅かしたという批判が起き、彼の学界での孤立が始まったが、美濃部説は危険であり捨て置けないという実務家も現れ、上杉の元老や軍部との関係が深まった。この論争の渦中で明治天皇や穂積八束が死去し、上杉は東大法科教授となった。

†民本主義論争

第一次世界大戦は上杉愼吉にとって不都合な事態であった。開戦した大正三（一九一四）年夏、彼は後藤新平と、ハンス・デルブリュックの議会政治批判を輸入しようとしていた。これは美濃部のイェリネック輸入に対する対抗措置だったともいえる。ところが日本は日独戦争を開始し、中華民国の膠州湾にあったドイツ租界を占領した。日本にとって近代化の第一の模範だったドイツ帝国は突如として敵国となり、ドイツ人と交流してきた日本人は絶句した。

この状況で上杉は吉野作造と対決せざるを得なくなる。同年生まれで一学年後に卒業した吉野は、その学部生時代から上杉が高く評価する東大法科の同僚教授であった。だがその吉野は、ドイツを軍国主義的専制国家だと喧伝して日独戦争を正当化し、日本の議会制民主主義化の不可避を説いていた。吉野が主な言論の舞台としていた『中央公論』の編集部は、上杉が吉野と対極にいるのに気づいて、上杉に吉野と対決せよと嗾けた。上杉は畏友吉野との対決を嫌がったが、吉野の論説「憲政の本義を説いて其有終の美を済すの途を論ず」への論評として、一九一六年に匿名のつもりで「我が憲政の根本義」を寄稿した。上杉は、吉野のように天皇を尊重しつつ、議会制民主主義を説くことは矛盾だと考えた。

ここから上杉は本格的な言論活動に踏み出していく。彼は、吉野が言論活動に夢中になっていることを窘め、真面目に学術研究をするよう勧めた。だが上杉の吉野批判には、大学が浮世離れした象牙の塔になることこそ問題だ、上杉は言論人吉野の活躍を妬んでいるという反批判が出た。上杉は、吉野らの言論活動を捨て置けないと感じたのか、雑誌『我が国』を主宰して対抗運動に乗り出した。『我が国』は、ドイツとの交戦中でもドイツに学ぶという方針を採ったが、一九一八年一一月にドイツの敗戦を報じざるを得なかった。時を同じくして、日本では上杉が共感していた寺内正毅内閣が米騒動で総辞職し、上杉の天敵であった原敬が本格的政党内閣を組織して「平民宰相」と称えられた。一九二〇年には、上杉支持派の学生団体「興国同志会」が経済学部助教授でクロポトキンの無政府主義を唱道していた森戸辰男を攻撃し、吉野が森戸及び無政府主義を擁護するという森戸事件が起きた。

森戸事件の余韻が覚めない大正九(一九二〇)年、上杉は二度目の洋行に出発した。ハワイからアメリカ合衆国に入り、欧州を回って再びアメリカから帰国するというこの旅は、学術交流ではなく見聞のための旅行であった。この旅行で彼はドイツを訪れ、恩師の墓前に詣で、旧知の人々に会い、時代の変化について語った。ドイツの荒廃ぶりに心を痛め、祖国の凋落を嘆く人々に同情はしたが、上杉はもはやドイツを日本の模範と仰ぐことはできないと確信するに至る。

†国家総動員の構想

上杉愼吉は議会政治への懐疑で終生一貫していたが、それは必ずしも民衆軽視を意味しなかった。学部生として穂積陳重ゼミで社会主義を論じた上杉は、ドイツ留学でも第二インターナショナルを見学し、ルソーの足跡を訪ねてジュネーヴに行き、ヴュルテンベルク王国の住宅供給政策を報告し、議会（間接民主制）の代案としての国民投票（直接民主制）に注目した。ロシア革命で世界の民主化の動きが加速するなか、上杉はかつて懐疑的だった普通選挙運動に自ら加担するようになった。彼にとって普通選挙は、「国家」（＝国家権力）と対峙する「社会」（＝反国家的民衆）の強化ではなく、国家総動員のために必要な手段であった（そこでの「国家」とは統治機構も国民も包含する共同体である）。彼は「起《た》てよ無産の愛国者」と唱えて、（東大教授のようなエリート知識人ではない）一般庶民の忠君愛国精神を美化し、国家財政の苦境を憂いて貯金を献納した主婦に「この心国を救わん」と感激して、渥美半島の高師村まで訪ねて行った。上杉はまた、マルクス主義者との部分的連携すら模索しようとした。彼は議会政治批判者としては大正デモクラシーの批判者だったが、普通選挙運動家という点ではその推進者であった。

上杉が国家総動員を構想したのは、彼が国際政治を弱肉強食の権力政治の場と見ていたためでもあった。吉野が戦後秩序を国際民主主義の実現だと寿いだとのは正反対に、上杉は「民族自決」という戦後処理原則が各国の自意識に火をつけ、際限ない紛争を生み出すと予想した。また上杉は、戦後秩序を英米の一方的世界支配であると理解し、とりわけ日系移民を抑圧し、ハワイからフィリピンへと侵略し中国にも手を伸ばしてきたアメリカ合衆国との対決が、日本にとって不可避だと考えた。彼は米社会主義者の自国批判を翻訳して、アメリカ国内の問題、とりわけ黒人差別の問題を取り上げ、人権と民主主義を唱えるアメリカの偽善を説いた。上杉は、民主主義国アメリカを崇敬する吉野や美濃部に懐疑的で、アメリカ銀行家の寄付金で東京帝国大学法学部に「米国講座」を設けるという彼らの構想に反対した。ただ英米に生き生きした国民の理想を見る面もあり、その点で今後はドイツではなく英米から日本が学ぶべきだとも考えていた。

国外世界を弱肉強食と見る一方で、上杉は国内社会を和の共同体と見なそうとした。彼は古今東西の政治思想に触れて、人間はみな相互依存関係にあって孤立しては生きられないと確信し、個人主義を否定する立場から独自の「社会学」あるいは「政治学」の構築を目指した。上杉によれば、日本という和の共同体を体現するのが天皇であり、天皇と臣民との関係も権力関係ではないのだった。上杉は治安維持法への死刑導入など国民を暴力で威嚇する政策が勅令で、つまり天皇の名で行われることを嫌い、折から話題となったイタリア・ファシズムについても、その暴力性を批判して日本とは無縁の体制だとした。上杉は天皇の権威を強調したが、日本国を天皇の家産とみなす発想は否定し、天皇も日本国という公共圏の一員として位置付けた。彼は皇室の人々が海外留学をしてその雰囲気に感化され、また皇室財産を持つということを問題視した。

上杉が学生を自宅などに集めて始めた七生社も、大規模講義や試験勉強ばかりになりがちな東大法学部に人間的潤いをもたらそうというところから始まっていた。とはいえ七生社の人々は、上杉を時代遅れの反動家として排斥する吉野、美濃部ら時代の寵児に憤懣を募らせるようになり、吉野支持派の学生団体「新人会」と悶着を興すようになる。

このように上杉は雄弁な政論家となったが、彼は大学人に留まり実践には踏み出せなかった。上杉に感化された人々の一部は直接行動を志向し、彼をも行動へと誘った。上杉本人も、間もなく蘇我入鹿暗殺のような政変が起きると予言し、支持者を煽った面がある。だが上杉は激情に駆られつつも実践に踏み出せず、竜頭蛇尾だと失望を買った。国運を賭してアメリカと対決するべきとしつつも、上杉にはそのための政治的・経済的・軍事的戦略がなかった。彼は中華民国に出向いたことがあり、アメリカに対抗するための中国人との連携を模索した可能性があるが、それは実を結ばなかった。大東亜共栄圏が誕生した場合、それは必然的に（日本中心でこそあれ）多文化共生秩序にならざるを得なかったはずだが、単一民族主義的な上杉の思考から、アジア諸民族連帯の論理を導き出すのは容易ではなかっただろう。

国家総動員体制の成立と日米戦争

昭和三（一九二八）年八月、上杉愼吉は講演先の岐阜で卒倒し、急速に体調を崩した。翌一九二九年四月七日、彼は五十歳で死去した。晩年の上杉は、時流から外れたという寂寥感に悩んでいたが、その死の直後に世界大恐慌が起き、一九三一年に満州事変が起きて、彼が目指していた国家総動員体制構築が喫緊の課題となった。一九三二年の血盟団事件では、七生社員も暗殺計画に関与した。一九三五年の天皇機関説事件では、美濃部憲法学が政界から国体の誤解であると攻撃され、上杉憲法学を基盤とする「国体明徴声明」（一九三五年・岡田啓介内閣）や、『国体の本義』刊行（一九三七年・文部省）が政府の公式見解として出されることになった。また上杉門下生で、ヒトラー国民社会主義政権が誕生したばかりのドイツから帰国した大串兎代夫は、文部省教学官として美濃部憲法学の排斥に乗り出した。大串は、カール・シュミットの影響を受けた「国民的国家学」を提唱し、母校の東京帝国大学法学部の客員教授にミュンヒェン大学教授オットー・ケルロイター（国民社会主義法学の代表者）を招聘した。東京帝国大学法学部では、行政法・法理学教授の筧克彦《かけいかつひこ》が「神《かん》ながらの道」を説き、また刑法・法理学教授の小野清一郎が西洋学説の盲信を批判し、大串と「日本法理研究会」に参画した。

昭和二〇（一九四五）年、日米戦争に勝利したアメリカが日本に進駐し、ＧＨＱの指導下で

「憲法改正」の名の下に日本国憲法が制定された。近代日本の主体性を体現してきた皇室や神道は、「人類普遍の原理」には根拠を持たないものであり、アメリカの対社会主義圏戦略の枠内で、辛うじて存在を許容されるに過ぎなくなった。美濃部達吉は、国家主権説に依拠すれば帝国憲法のままで問題がないと考えたが、その発想はGHQに却下された。東京大学法学部で憲法教授となった宮澤俊義は、尊王家を自負した恩師の美濃部とは異なり、帝国憲法時代にも天皇を講義で扱わないという人物だった。

宮澤俊義は、穂積八束・上杉愼吉をまとめて「神権学派」と呼び、宗教的権威を振りかざして科学を否定する非合理主義者だとして、その説を排斥した。二〇世紀末に至るまで、多くの法学者、政治学者、歴史学者がこの宮澤説に従った。実際一九四五年における上杉思想の挫折は明らかだが、日本国憲法体制での天皇と国民との一体性、皇室財産の国家管理、「公務」という名の皇室の国民への奉仕は、上杉の秩序観と重複するところもなくはない。また大東亜共栄圏の挫折によって多文化共生への義務が大幅に免除され、日本には単一民族主義が残りやすくなった面もある。

さらに詳しく知るための参考文献

井田輝敏『上杉愼吉——天皇制国家の弁証』（三嶺書房、一九八九）……戦後体制からみた上杉像。

吉田博司『近代日本の政治精神』（芦書房、一九九三）……上杉思想の心理学的解釈。

浅野和生『大正デモクラシーと陸軍』（関東学院大学、一九九四）……上杉の陸軍とのつながりに注目。

長尾龍一『日本憲法思想史』（講談社学術文庫、一九九六）……本格的上杉研究の嚆矢。

住友陽文『皇国日本のデモクラシー――個人創造の思想史』（有志舎、二〇一一）……上杉思想をいち早くデモクラシー論として考察。

今野元『吉野作造と上杉愼吉――日独戦争から大正デモクラシーへ』（名古屋大学出版会、二〇一八）……本講の基になるもの。

第4講

大正教養主義——その成立と展開

筒井清忠

「文化の享受による人格の完成」という意味での「教養」の理念が日本に初めて生まれたのは大正時代だった。では、それはどのような経緯で生まれ発展していったのか。この日本における「教養」の原点ともいうべき点を明らかにするのが本講の課題である。

†修養主義の登場

明治末期の日本では、「修養主義」というものが盛行《せいこう》を極めたのだが、この「修養」の観念の中に「教養」の理念は包摂されて成立している。

明治末期の日本社会の青年層には、次のような事情からアノミー的状況が生じていた。すなわち、国家体制の整備が進んだことにより、明治前期のような立身出世主義の一挙的達成の可能性が乏しくなり、「立身出世」は国家官僚になるための競争に典型的に見られるような厳しい試験と競争を必要とする困難で閉塞的なものとなってきたのである。一方、日清・日露戦争の勝利によって明治維新以来の「富国強兵」という国家目標がある程度達成されたように受けとめられ、青年層の関心が「天下国家」から「個人」の問題へと移行するという「社会的弛緩状態」も見られはじめていた。

こうして青年層の「堕落」や「煩悶」がしきりに問題にされだしたとき、状況打開のために登場してきたのが、清沢満之《きよざわまんし》・綱島梁川《つなしまりようせん》・西田天香《てんこう》・蓮沼門三《はすぬまもんぞう》・田沢義鋪《よしはる》・野間清治《せいじ》らの修養主義者であり、修養書であった。そしてこの修養主義思想の中でとくに強調されたのが「人格の向上・完成」であった。「修養」とは様々な手段を通して「努力して人格を向上・完成させること」だったのである。

「修養」は様々の立場の人によって説かれだのだが、こうしてみると「文化の享受による人格の完成」という「教養」の理念は「修養」の観念の一ケースであったことが理解されよう。現に明治四二年に刊行された代表的な修養書、『修養論』(加藤咄堂《とつどう》)の中には次のような表現が見られる。

修養の語義多端、之を用ふる人々一ならず、暫く其の普通の意を解せんか英語之をカルチユア(Culture)といひ耕作の義なりと、心田を耕転して其の収穫を得るの義か、独語之をビルヅング(Bildung)といひ作為構造の義なりと、人物を作為し品性を模造するの義と解すべきか。

修養はBildungを指していると解釈する立場が存在していたのである。

さて、この修養主義が学歴エリートたちに具体的に現れたのが、この時期の第一高等学校における学生文化の大きな変化であった。新渡戸稲造《にとべいなぞう》が校長に着任し、すでに生徒達の間に芽ばえつつあった反守旧的傾向を全面的に押し進め、「人の根本をつくるべき性格の修養」＝修養主義的傾向へと「校風」を大きく変化させていったのである。

当時一高生であった河合栄治郎《かわいえいじろう》は、後に当時を回想して次のように言っている。

〔新渡戸〕先生を戴く一高の生活は全き意味に於ての新しい世界であった。先生から広い西欧の教養——希臘の古典から現代に及ぶ——を紹介され、限りなき豊かな宝庫が私の前に開かれたような気がした。

新渡戸は「修養」の語によって右のような変化を押し進めていたのだが、それは実質的には「教養」の理念の推進なのであった。すなわち修養主義の時代に学歴エリート文化も「修養」の方向へと変化したのだが、それは実質的には「教養」を意味していたのである。明治末期の修養主義の中に「教養」の観念が包摂されていたというのはこういう意味であり。和辻哲郎・阿部次郎・安倍能成《よししげ》ら後に「教養主義者」と呼ばれる人達も、この時期の修養主義文化圏から輩出していったのであった。

†ケーベルの教養主義とエリート文化

さて、それではこの修養主義文化の中から、用語としてもはっきりと「教養」という言葉を使うという形で「教養」の観念が離脱して、エリート文化として自立していったのはいつのことなのだろうか。この問題を考えるためには、日本における「教養」のもう一つの起源について触れておかねばならない。それは、東京帝大講師ケーベルの存在である。

ケーベルが来日したのは明治二六年であり、以後、西田幾多郎・波多野精一・和辻哲郎ら日本を代表する哲学者たちはほとんど彼の門から出ている。日本における西欧哲学研究のかなりの部分は彼の手ほどきによって始められたといってもよいであろう。そして、このケーベルは熱心なドイツ的な「教養」の理念の信奉者であった。それは大正期になって発表され、後に『ケーベル博士小品集』(岩波書店、大正八年)に収められた諸論稿からよく窺えるのである。したがって、彼の講義を通して学生たちに「教養」の理念が伝えられたことが十分に予測されるのであるが、残念ながら彼の講義録は残っていない。したがって、いつどのようにしてケーベルから教え子たちに「教養」の理念が伝えられたかを特定することはできない。しかし、西田と並んでケーベルの最も初期の教え子の一人であった一高教師岩元禎《いわもとてい》についての次のような安倍能成の回想が残っている。

岩元禎先生からは、一高生徒の時、〔ケーベル〕先生が真の教養人（man of culture）だということを聞かされたものであり、その頃はよく先生を訪われたようだ。

安倍が「一高生徒の時」とは明治三五年から三九年の間である。この時期に「ケーベルの最も忠実な弟子」であり、「万事にケーベルを範としようとさえしていた」一高教師岩元禎によって「man of culture」という表現が使われていたことが窺えるのである。したがって、ケーベルの周辺で、Bildung や culture に対応する日本語として使われていた言葉が何であったのかは定かではないのだが（原語のまま使っていた可能性が高い）、この時期に彼らの間で「教養」の観念はある程度理解され始めていたと考えてよいであろう。

もっとも、ケーベルの周辺で起きたことは、やはり当時の大きな修養主義の流れの中での一つの伏流にすぎず、また公刊され活字となったものでこれらのことが本格的にいわれたわけではない。

明治期を通じて「教養」という言葉は「教育」という言葉とほぼ同じ意味で使われていたのであって、多くの翻訳者がeducationの訳語に「教養」を用いていたのである。そして、Bildungには前述のごとく「修養」が対応していたのである。それでは、Bildungという意味で「教養」という言葉が本格的に用いられ始めたのはいつなのか。

「教養」という言葉と理念を「修養」の中から自立させて最初に使った人は和辻哲郎と見て間違いなかろう。その作品は大正六年の『中央公論』四月号に掲載された「すべての芽を培え」である。和辻はここで次のような主張を展開している。

青春の時期に最も努むべきことは、日常生活に自然に存在しているのでないいろいろな刺激を自分に与えて、内に萌えいでた精神的な芽を培養しなくてはならない、という所に集まって来るのです。これがいわゆる「一般教養」の意味です。数千年来人類が築いて来た多くの精神的な宝――芸術、哲学、宗教、歴史――によって、自らを教養する、そこに一切の芽の培養があります。(中略)

青春の弾性を老年まで持ち続ける奇蹟は、ただこの教養の真の深さによってのみ実現されるのです。

(中略)これはやがて人格の教養になります。そうして、その人が「真にあるはずの所へ」

その人を連れて行きます。

これ以前に現われた日本語の文章で、これだけはっきりとわかりやすく「教養」の意義について述べた文章はないように思われる。右の内容に近い趣旨のことが明治末期の修養主義の書物に説かれていたこともあったのだが、その場合でも使われていた用語は「修養」なのであった。「数千年来人類が築いて来た多くの精神的な宝——芸術、哲学、宗教、歴史——によって」「人間としての素質を鞏固ならしめる」こと、としての「教養」の観念がここで初めて明確に宣明されたのであった。この作品は日本における教養主義の成立宣言文であったといってもよいであろう。

和辻は、新渡戸稲造とその周辺の一高の修養主義文化圏に育ち、東京帝大ではケーベルの影響下に哲学研究を進めた人であった。したがって、明治末期の修養主義の中から、エリート文化としての教養主義が自立していったプロセスを彼は象徴的に提示した存在であったといえよう。

そして、この和辻の文章とほぼ同時期に、雑誌『思潮』掲載のケーベルの論稿や阿部次郎の書物などでも、「教養」の語が和辻と近い意味で使用されはじめている。そして、何よりも和辻自身が「教養」の語を頻繁に用いることによって、教養の観念は普及していったのだった。

こうして岩波書店を軸にして、次のような形で教養主義の古典ともいうべき書物が次々に刊行されていった。

大正三年　阿部次郎『三太郎の日記』刊。岩波書店、本格的出版開始（夏目漱石『こゝろ』）。
大正四年　「哲学叢書」刊行開始。
大正六年　『思潮』創刊（同人、阿部次郎・石原謙・安倍能成・小宮豊隆・和辻哲郎）。『漱石全集』刊行開始。倉田百三『出家とその弟子』。西田幾多郎『自覚に於ける直観と反省』。
大正七年　阿部次郎『合本 三太郎の日記』。
大正八年　和辻哲郎『古寺巡礼』。
大正十年　倉田百三『愛と認識との出発』。西田幾多郎『善の研究』復刊。

（『三太郎の日記』初版以外はすべて岩波書店刊）

†旧制高校の変化と教養主義受容

さて、これらの教養主義の著作は旧制高校生に主として受容されていったのだが、この時期、旧制高校にかかわる二つの重要な変化が生じていた。

一つは大正七年一二月に高等学校令が改められたことである。高等学校令の第一条が「高等学校は男子の高等普通教育を完成するを以て目的とし特に国民道徳の充実に努むべきものとす」となり、「高等普通教育の完成」という方向性がはっきりと打ち出され、それにともなって「文科」に「地理、数学、自然科学、哲学概説」という新しい科目が設けられたのである。一高の岩元禎もそれまではドイツ語教師であったのだが、この時に「哲学概説」担当に変わっ

上　松本城と旧制松本高等学校生
下　熊本の旧制５高生によるファイアストーム

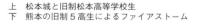

ている。すなわち新高等学校令によって「教養」重視の方向がはっきりと打ち出されたとみてよいであろう。

また、大正七年の大学令においても、大学の目的として、「人格の陶冶及国家思想の涵養」が追加されたことも重要であろう。「人格の陶冶」が高等教育の国家政策レベルの目標として言明されることになったのである。

次に重要なことは、大正八年の原敬内閣下の予算で高等教育機関の創設・拡張計画がたてられ、実行されていったことである。それまでは八校であった旧制高校は、この計画によって大正八年から一二年までのわずか五年間に国内の官立だけでも一七校が新設され、既存の八校とあわせて計二五校となり、三倍以上にふくれあがったのである。大正七年の官立高校入学者は二二二〇人であったが、大正一三年には五〇五二人となっていた。他の公・私立高校や専門学校、大学の増設まで含めると、「教養」を求め、受容する学生青年の数が、この時期に一挙に飛躍的に増加したといってよいであろう。

この時期の教養主義の影響の様子をいくつかの回想記などによって例示しておこう。

三木清（大正三年一高入学）——「あの第一次世界戦争という大事件に会いながら、私たちは政治に対しても全く無関心であった。（中略）やがて私どもを支配したのは却ってあの「教養」という思想である。そしてそれは政治というものを軽蔑して文化を重んじるという、反政治的乃至非政治的傾向をもっていた、それは文化主義的な考え方のものであった。あの「教養」という思想は文学的・哲学的であった。それは文学や哲学を特別に重んじ、科学とか技術とかいうものは「文化」には属しないで「文明」に属するものと見られて軽んじられた。」「教養の観念は主として漱石門下の人々でケーベル博士の影響を受けた人々によって形成されていった。阿部次郎氏の『三太郎の日記』はその代表的な先駆で、私も寄宿寮の消灯後蠟燭の光で読み耽ったことがある。」（三木清「読書遍歴」）

松本重治（大正六年一高、九年東大入学）――「みんなの関心は宗教、人生観に関する問題に集中していた。」「そのころ私が感化を受けた書物は、やはり西田幾多郎の『善の研究』だった。何度読んだかわからないが、むずかしかった。」（松本重治『聞書・わが心の自叙伝』）

西谷啓治（大正七年一高入学）――「私が高等学校の一年に入ったばかりのとき、三年生の人が演説会で『三太郎の日記』の話をしてね、現在の自分の立場というのは全くこれと同じだ、つまり根本的に影響されているという意味のことを話した。」（久山康《くやまやすし》編『新版読書の伴侶』）

杉捷夫《としお》（大正九年三高入学）――「和辻博士の『古寺巡礼』を片手に唐招大寺《ママ》や法隆寺を見て廻り、おぼえたてのほやほやの知識を振り廻して、蛙股がどうのこうのと、小生意気な喜びを味わったものだった。」（杉捷夫「三高生活の思い出」）

第二高等学校尚志会史・弁論部（大一〇年）――「十月十六日、第一回の二高山形高校連合演説会を山形で開く。会場は県会議事堂。山形市未曾有のことゆえ非常な人気を呼ぶ。二高の出演者、古内広道「個性の拡充」早坂四郎「心の戦い」は、在来の弁士口調でなく、内省的な苦悩の告白を行なった。ちなみに阿部次郎『三太郎の日記』（大三―七）賀川豊彦『死線を越えて』（大九―十三）島田清次郎『地上』（大八―十一）および有島武郎の著作集全十六冊が青年に熱烈に読まれた時代であった。」（第二高等学校史編集委員会編『第二高等学校史』）

しかし、大正後期に至ると、この教養主義の潮流にブレーキをかける勢力が台頭してくることとなった。大正一二年、岩波茂雄が新しい叢書を刊行しようとし、それに「教養叢書」の名を冠しようとしたところ、「店の花形であった若い店員」小林勇から「「教養」という言葉は既に黴臭《かびくさ》くなって今日の人心を牽引する力がない」と言われ、「「教養」が、それほど軽視されるようになっていることを発見して、驚」いたという事態が生起するのである。すなわち、マルクス主義の台頭と学生青年層への急速な浸透によって「教養の軽視」が行われはじめたのである。

もっとも、右の事態は最も先進的な都会の最も先進的な出版社（とその周辺）で起きたことであり、地域的なタイム・ラグもあるので、ストライキの頻発など、広い学生層にまでマルクス主義が普及するのは昭和初頭というべきかもしれない。

†マルクス主義と教養主義

昭和四年頃に、第三高等学校で学生達の関心が教養主義からマルクス主義へと推移していく場景についての次のような記録がある。

百万遍から銀閣寺に行く電車通り、そこは京大の北側にも隣接しているところであるが、一名本屋街ともいわれるほどずらりと書店が並んでいた。これらの書店の様子がこの頃急に変わってきた。これまで和辻哲郎の『原始仏教の実践哲学』や、牧野英一の『刑法概論』等の立派な装幀の著書がよく売れていたのに、この頃になるとそれらは隅の方に追いやられてしまってパッタリと売れなくなり、反対に頁を切っていない安上がりの本、そして表紙だけはいかにもケバケバしい色彩に塗られた本がどしどし進出してきて、しかもたちまち売れてゆくのであった。プレハノフの『史的一元論』も、真っ赤な表紙をつけたブハーリンの『唯物史観』も、すべてこの種のもので、いわゆる危険思想に属するものであったが、それらだけを専門に売りさばく「共生閣」という書店さえ、京大の北門前に堂々と開店した。（土屋祝《つちやしゆく》郎《ろう》『紅萌ゆる――昭和初年の青春』岩波新書、一九七八）

こうして、大正一一年に（再興された）一高の社会思想研究会がマルクス主義を柱として活動を展開していったのを皮切りに、三高・五高・七高・浦和高などに「社会思想研究会」などの名前でマルクス主義の研究団体が次々に生まれ、翌大正一二年には、二高・四高・六高・新潟高・水戸高・弘前高などに「社研」が誕生するなど、急速にマルクス主義の影響力は拡大していった。そして、大正一四年に一高と三高で「社研」が禁止されたのをはじめとして弾圧も激しくなっていき、昭和三年には、二高・五高・六高・七高・松本高・富山高などで「社研」学生の処分が行われた。これに対し、昭和四年には、六高・水戸高・松山高・浦和高・松江高・姫路高・静岡高・高知高・福岡高でストライキが起こるなど、昭和五、六年をピークに昭和九年頃まで、おびただしい数の「左翼学生事件」が起きることになるのである。ただ、京大北門前の書店の様子やあまりにも急激な高校生のストライキの頻発などを見ると、そこにブーム的要素を見ざるを得ないことも事実であろう。

このような状況下、教養主義者阿部次郎は、昭和八年には「青年の間」での「「教養」の不評判」を公言するという有様であった。

しかし、マルクス主義と教養主義の問題を考える時、両者の対抗関係のみに焦点があわされるのでは不十分である。両者の相補的関係にも注目されねばならない。すなわち、マルクス主義者の精神形成史をみてみると、マルクス主義に到達する経路として教養主義が存在していたというケースが極めて多いということである。前引の三高生の記録からもそれは窺えるが、さらに代表的なケースを二例あげてみよう。

大正一二年第二高等学校卒業の佐々木彦一郎は、入学当初は田山花袋の紀行文などを読んでいたが、次いでゲーテを読むようになり、『ヴィルヘルム・マイスター』は第一の愛読書であった。次いでクロポトキンに熱中、『青年に告ぐ』や『一革命家の思出』を愛読した。そして三年になってからマルクス主義に接近していった。

そして嘗つてゲーテを讃え、クロポトキンを説いた口から、頻りにマルクス・エンゲルスの名や言葉やレーニンの著書などがのべ弘められました。〝モー十年もたてば誰もゲーテなどは顧みるものがなくなるだろう〟と云う様な威勢のよい議論も口にする様になりました。
(「佐々木彦一郎・遺稿と追憶」高橋佐門『旧制高等学校の教育と学生』国書刊行会、一九九二年)

大正一〇年一高に入学した長野昌千代の友人は長野についてこう書く。

高等学校に入ってから、君は西田幾多郎氏の哲学に、拠るべき住家を見出したと信じて非常に喜んだ。（中略）西田氏の著書は残る隈なく読破し『自覚に於ける直観と反省』なども幾度となく読んだ。が結局（中略）思惟のみでこねあげた世界は現実とはすっかりかけはなれている事を知った。（中略）真摯なる苦悶の極、君は遂に光を得て転換をなしとげた。（中略）新しい道。それは何であったか。それはマルキシズムとそれによる生活態度の革命である。

（「脚下の泉――長野昌千代遺稿集」同前書）

したがってまた、日本の学生マルクス主義の特徴として、はなはだ教養主義的傾向が強いということが指摘されうるであろう。それは、何よりも「西欧古典崇拝」の傾向が両者ともに強いという共通性に窺える。マルクス主義が、イギリスの古典経済学、ドイツの古典哲学、フランスの社会主義を総合したものだとして説かれるとき、「西欧崇拝」の教養主義からマルクス主義への回路の電流は極めてスムーズに流れやすいのである。

また、「古典崇拝的傾向」が日本のマルクス主義を極めて強い文献学的傾向へと導いたことも留意さるべきであろう。ここから日本マルクス主義の「訓詁学的傾向」が生じたと同時に、緻密なマルクス・エンゲルス研究が展開され、世界的水準のマルクス学も生み出されたのであった。このように教養主義とマルクス主義は対抗しつつも相補的な関係にあった。

さらに比較社会学的に重要な論点がある。それは、教養主義が日本の学歴エリートに固有の身分文化に近いものとなりかけていた時点で、マルクス主義の強烈なインパクトが襲ってきたため、教養主義が学歴エリートの身分文化となることが阻止されたということである。マルクス主義の内部にあるナロードニキ主義的傾向によって、日本の学歴エリート文化は大衆との差異化を強化する方向に歯止めがかけられることになったのである。教養主義が、明治末に大衆型修養主義と同じ基盤から成立したことから来る脆弱性については本書「はじめに」で指摘したところであるが、この点もその傾向を助長したといえるであろう。

†教養主義の波

以後、本格的に昭和の一桁時代に入ると、マルクス主義の全盛と教養主義の凋落、そして昭和一〇年代の河合栄治郎らによる教養主義の復活の時代が訪れるが、それらは大正の文化を扱う本書の枠を出る問題である。

ただ、次のことはここで指摘しておくべきであろう。日本の教養主義は以上に見たように大正期に修養主義を母体に成立しそこから分離独立して発展し、かなり早い段階で今度はそれを母体に成立したマルクス主義により衰弱したが、生き延び今日につながっているということである。教養への懐疑は教養主義の成立以来、繰り返し現れてきたものであり、驚くにはあたらない。それは満ちてきてそれをまた押し返して引いていきまた満ちてくるという形で波の満ち引きにも似て繰り返されるものなのだ。

現代が満ち潮なら昭和初期のパターンの、退潮期なら大正時代のパターンの何回目の繰り返しの時期なのである。それを十分理解しておりさえすれば、何が起きてもゆとりを持って対処していけばよいのである。

さらに詳しく知るための参考文献

筒井清忠『日本型「教養」の運命――歴史社会学的考察』（岩波書店、一九九五／岩波現代文庫、二〇〇九）……以下の内容も含めて本講のもとになった書。引用・参考文献は本書を参照されたい。その後、近代日本の教養を扱う書は一々取り上げられないくらい極めて多く出ているが、どれもこの書をもとにしている。そこでここでは、今後の研究のために、むしろ「教養」の基点の研究がおろそかになっていることに鑑み、以下のような書物を挙げておきたい。

フリッツ・K・リンガー（西村稔訳）『読書人の没落』（名古屋大学出版会、一九九一）……ドイツの生み出した教養市民層研究の古典である。とくに「序説 読書人の類型」が優れており、ここだけ読むということでも構わない。同じ著者がフランスとドイツの「教養」を比較した書物、筒井清忠他訳『知の歴史社会学――フランスとドイツにおける教養 一八九〇―一九二〇』（名古屋大学出版会、一九九六）もある。

野田宣雄『教養市民層からナチズムへ――比較宗教社会史のこころみ』（名古屋大学出版会、一九八八）
……日本においてこの問題を早くから提起した優れた研究書。筒井著はこの本から大きな示唆を得た。

ヘルムート・シェルスキー、田中昭徳・阿部謹也・中川勇治訳『大学の孤独と自由――ドイツの大学ならびにその改革の理念と形態』（未来社、一九七〇）……近代の人文的教養を基礎付けたヴィルヘルム・フォン・フンボルトとその大学理念についてよくまとめられている。

三輪貴美枝『ヴュルテンベルク敬虔主義の人間形成論』（知泉書館、二〇〇七）……ドイツ的教養の理念をさかのぼると、「神の似姿として作られた存在」としての人間の完成ということを考えた中・近世のキリスト教神秘主義に行き着く。日本ではこのあたりの本格的研究が少ないなか、例外的研究。

マックス・ウェーバー（大塚久雄、生松敬三訳）「世界宗教の経済倫理 中間考察――宗教的現世拒否の段階と方向に関する理論」（『宗教社会学論選』みすず書房、一九七二）……二〇世紀になると教養主義を生んだドイツでも教養への懐疑の念が増大してくる。ハインリヒ・マンの『ウンラート教授あるいは、一暴君の末路』（今井敦訳、松籟社、二〇〇七年）はそうした意識の典型的産物だが、ウェーバーのこの論考もそれが極めて明晰に展開されており、あらためて巨人とわかる。

E・M・フォースター（小池滋訳）『E・M・フォースター著作集3 ハワーズ・エンド』（みすず書房、一九九四）……教養ある文化を身につけようとする大衆へのエリート層からの懐疑をこれほどラディカルに示した小説はほかにない。

ジョン・ケアリ（東郷秀光訳）『知識人と大衆、文人インテリゲンチャにおける高慢と偏見――一八八〇―一九三九年』（大月書店、二〇〇〇）……ヨーロッパの教養主義的エリートの大衆文化観を批判的に検討したものとして必読文献である。筒井清忠「『エリート文化』と『大衆文化』をつなぐもの」（『アステイオン』六一号、阪急コミュニケーションズ、二〇〇四）はケアリの論点に示唆を受け日欧の対比を行ったもの。

＊近代以前の日本の教養というものをどう考えるのかという問題が残されているが、近世以前の日本の教養というものは室町後期に一条兼良が出現したあたりで一つの原型が成立したと言いうるのではないかと私は考えている。二条良基を祖父とする一条兼良は戦乱の時代に源氏物語の注釈『花鳥余情』を著し、源氏物語の新しい解釈を切り開き、また古典化を行った。同時代に古今伝授の開祖東常縁《とうつねより》のような似たタイプの知識人が現われたことは偶然ではなく、この室町期に前代までの古典の蓄積を基にした日本の和学の教養の大系ができあがっていったと見ることができると思われる。三条西実隆はその後継者といえよう。原勝郎が『東山時代に於ける一縉紳《いつしんしん》の生活』（講談社学術文庫、一九七八）で彼を対象としたことは、やはりそこに一つの日本的教養の完成形態を発見したということもあったと見るべきであろう。これが江戸期とどのようにつながっていくかなど日本的教養については興味深い主題がまだいくつも残されているのである。

第5講

西田幾多郎と京都学派

藤田正勝

†教養と文化

本講では思想という側面から大正時代の歴史、とくにその文化に光を当てたい。大正時代の思想を全体として把握しようとするときに、大きな手がかりを与えてくれるのは、西田幾多郎《にしだきたろう》の弟子・三木清の『読書と人生』(一九四二)に収録された「読書遍歴」のなかの次の言葉である。三木はそこで旧制の第一高等学校時代をふり返りながら、「あの第一次世界戦争という大事件に会ひながら、私たちは政治に対しても全く無関心であつた。或ひは無関心であることができた。やがて私どもを支配したのは却つてあの「教養」といふ思想である。そしてそれは政治といふものを軽蔑して文化を重んじるといふ、反政治的乃至《ないし》非政治的傾向をもつてゐた、それは文化主義的な考へ方のものであつた」(『三木清全集』第一巻、岩波書店、一九六六、三八九頁)と記している。

「文明開化」という言葉に象徴されるような、明治時代に重んじられた外面的な発展、つまり技術や産業の近代化、政治制度や経済システムの変革よりも、むしろ「文化」を重視する考え方がそこにはあった。この場合、文化という言葉は、一般にわれわれが理解している行動や生活の様式という意味よりも（たとえば文化人類学が対象とするのはこの意味での文化である）、むしろ内面での、つまり精神面での進歩や成熟という意味で用いられた。そしてそれは、外からの知識の注入としての「啓蒙」によってではなく、自ら文学や哲学によりその内面を豊かにするという意味での「教養」によって実現されるという考え方と結びついていた。

この時代においては、人々は政治に関わり、社会の変革をめざしたり、科学技術に関する知識を吸収して豊かな生活を実現したりするよりも、読書をし、教養を積み、自分自身を高めることに目を向けたのである。「文化主義」とは、このような教養を通して、自己を向上させ、その精神を豊かにすることを人間生活においての最終目的とする考え方を指す。大正という時代を特徴づけるのは——もちろんそのすべてにわたってではないが——この「教養」と「文化」であったと言うことができる。

†西田幾多郎のT・H・グリーン研究

いま述べたような意味での文化や教養を重んじる傾向は大正時代に突然生まれたものではな

く、明治時代にすでに始まっていた。それをよく示す一つの例は、思想の領域で言えば、たとえば明治後半期におけるT・H・グリーンの思想の流行である。グリーンはイギリス理想主義を代表する哲学者であるが、人間の認識を感覚に還元し、それによってすべての経験を説明しようとするヒュームらの経験論に対し、精神の活動の能動性や自我の統一性を主張したところにその特徴がある。そのグリーンの思想を日本において最初に紹介したのは、アメリカのエール大学で学び、帰国後、東京大学で倫理学を教えるようになった中島力造《なかじまりきぞう》であった。中島は「英国新カント学派に就いて」(一八九二)などの論文や東京大学での講義を通してグリーンの「自我実現(self-realization)」説を紹介した。それは当時、その教えを直接受けた藤井健治郎(京大で倫理学講座を担当)や西晋一郎《しんいちろう》(広島文理大教授を務めた)らだけでなく、大西祝《はじめ》や綱島梁川らにも影響を与え、大きな広がりを見せた。

西田幾多郎も東京大学で中島の講義を聴く機会をもった。おそらくその影響のもとで、ちょうど大学を卒業した頃にグリーンの倫理学説の研究に取り組み、一八九五年に、グリーンの主著『倫理学序説』(*Prolegomena to Ethics*, 1883)の内容をまとめた「グリーン氏倫理哲学の大意」を発表している。そこでたとえば「人類の進歩発達とは要するに個人的性質の進歩発達に外ならず、即ち吾人が其覚識の諸能性(Capacities)を完全に現実となし、以て其人格(Personality)を発達するにありと云ふべし」(『西田幾多郎全集』第一一巻、岩波書店、二〇〇五、二〇頁)と記している。『善の研究』(一九一一)ではそれを踏まえ、「善とは自己の発展完成self-realizationである」としている。

これらの例が示すように、もともと宗教的な意味を込めて使われたグリーンの「自我実現」説(神的な原理が人格のなかでそれ自身を実現するという説)は、「人格の発達」ないし「人格の実現」を説いたものとして受けとめられ、やがて「人格実現説」という言葉で表現されるようになっていった。この「人格」という言葉自体も新しく作られたものであり、明治の二〇年代になってはじめて用いられるようになった表現である。personality の訳語として中島力造が論文や講演などで使ってから広まった。それは、明治時代後半にさかんに唱えられた道徳的・宗教的な修養主義とも結びついて、広く人口に膾炙《かいしゃ》した。中島は一九一二年に刊行した『教育的倫理学講義』のなかで、究極の善とは何かを説明した倫理学説として快楽説と合理説とを挙げたあと、最後に人格実現説を取りあげ、人格を個人的側面と社会的側面の両面において完全なものにするのが人生の目的であるとしている。

†教養主義

この人格の実現、その成長と発展を可能にするものこそ「教養」であった。それを人間の形成において何より重視する考え方は「教養主義」と呼ばれるが、それは、人類が残した豊かな文化を通して普遍的なものに触れ、意志の自由や自律を獲得することをめざすものであった。

それは「人格の修養」をめざした明治期の「修養主義」に通じるところもあるが、しかし、固定した枠や型、また、それに基づいた修練ではなく、幅ひろい読書や見聞を通してどこまでも普遍的なもの、理想的なものを追求し、何ものにもしばられない内面の自由を実現しようとした点に特徴をもつ。

この理想主義や人格主義とも結びついた教養主義の考え方は、とくに大学や旧制高等学校で学ぶ若い知識層に新しい思潮として受け入れられていった。たとえば、先ほど引用した「読書遍歴」のなかで三木清は、「教養の観念は主として漱石門下の人々でケーベル博士の影響を受けた人々によつて形成されていつた。阿部次郎氏の『三太郎の日記』はその代表的な先駆で、私も寄宿寮の消灯後蠟燭の光で読み耽つたことがある」と記している。

ここでも言われているように、「教養」という観念が成立し、それが受け入れられていった背景に、東京大学で外国人教師として長く哲学の教育に携わったケーベルの存在があった。京大の哲学科の重要なメンバーとなった波多野精一もまた、ケーベルの学問、人格から大きな影響を受けた学生の一人であった。ケーベルが亡くなったときに執筆した「追懐」と題した文章のなかで波多野は、ケーベルが学生を指導するにあたってつねに「教養」に重きを置いたこと、また自ら深く豊かな教養をそなえた人であったことを強調している。

ケーベルは来日してから多くの著作を残すことはなかったが、いくつかのエッセーなどが『ケーベル博士随筆集』にまとめられている。その中に「文科大学長に答ふる書」という文章が収められている。おそらく東京大学文科大学長から大学の改革についての意見を求められて、自らの考えを開陳したのであろう。そこでケーベルは、「人文主義的教養」(humanistische Bildung)こそが、学生を、自由で独立した学術活動へと至らせるための唯一の手段であるし、日本がヨーロッパと肩を並べるようになるための唯一の手段であるという趣旨のことを述べている。

この大正時代の教養主義は、昭和時代にも受けつがれていった。それをよく示すのは、河合栄治郎により編集され、一九三六年から一九四一年まで計一二巻が刊行された『学生叢書』である。執筆者には、ケーベルの影響を強く受けた阿部次郎(東北大学の美学講座の初代教授を務めた)などのほか、西田幾多郎のもとで学んだ天野貞祐《あまのていゆう》や谷川徹三《たにかわてつぞう》らが名を連ねている。

教養主義に対しては、大正時代にもすでにさまざまな批判が加えられた。その非政治的な姿勢や、自己の内面の豊かさを誇る高踏性に対して批判の目が向けられた。戦後になってからであるが、西田の弟子のひとりである唐木順三《からきじゅんぞう》は、一九四九年に発表した「現代史への試み」のなかで、大正教養主義に対して次のような批判を加えている。「我々は果して古人の書物を繙くといふ方法によつて真の内面生活を確立しうるであらうか。換言すれば教養を豊富にすることによつて、或は教養につとめることによつて自己の中心を確立しうるであらうか。読書は享受と鑑賞であらう。書斎に於ける享受、文字を通じての静的な享受によつて果して我々の中心を確立しうるであらうか」（唐木順三『現代史への試み』新版、筑摩叢書、一九六三、四六〜四七頁）。教養主義が内包する問題に対する重要な指摘であると言うことができるであろう。

†人格主義

それぞれの人間が自己の能力を最大限に発揮し、その人格を発展完成することこそが究極の善であるとする、このような「人格主義」の考え方が広く知られるようになったのは、ケーベルの影響を強く受けた弟子たちの活発な活動があったからだと言うことができる。

三木清の「読書遍歴」のなかで名前が挙げられていた阿部次郎などもその一人である。阿部は一九二二年に発表した『人格主義』と題した著作において、人格を、思考し、感じ、意欲する主体、つまりわれわれの内面的活動を支える主体であり、その統一の原理であるとするとともに、人格主義を「人格の成長と発展とを以て至上の価値となし、この第一義の価値との連関に於いて、他のあらゆる価値の意義と等級とを定めて行かうとするものである」（阿部次郎『人格主義』岩波書店、一九二二、五六頁）と定義している。

西田幾多郎も「人格」を重視した思想家の一人であった（西田は一年だけ東大でケーベルの講義を聴いた）。『善の研究』のなかで、善とは「人格を目的とした行為である」とも「人格の実現といふのが我々に取りて絶対的善である」とも述べている。「人格」こそ『善の研究』を貫く根本概念であったと言ってもよい。西田とともに京大の哲学科を支えた朝永三十郎《ともながさんじゅうろう》も「人格」を重視した人であった（彼もケーベルの影響を受けた一人である）。朝永は『人格の哲学と超人格の哲学』（一九〇九）のなかで、グリーンのヘーゲル的な絶対的観念論に依拠した自我実現説のあとに成立してきた「人格的唯心論（個人的観念論、personal idealism）」の立場について詳しく論じている。アンドリュー・セスやヘンリー・スタートらが、前者のなかに見いだされた宗教的な、あるいは超人格的な傾向に反対し、あくまで個人的精神に立脚した哲学を構築しようとしたことに朝永は共感を示している。ここにすでに見いだされる「個性主義」的な人格理解は、やがて当時多くの読者を見いだした『近世に於ける「我」の自覚史――新理想主義と其背景』（一九一六）のなかに引き継がれていった。

†文化主義

「文化」とは、教養によって育まれた人格によって生みだされるものであるが、逆にそれが教養を培い、自己を高めることを可能にする。大正時代に一方で人格主義や教養主義が叫ばれ、他方で文化主義が語られたのは、決して不思議ではない。その思潮をリードしたものの一つは黎明会という組織であった。黎明会は、第1講と第3講でもすでに触れられているが、吉野作造が一九一八年に経済学者の福田徳三や三宅雪嶺《せつれい》、左右田喜一郎《そうだきいちろう》、朝永三十郎、桑木厳翼《くわきげんよく》らとともに結成した啓蒙団体である。「世界人文の発達に於ける日本独特の使命を発揮すること」や「世界の大勢に逆行する危険な頑迷思想を撲滅すること」などを理念として掲げた。黎明会が一九一九年一月に開催した第一回講演会では、左右田喜一郎が「文化主義の論理」という題で、また同じ年に桑木厳翼が「文化主義」という題で講演を行った。「文化」がそのキーワードの一つであったと言うことができる。

（中列左から）桑木厳翼、西田幾多郎、朝永三十郎と京大の学生たち（石川県西田幾多郎記念哲学館・企画展図録『京都大学の西田幾多郎』）

左右田喜一郎はのちに西田幾多郎の「場所」の思想を新カント学派の立場から批判したことでも知られる哲学者でもあり、経済学者でもあった人であるが、この「文化主義の論理」と題した講演のなかでは、「人文史上の諸価値を純化し」ようとするとき、その極限に立ち、この努力の目標になりうるものこそ「文化価値」であるとしている。この「文化価値」のもとに理解されていたのは、新カント学派で問題にされた真善美の理念であった。左右田は、そのような「文化価値」の実現を企図する努力を「文化主義」と呼ぶとしている。

一方、京大の哲学講座の最初の教授となった桑木厳翼（一九一四年に東大に移った）は、「文化」はドイツ語のKulturにあたるものであり、物質的な面での進歩を意味する「文明」（civilization）と異なって、「精神的理想的の方面」での進歩を意味するとしている。そしてそれがめざすものを「人格」の概念をもちだして説明している。人の本性である人格をもっとも豊かに発達させること、つまり、学問や道徳の領域にかぎらず、「人格ある人としての総ての能力を自由に発展せしめること」が文化である。また「此文化を以て生活の中心とする思想が文化主義である」としている。左右田もまた、文化本来の意義を「自由なる人格の自己発展、創造」に見ており、両者において、文化主義は同時に「人格主義」でもあったと言うことができる。

†ドイツの文化哲学の影響

明治期にヨーロッパに留学する人はごく少数に限られていたが、日露戦争から第一次世界大戦までの時期にはかなりの数の研究者がヨーロッパに留学した。哲学では波多野精一や左右田喜一郎、桑木厳翼、朝永三十郎らがドイツに、主にハイデルベルクに留学した。ハイデルベルクは、当時ドイツにおいてもっとも力をもっていた新カント学派、そのうちの西南学派の拠点であった。左右田や朝永はそこで学び、ヴィルヘルム・ヴィンデルバントやハインリッヒ・リッケルトなどの哲学から大きな影響を受けた。

新カント学派のうち、ヘルマン・コーヘンらのマールブルク学派がカントの批判主義を論理主義の方向に展開したのに対し、西南学派は価値哲学に基づく人文科学・社会科学の基礎づけという方向に向かった。その背景には、自然科学の著しい発展に伴って、科学的唯物論や実証主義が台頭し、哲学がその向かうべき方向を見失っていたということがある。そのような状況のなかで新カント学派は、実証的な科学の意義を認めるとともに、それを基礎づけること、つまりそれがいかにして可能であるかを明らかにすることを試みた。西南学派はその認識批判の対象を自然科学に限定せず、人文科学・社会科学にまで広げていった。リッケルトは、一方で自然科学の特徴を、価値から自由な対象の存在と生起に関わる普遍的な概念関係（法則）の発見という点に見いだすとともに、他方、文化科学の特徴を、意味ないし価値の担い手としての客体の特殊性と個性との記述という点に見いだしている。

左右田や桑木、朝永らがドイツに留学したのは、まさにこのような時期においてであった。ヴィンデルバントやリッケルト、ゲオルク・ジンメルらによって主唱された文化哲学から大きな刺激を受けたことが、先に見た左右田や桑木の講演につながったと考えられる。彼らの活動により、文化哲学は一時期、わが国においても一つの大きな流れになっていった。桑木の『文化主義と社会問題』（一九二〇）をはじめ、土田杏村《つちだきょうそん》の『文化主義原論』（一九二一）、野村隈畔《わいはん》の

『文化主義の研究』（一九二一）などが大正時代の後半に次々と刊行されていった。

†カントおよび新カント学派の研究

この文化主義の流行は、日本におけるカント哲学研究の発展とも深く結びついていた。このカント研究の発展においても大きな役割を果たしたのは桑木厳翼や左右田喜一郎、朝永三十郎らであった。彼らが留学中にドイツにおけるカント研究の飛躍的な進展に触れ、また新カント学派の哲学者たちから大きな影響を受けたことがその背景にある。彼らが留学したのは、ちょうど明治三七（一九〇四）年にカント没後一〇〇年を迎え、また大正九（一九二〇）年にカント生誕二〇〇年を迎えて、ドイツでもカント研究が大きな盛り上がりを迎えていた時期であった。日本でも一九一八年から『カント著作集』の刊行が開始され、研究書の出版も相次いだ。桑木厳翼『カントと現代の哲学』（一九一七）や朝永三十郎『カントの平和論』（一九二二）、田辺元《はじめ》『カントの目的論』（一九二四）などにより、わが国のカント哲学研究は飛躍的な発展を遂げた。

ここでは、大正という時代の思想潮流との関わりで大きな意味をもったと考えられる朝永三十郎の『カントの平和論』に触れておきたい。この著作がもつ意義は、まず、カントが「共和政体」を国家の理念にもっともよく適合したものと考えたことを紹介し、平和の確保のためにはそれが前提であること、つまり、「永遠的平和を招来せんが為めには関係国家が共和政体であるということが重要な要件となる」（朝永三十郎『カントの平和論』、改造社、一九二二年、五九頁）ということを強調した点にある。

もう一つ重要な点は、カントが、永遠の平和を実現するための具体的な方策をそれぞれの国家の主権と自由を保証した平和連合（国際連合）に求めた点に、朝永が疑義を呈している点である。カントは一方で、すべての国がその主権と自由を放棄し、一つの国際国家（civitas gentium）を作り、それをたえず拡張して最終的に「世界共和国」を形成する可能性に触れている。しかしカントは国際国家という概念が、そもそも国家という概念と矛盾することを指摘し、消極的代用物としての国際連合によって戦争を可能なかぎり防止すべきことを主張した。それに対して朝永は、国際国家ないし世界共和国を実現することこそが、「実行上の難易は別として理に於ては毫も不可はないのみならず永遠的平和を誘致する道としては最徹底した者である」（同書六九頁）ということを主張したのである。

われわれはいま、この混迷する世界のなかで、あらためて朝永の永遠平和の理想について考え直す必要があるのではないかと考えている。

さらに詳しく知るための参考文献

日本哲学史フォーラム編『日本の哲学』第九号「特集　大正の哲学」（昭和堂、二〇〇八）……大正時代の思想の動向を大きな視点からとらえる上で役に立つ論集。坂部恵、大橋容一郎、檜垣立哉らの論考を収める。

河合榮治郎研究会編『教養の思想――その再評価から新たなアプローチへ』(社会思想社、二〇〇二)……教養とは何か、われわれは教養に何を期待することができるか、等々の問題をとくに河合榮治郎の思想との関わりで論じた論考一五編を収める。

鈴木貞美編『大正生命主義と現代』(河出書房新社、一九九五)……大正時代は教養主義の水面下で「生命」の思想が躍動していた時代でもあった。鈴木は「生命」こそ「この時代の思想・文化状況を観察する装置」になるとする。

子安宣邦『「大正」を読み直す』(藤原書店、二〇一六)……昭和の「全体主義」は大正から生まれ出たのではないかという視点から、大正の諸思想を読み直そうとした書。

筒井清忠『日本型「教養」の運命――歴史社会学的考察』(岩波現代文庫、二〇〇九)……教養主義が大衆文化の中核にあった「修養主義」といかに結びついていったのかを論じている。

野田又夫『哲学の三つの伝統　他十二篇』(岩波文庫、二〇一三)……「哲学史家としての朝永三十郎先生」を収める。朝永の人と思想を理解するための格好の手がかりになる。

田中久文・藤田正勝・室井美千博編『再考三木清――現代への問いとして』(昭和堂、二〇一九)……さまざまな困難と直面する現代の視点から改めて三木清の思想の内容とその意義について考察した論集。

藤田正勝『日本哲学史』(昭和堂、二〇一八)……明治から現代にいたるまでの日本近現代の思想の脈流を概観した書であるが、単なる概説にとどまらず、それぞれの時代の特徴や各思想家の意義についててぃねいに論じている。

藤田正勝『人間・西田幾多郎――未完の哲学』(岩波書店、二〇二〇)……書簡や日記、エッセーなどを手がかりに、西田幾多郎の生涯と思想、同時代の思想家や弟子たちとの交流をいきいきと描きだした書。

第6講
「漱石神話」の形成

大山英樹

†「三四郎」から「三太郎」へ継承されたもの

『三四郎』(一九〇八)の冒頭で、主人公の小川三四郎は、旧制高校教師の広田萇《ちょう》と出会う。広田は初対面の三四郎に向かい「日本は亡《ほろ》びる」「日本より頭の中の方が広い」など啓蒙的な発言をして、三四郎と読者に強い印象を与える。ここで注意すべきは、広田は誰かれ構わずにこんなことを言ったわけではないことである。広田は、三四郎が旧制高校を卒業して東京帝国大学に進むのを確認した後で、これらの発言をする。つまり、広田は三四郎が一定の知識水準に達していると見込んだからこそ、その水準に見合う知的な話題を用意した。この広田を含め、上京した後に三四郎が出会う人々の多くは東京帝国大学に所属する知的エリート階層であり、そこに新たに加わる三四郎も含めて、そのエリート集団の生態が精密に描き出されている。

まだ私立大学が行政上の分類では「専門学校」として扱われていた明治末期において、帝国大学の学生は、現代よりもさらに特権的な集団であったといえる。社会学者の竹内洋《よう》は戦前の帝大出身者を「学歴貴族」と名付け、その特性を強調している。

ではこの作品では、その「学歴貴族」のどのような特性が描かれるか。端的に言うと、彼らは「世俗的な成功を拒否し、学識的な達成に心血を注ぐ」という価値観を共有していることが示される。三四郎の師となる広田は、「偉大なる暗闇」と渾名される。また、三四郎の先輩である若き研究者野々宮宗八《ののみやそうはち》は、「外国じゃ光ってるが、日本じゃまっ暗」な人物と評される。三四郎は彼らの生き方に触れ、帝国大学で学究に励む道の行き先が清貧の生活であることを知る。ヒロインの里見美禰子《みねこ》は華やかな生き方を望み、やがて彼らの元を去り、身なりの好い男と婚約する。

このように、この作品で提示される学歴エリートたちの生き方はペシミズムに満ちている。そして実はこれに強い感銘を受けたのが、大正教養主義を代表する哲学者の阿部次郎である。漱石門下の一員でもある阿部は、哲学的思索を綴った『三太郎の日記』(一九一四)の著者として知られる。これは大正から昭和にかけて哲学青年の必読書として広く読まれたが、その語り手である「三太郎」は「三四郎」をもじって生まれたことは案外知られていない。一般に青春恋愛小説として知られる『三四郎』と、難解且つ深刻な人生の問題を扱う『三太郎の日記』とは、一見すると共通点は見出しにくい。しかし事実として、純然たる哲学青年であった阿部は万事に迂闊な三四郎に大いに共感し、自身の思想を発展させる契機となった。阿部にとって漱石の小説は文学作品というよりも、思索を深めるための一種の哲学書のようなものであった。

そしてこれは阿部に限ったことではない。漱石門下の者たちは作家以外に教育者や科学者、出版者など各界で成功を収める。大正期の漱石は彼らを育てた教育者というイメージが強く、単なる作家に留まらない偉大な思想家と認識されていた。したがって当時の読者の中には、漱石の作品を娯楽として捉えず、人生の啓示を与える思想書と見なす者も多かった。

†漱石の死から始まる「則天去私」神話

このような漱石を崇拝する傾向は、大正五（一九一六）年に漱石が亡くなって以降、一層強まる。漱石が晩年に至った境地を示すものとして「則天去私」というよく知られた言葉があるが、これが一般に知られるようになるのは彼の死後のことである。実はこの言葉は漱石の作中には登場せず、公的な場で発言した記録も残されていない。これが漱石の言葉として広まったのは、弟子たちの証言に拠るのみである。漱石は生前、毎週木曜日に弟子たちを招いて議論する、通称「木曜会」を主宰していたが、そこで披露されたのが「則天去私《そくてんきよし》」の思想である。それを聞いた弟子たちは宗教的教義のように受け取り、まるで秘事口伝のように人々に伝えた。この教義が付加されることで漱石の神秘性は一層高まり、一種の「聖人」として漱石は祀り上げられていく。

もっとも現在の文学研究者たちは、このように「則天去私」を宗教的教義のように捉えることには否定的である。弟子たちの証言から想定されるその言葉の概要を精査すると、この発想はむしろ小説の方法論を述べたものと見なす方が適当と考えられている。しかし、当時の弟子たちや作品の愛読者たちは確かにそこに宗教色のようなものを感じて、漱石への敬愛の念をより強くしたことは事実である。これは先述の阿部次郎だけでなく、同じく大正教養主義を標榜した安倍能成《よししげ》や小宮豊隆《とよたか》などの漱石門下が共有する認識であり、芥川龍之介や久米正雄などの作家たちとて例外ではない。彼らは漱石を称揚する言説を積極的に発表し、漱石を崇める偶像崇拝のような現象は益々高まっていった。

とはいえ、こうした漱石の聖人化に疑問を抱く者がいなかったわけではない。若き日に芥川らと行動を共にした作家江口渙《かん》は、『わが文学半生記』(一九五三)において、漱石門下のこうした態度に反感を持ち次第に距離を取るようになったと語る。また、漱石逝去時に八歳であった漱石の次男伸六《しんろく》は、『父・夏目漱石』(一九五六)で、漱石門下の人々の書いた文章が「上下《かみしも》姿のよそ行き漱石」で父の実像を映していないと批判する。さらに漱石とは敵対関係にあった自然主義の作家である田山花袋や正宗白鳥などは、漱石に対してもその弟子たちに対しても冷淡な態度を取った。彼らは人間が老境において悟達に至るという考えにそもそも懐疑的であり、漱石だけを特別視することに理解を示さなかった。

そのためここまで指摘してきた熱狂的ともいえる漱石崇拝は、あくまで局所的な現象であったといえる。漱石の文章に共感を覚え、その考えを理解しようと懸命になる者は特定の層に限られていた。ではその層とは何かというと、それこそが冒頭で述べた、帝国大学や旧制高校に所属する知的エリートたちである。彼らが漱石の熱烈な読者であったことは種々のデータにも残されており、例えば旧制高校における「愛好する著者」「愛読する作品」等々の多くで、漱石は第一位に選ばれている。因みに第二位以降には西田幾多郎《きたろう》などの哲学者やドストエフスキーなどの外国人作家の名が続く。これを見ると、やはり漱石は単なる作家ではなく別格の扱いを受けていたと推察できる。漱石門下たちが元々は漱石の帝大講師時代の教え子だったことを合わせると、漱石とエリート教育との結び付きの強さ及び相性の良さに改めて気付かされる。

†小宮豊隆による「聖人化された漱石像」の構築

では漱石の何がそれほどまでに高学歴の青年たちを惹き付けたのか。漱石作品をどのように解釈すれば、彼らの関心を引き、満足感をもたらすのか。これらの疑問を解消する、漱石作品の入門書乃至は解説書を書いた人物がいる。それが小宮豊隆である。漱石門下の一員である小宮は「三四郎」のモデルとして有名だが、門下の中でもとりわけ漱石への傾倒が強く、漱石への批判を一切許さぬ姿勢は「漱石神社の神主」と呼ばれ、文壇の内外問わず揶揄されたという。だが小宮は、漱石死後の全集出版に主導的な役割を果たし、漱石の名声が死後長く続くことに多大な貢献を果たした。また、その全集の各巻末に詳細な作品解説を付け、漱石の生涯と作品の意義とを結び付けた伝記『夏目漱石』(一九三八)を刊行する。これらの業績が漱石を知る入り口として有効に機能したからこそ、漱石が今日まで読み継がれているともいえる。小宮は優秀なスポークスマンであると同時に、当時の読者たちが漱石の作品をどのように読み、解釈したか、その内実を現在に伝える貴重な証言者でもある。小宮の解説は当時の漱石読者たちの感動が言語化されて保存されたものである。つまり小宮の解説は、単に小宮個人の見解という以上に当時の読者たちの漱石への共通認識がまとめられたものと理解すべきである。

小宮の描く漱石像は概ね次のようなものである。幼き日に養子に出された後に再度生家に出戻った経験や、英国留学時の神経衰弱の発症などで深刻な人間不信に陥った漱石は、創作に耽ることで我が身を見つめ、人間や社会に対する思索を深めていく。そして修善寺大患と呼ばれる臨死体験を経過して、より高次の精神的境地に近づき、作品世界は益々円熟味を増す。やがて辿り着いた「則天去私」と名付けるその境地を具現化する大作『明暗』の執筆にとりかかるが、無念にも志半ばで世を去る。残された我々は漱石の達した境地がどのようなものかを部分的に窺い知ることしかできず、その真意はそれぞれで探し求める以外ない。

この漱石像は一定の支持を受け、戦前の漱石研究にはその影響が濃く現れる。また、前述の『三太郎の日記』のように、漱石の作品は大正期以降の哲学的思潮である教養主義乃至は人格主義と結び付けて捉えられる風潮が強かったため、例えば、滝沢克己の『夏目漱石』(一九四三)や岡崎義恵《よしえ》の『漱石と則天去私』(一九四三)など、この頃の漱石研究者は、漱石を作家というよりも一種の思想家と見なす傾向が強い。こうした理解が定着して普及することで、漱石の作品は一層高尚なものとして取り扱われ、特に教育界において必読の書とする空気が醸成された。

†「岩波文化」というレッテル

以上のような経緯から、漱石はその死後、ある意味で「文学」の世界から少し離れた存在と認識されていた。阿部次郎や小宮豊隆の提唱する漱石像は、文学的というよりも哲学や思想、さらにいうと宗教的な意味合いさえ感じさせるものとなっている。そのせいもあってか、大正後期から昭和前期の文壇の実力者たちは、漱石を「過去の作家」として扱っていた形跡がある。例えば、『文藝春秋』を主宰した菊池寛は昭和九(一九三四)年に「近頃は漱石の作品はあまり読まれていない」という趣旨の発言をしており(『国語と国文学』第一一巻第八号)、『新潮』の主幹を務めた中村武羅夫《むらお》は昭和一七(一九四二)年に「最近の若い文学者で漱石に関心がある者は稀である」と述べている。そして、漱石に対して並々ならぬ敬慕の念を抱いていた芥川龍之介も昭和二(一九二七)年に自死を選んでおり、文壇における漱石の影響力は低下していた。

そのため、漱石は大正期以降の「文学青年」からはそれほど大きな訴求力を持たない作家であったと思われる。漱石を強く支持したのは、先述の通り、文学よりも哲学や思想に強い関心を示す「哲学青年」たちである。ところで、この「哲学青年」は学問全般に興味を抱く傾向があり、上記以外に科学や歴史にも関心を示した。こうした層の需要に応えたのが、漱石とも縁の深い岩波書店である。

岩波書店の創業者である岩波茂雄も漱石に私淑した門下の一人であり、事業の初期に漱石の『こころ』の自費出版に協力している(「岩波書店社史」では、社の処女出版と述べている)。岩波書店はそれ以降の漱石の作品を出版するほか、先述の『三太郎の日記』や、倉田百三《ひゃくぞう》の『出家とその弟子』(一九一七)など、大正教養主義に組み入れられる哲学的著作を扱うことで大正期に大きく成長する。また、古今東西の科学・哲学・歴史等に関する著作を広く扱う「岩波文庫」の企画が受け入れられることで、アカデミックな書物を扱う専門業者として出版界に確固たる地位を築くことに成功する。漱石はこの新興勢力の象徴的存在となり、漱石文学の普及と大正教養主義の隆盛、そして岩波書店の発展の三つが相乗効果を生み、それぞれの威信の上昇につながったと考えられる。

だがそれは必ずしもよいことばかりではない。漱石が岩波書店や教養主義と強く結び付くことで、それに批判的な勢力の注意を引くことにもなった。教養主義を標榜する、阿部次郎や小宮豊隆らは帝国大学の教授を占め、閉鎖的かつ排他的なアカデミズムを代表する存在として、批判の対象となることも多かった。そして彼らの著作を独占的に出版する岩波書店とは癒着関

『明暗』発売日、岩波書店店頭の店員たちと岩波茂雄（右から４人目、大正６年１月26日、『写真でみる岩波書店80年』1993）

係があるように感じる者も少なくなかった。文芸評論家の亀井勝一郎は戦後、彼ら漱石門下の大正教養主義者たちの様相を総称して「岩波文化」と名付け、批判的に考察している（『現代人の研究』一九五〇）。この言葉は後に左翼系知識人への蔑称として用いられるようになるが、当時としても否定的なニュアンスが伴っていた。教養主義の象徴として祀り上げられた漱石は、皮肉なことに教養主義の負の側面をも背負い込むことになった。教養主義と結び付いた漱石は、一部の学歴エリートのみを対象とした偏狭な思想家といったイメージをつけられてしまう。戦前までの漱石は国民作家というよりも、一部の層に熱狂的に受け入れられる、読者を選ぶ作家であったという方が実は適切であった。

†江藤淳による新しい漱石像の提示

戦前に隆盛した大正教養主義であったが、戦後は開戦に至る過程でその抑止とならず、日和見的態度をとったと戦後は批判されるようになる。戦前の思潮を反省し、新しい機運を求める思想界・言論界において大正教養主義は衰退し、その象徴とされた漱石の評価についても再検討が求められることになった（もっとも教養主義に基づくエリート学生たちの精神文化は、その後もしばらく引き継がれていく）。

こうした機運の中で江藤淳の「夏目漱石」は書かれた。昭和三〇（一九五五）年に『三田文学』に発表されたこの論考は、小宮の漱石論で描かれた教養主義的漱石像を否定する。小宮に拠ると、修善寺体験以降の漱石は作品制作を通して思索を深めて悟達へと近づくとされる。ところが江藤に言わせると事態はむしろ逆で、晩年の漱石は作品を書くほど人間心理の醜さや業の深さに失望して疲弊消耗し、寿命をすり減らしていった。だが、そのように我が身を削りながら自身の内部に巣食う「我執《がしゅう》」の姿を描出して、人間の暗部を白日の下に晒したことこそ漱石の功績であると、江藤は述べる。

江藤が漱石の作品の中で特に注目するのは、構成の難が指摘される『行人《こうじん》』(一九一二〜一三)である。主要人物である長野一郎は漱石の分身と呼ぶべき存在であり、作中で彼が直面する自己と他者とが分かり合えないことへの苦悩と絶望は、まさしく漱石自身が味わったものと見なし、その苦悩の果てに自己矛盾に陥って自我が引き裂かれる一郎の姿は、近代の成立とともに確立した個人主義の抱える問題点そのものであり、漱石は日本の文学作品で初めてそれを的確に抽出した作家として、江藤は高く評価した。

しかし、江藤は漱石文学には多層性があり、その魅力を単一的に語ることはできないとも主張する。彼は「低音部」という概念を援用し、漱石の作品の基底には「則天去私」に通じる東洋趣味と海外留学を経て習得した英文学とが併存しており、それらが複雑に入り混じり、その時々で異なるかたちで現れることで多様な表情を見せるという。そこには小宮の説く教養主義的漱石像も含まれる。したがって、ある意味で江藤の論は小宮の説を包括して成立しており、両者を対極的に位置付ける必要は必ずしもない。江藤の論考がもたらした真の功績は、漱石に対する新しい見方を提示したことではなく、漱石には一つの見方に収斂できない多様な魅力があり、様々な見方が可能であることを示した点にあったのではないか。小宮の提示した教養主義的漱石像は時代の潮流に乗って大いに隆盛したが、時代の変化と共にその魅力は減じていった。漱石文学の魅力は何か、その理由も時代の変化に対応する必要があったのである。

†「漱石神話」はかたちを変えて受け継がれる

漱石研究を俯瞰的な視点で見ると、小宮の漱石像から江藤の漱石像への転換は、時代に合わせた漱石像のモデルチェンジであったと見なすことができる。教養主義全盛の大正期から昭和前期にかけては、小宮の説く漱石像が相応の説得力を持ち、それが熱狂的な支持を集めたからこそ漱石の文名は維持された。しかし戦後を迎えて既存の価値観が揺らいだ時、漱石の文名を継続させるには教養主義との切り離しが必要となった。意図せずその役割を担ったのが、当時まだ学生だった新進評論家の江藤であった。その後しばらく漱石の研究史は、江藤の説を追従するように近代的知識人の孤独な内面の探求に焦点化される。ここに至り小宮の提唱した「則天去私」神話には多くの疑義が提出され、その終焉が囁かれるようになる。その先鞭となった江藤の仕事は無視できない。

だが、「則天去私」の境地に達した聖人だから偉大だと説いた小宮と比較して、日本文学史上初めて近代的知識人の孤独な内面を描いた作家だから偉大だと説く江藤は、漱石の偉大さを称えるその熱量という点で決して劣るものではない。つまり、江藤の登場以降も依然として漱石は「偉大な作家」として扱われ続けたわけであり、その偉大さを称える論理がすり替えられただけともいえる。また、その論理が江藤によって文学的に純化されたことで、文学の世界における漱石の地位はより高まったと考えられる。漱石は戦後に至ってようやく「哲学青年」の元から「文学青年」の元へ返されたということもできよう。小宮の漱石観を過去のものとして、(その時点における)新しい時代の漱石像を江藤が提示したことで、漱石は時代を超えた作家となった。

江藤の論考以降、文学研究においても漱石は改めて関心を呼び起こされ、未だ発見されることのない漱石の遺したメッセージを解読しようと、現在でも多くの研究者が研究に励んでいる。このような研究の活性化をもたらしたのは、一義的には江藤の功績といえる。しかし、家族や弟子たちの無理解に苦しみながら一人超然として思索を深める孤高の作家という漱石のイメージは、元々は小宮が創出したものである。江藤の漱石観は、この小宮のイメージを忠実に引き継ぐものであり、また、現代においてもこのイメージを研究者の多くが共有している。だとすると、小宮の創出した神秘化された漱石像の姿は今なお健在といえる。漱石が常人の気づかぬ何かの深奥に到達した人物であり、漱石だけが知るその何かを解明したい。こうした衝動に研究者のみならず一般読者までも駆られているのが、現在でも漱石が読み続けられている要因のひとつであり、漱石がそのような魅力を保持し続ける理由には作品そのものの魅力以外に、小宮が私たちに授けた「漱石神話」の影響力がかたちを変えて残されているからではないか。漱石の何が偉大なのか、その理由は時代とともに変化しても漱石の偉大さ自体が問われることはない。「漱石神話」が一度形成されたことで、そのような「偉大さ」が循環する構造が漱石には用意されたのである。

さらに詳しく知るための参考文献

小宮豊隆『夏目漱石』(岩波書店、一九三八/分冊三巻、岩波文庫、一九八六)……おそらく現代人が読むと、大仰さのわりに空疎さを感じさせる内容である。漱石の作品は読み継がれているのに、それを受け取る読者の感覚は大きく変わっていることを実感させる。

伊藤整『小説の方法』(河出書房、一九四八)……漱石への言及は多くないが、近代日本文学の批判的総括がなされており、そこから疎外された漱石の特殊性を結果的に浮き彫りにしている。

矢口進也『漱石全集物語』(青育舎、一九八五/岩波現代文庫、二〇一六)……全集刊行の主導権を巡って、漱石門下たちの暗闘が繰り広げられた様が描かれている。

筒井清忠『日本型「教養」の運命』(岩波書店、一九九五/岩波現代文庫、二〇〇九)……「大正教養主義

の精神は昭和以降も高学歴青年たちの間に引き継がれた」という、本講の前提を理解するには必読の書。

高田里恵子『グロテスクな教養』（ちくま新書、二〇〇五）…近現代の日本における教養主義の顚末を冷ややかに考察したもの。「教養主義はかたちを変えて生き続けた」ことがよくわかる。

十川信介『夏目漱石』（岩波新書、二〇一六）…伝記では著者の主観が常に問題となるが、この本は意識的にそれが抑制され、読者に判断を委ねる書き方がされている。

竹内洋『教養派知識人の運命』（筑摩選書、二〇一八）…本講で言及した「学歴貴族」の命名者である竹内氏による、大正教養主義の中心人物阿部次郎の評伝。

大山英樹『夏目漱石と帝国大学』（晃洋書房、二〇二〇）…本講の元となったもので、漱石と教養主義の結び付きが何をもたらしたかを詳述している。

第7講
「男性性」のゆらぎ――近松秋江、久米正雄

小谷野 敦

†「恋に狂う男」の誕生

明治二九（一八九六）年の尾崎紅葉の長編小説『多情多恨《たじょうたこん》』の主人公・鷲見柳之助《すみりゅうのすけ》は、愛妻を病気で失って悲嘆に暮れる日々を送っている。友人が心配して自分の家に引き取るのだが、鷲見を、男の癖にだらしがないと言っていた友人の妻は、次第に鷲見に魅かれていく、という作で、その後の『金色夜叉』より、藝術的には優れた小説だと見られている。

徳川時代に、清元《きよもと》の舞踊「保名《やすな》」というのがある。陰陽師《おんみょうじ》として知られる安倍清明《あべのせいめい》の父として浄瑠璃に登場する安倍保名が、恋人の榊《さかき》の前が自害するのを目のあたりにして気がふれ、狂い舞をするのが「保名」である。浄瑠璃「蘆屋道満大内鑑《あしやどうまんおおうちかがみ》」では、その後保名は榊の前の妹の葛《くず》の葉姫と恋におち、清明を儲けるのだが、この葛の葉は信太《しのだ》の森の狐が化けたもので、正体がばれた狐は、障子に、幼い息子にあてて「恋しくば訪ねきてみよ河内なる信太の森の恨み葛

の葉」と書いて姿を消す。

女の狂い舞とか、女が恋に狂うというのは、「道成寺《どうじようじ》」ものにも見られる通り徳川期演藝では珍しくないが、男の狂い舞となるとこの「保名」くらいしか見当たらない。徳川時代人の武士・町人的感性は、平安時代の公家的な感性と違い、恋に狂うのは主として女だったとも言えるが、近松門左衛門や紀海音《きのかいおん》の世話浄瑠璃に見られるように、恋に呆《ほう》ける男というのは、大坂では、江戸に比べれば一般的な概念だったといえる。もっとも徳川期後期になると、浄瑠璃は衰退するし、大坂でもそうしたものは少なくなる。

『多情多恨』を書く前に、紅葉が『源氏物語』を読んでいたことが分かり、村岡典嗣《つねつぐ》はその影響、つまり桐壺更衣を失った帝の悲しみが移されたのだとし、紅葉が英国小説を読んでいたことから、丸谷才一はその影響もあるとしている。だから書き添えておくなら「保名」のような先蹤《せんしよう》もあったということになる。その後の『金色夜叉』も、『八犬伝』を下敷きにしつつ、英国小説『女より弱きもの』(バーサ・クレイ)を紛本《ふんぽん》として書かれたというが、ここで、恋のために苦しみ恨む男というものが現れる。これは中世以前の文藝では数多かったが、近世文藝ではあまり見られなくなった型だった。このような男性像は、近世より中世以前的であり、江戸―東京―武士的であるより上方―公家的なもので、それが西洋的な騎士道の男に似通っていたということになる。

その後、二葉亭四迷の新聞連載小説「其面影《そのおもかげ》」（一九〇六）も、恋で苦しむ男を描き出したが、二葉亭の中には、そういう男性像を嫌悪する武士的心性があった。二葉亭には、文学をやる、小説を書くという営為自体が「男子一生の仕事」ではないという意識がついて回り、国事に従事しようとしたりして苦しんだ、その経緯を描いたのが中村光夫の『二葉亭四迷伝』である。

ついで田山花袋が「蒲団」（一九〇七）で、女弟子の蒲団の匂いを嗅いで泣く男を描いて文壇を驚倒させるが、これはまさに西洋的・近代的な男性像の開花だったともいえる。「寺子屋」の松王丸は男泣きに泣くけれども、それは犠牲となって死んだ子供を思っての男泣きである。「色男、金と力はなかりけり」というのは、今では意味が通じにくい言葉になってしまった。これは「心中天網島《しんじゆうてんのあみじま》」の紙屋治兵衛《じへえ》のような上方風やさ男のことで、江戸の助六となると色男でも力はある。徳川末期の為永春水《ためながしゆんすい》「梅暦《うめごよみ》」の丹次郎も、やさ男で軟弱で女にもてるという設定だった。このやさ男がもてるというイメージは、一九六〇年代の舟木一夫まで続いていたが、一方でアメリカのマッチョ主義に影響された石原裕次郎のような強いもて男も登場しており、七〇年代以降は舟木的な色男は見られなくなった。

†近松秋江の描いた「情けない男」

近松秋江《しゆうこう》は、一八七六年、岡山県に生まれ、本名を徳田浩司といい、裕福な農家の四男だった。上京して東京専門学校（のちの早大）で文学を学び、島村抱月《ほうげつ》から、正宗白鳥とともに雅号をつけてもらい、文藝評論家として出発した。はじめ徳田秋江と名のっていたが、徳田秋聲《しゅうせい》の弟だと思われるかしたのを嫌がり、近松門左衛門を尊敬していたので、近松秋江と名のった。ここに、秋江の最初の勘違いがあったとも言え、近松門左衛門が描いた男女は、とりあえず相愛の二人なのだが、以後の秋江は、女に振られてばかりいたのである。だが秋江自身は、自分は女にもてるやさ男だと思い込んでいた節もある。

全体に、仕事をすぐやめてしまうなど、生活態度がだらしなく、最初の妻が処女でなかったことに不満を抱き、別の女を連れ込んだりしているうちに、最初の妻が出奔してしまう。その妻に宛てた手紙形式で書かれたのが「別れたる妻に送る手紙」という出世作小説である。これは『早稲田文学』に掲載されたのだが、論者はこれを、失踪中の妻が読んで戻ってきてくれるのではないかという期待を込めて書かれたものだとしている。近松秋江評価に大きな貢献をした平野謙はこの説を肯定して、秋江がその続きとして書いた大正二年の「疑惑」を、同年の木村荘太《そうた》の「牽引《けんいん》」とともに私小説の濫觴《らんしょう》としている。

ところが「別れたる妻」（「別れた妻」というものもある）の内容は、はじめこそ妻へ呼びかけていながら、内容は、娼婦との交情を描いた上、その娼婦を友達に奪われてしまったと泣きごとを並べる異様なものである。当時のゴシップ雑誌は、この友達というのが正宗白鳥であるとすっぱ抜いている。白鳥は秋江の死後書いた「放浪の人　近松秋江」で、この娼婦が別に美しい女でもなかったと暴露している。

ついで書かれた「疑惑」は、妻が家に下宿していた学生と駆け落ちしたことを、日光の旅館を一軒一軒当たり、宿帳にその名前を見つけて突き止め、外へ出てぼろぼろと涙をこぼすという実体験を描いたもので、花袋の「蒲団」に続く、情けない男の実像をさらけ出したものであった。

近松秋江

秋江は白鳥に対してホモソーシャルな感情を抱いていたようで、白鳥が勤めたところへ後から入り、白鳥が辞めてよそへ行くとそのあとを追うということを繰り返していた。最後は定職がなくなり、文筆だけでかつかつの生活を立てるようになり、関西へ五年ほど滞在して宿住まいをし、大阪や京都でなじみの娼婦との交情に明け暮れるようになる。はじめ大阪の娼婦との交情を「黒髪」として発表し、その後京都の娼婦になじむのだが、その娼婦が姿を消し、その姿を求めて南山城《みなみやましろ》まで出かけるなどの狂態を演じ、それを大正一一年に新たな「黒髪」シリーズとして発表した。秋江自身は、別の男ができた、母親が隠した、本人の気が狂ったなどさまざまに解釈するのだが、秋江の、娼婦が住んでいた家を探索したり、南山城まで出かけていくさまは今日でいうストーカーで、「狂恋」「霜凍《しもこお》る宵《よい》」として続いた京都の娼婦ものは、『黒髪』としてまとめられ、谷崎潤一郎の序文ももらって、秋江は情痴小説の第一人者としての名声を得るに至ったのである。

†面白いが読まれなかった秋江

京阪の旅から帰った秋江は、按摩で体調の不良を癒してくれた理髪師の女と結婚することになり、放浪情痴の生活を反省して「恋から愛へ」などという作品を出した。だが、その内容たるや、妻がひどく乱暴な女で、その父や弟からも秋江が悪く言われ暴行されるという散々なありさまだった。

二人の女児に恵まれ、落ち着いたかに見えた秋江は、情痴小説のような題材を失う。もとは馬琴や頼山陽のような国を思う小説を書きたかった秋江は歴史小説に手を染めるが、あまり評価はされなかった。昭和初年に老いて病んだ秋江は、国の肝煎りでできた文藝懇話会に協力してその賞をもらおうとしたが、野間文藝賞、菊池寛賞、藝術院会員など、既成作家に与えられる名誉のどれにも与えることができず、貧窮のうちに戦争中死去した。

大正五（一九一六）年に漱石門下の赤木桁平《こうへい》は「〝遊蕩文学〟の撲滅」を新聞紙上に載せて、近松秋江、吉井勇、長田幹彦《みきひこ》など、藝者、娼婦との交情を描く文学者を道徳的に批判した。だがそこでは、永井荷風、谷崎潤一郎、小山内薫らが抜けており、小物叩きの印象があったし、小山内は反論し、特に成果もなく終息した。

しかし、秋江の特異なところは、他の遊蕩文学者が、荷風を筆頭として、藝娼妓と遊びつつ、もてる男だったのに対し、秋江は、逃げられ、振られる男で、その情けない自らの姿を描いた点であり、その意味で新しかったといえる。それは近世上方のもてる色男とも、江戸の助六的強い男とも異なる、平安時代的な、『源氏物語』の柏木のような、そして西洋中世の騎士のような近代的な男の像だった。

花袋は「蒲団」以後、島崎藤村とともに「平面描写」という理念で小説を書くようになるが、これは読者に感情移入をさせない書き方で、そのため彼らの小説は退屈なものとなり、それが「自然主義」の本質のように思われている。だが秋江はこの平面描写を批判して、「蒲団」の書き方を継承したため、読んで面白い。だが、秋江が広く読まれたかといえばそんなことはないのであった。

†振られた男への同情で売れた久米正雄

これに対し、失恋を描いて人気を博したのが久米正雄である。久米は芥川龍之介と同期の東大英文科卒で、芥川とともに晩年の漱石に入門し、菊池寛らと第四次『新思潮』を刊行した新人作家で、はじめ俳句、ついで戯曲で名をあげた。ところが漱石が急死してしまい、その葬儀の手伝いをしていた久米は、長女の筆子に、漱石の娘ということもあって恋をしてしまい、夫人の鏡子にも認められたと思って有頂天になったのだが、実は筆子は、久米の仲間の松岡譲のほうが好きで、久米が筆子を「婚約者」などと小説に書いたためもあって鏡子から夏目家を出入り禁止にされ、筆子は松岡と結婚してしまった。

久米は同情を乞うて友達の間を泣いて回り、年末に福島県郡山へ帰省してしまうのだが、すぐに舞い戻る。当時「時事新報」に勤めていた菊池は、これは結局漱石の印税というカネの問題だったと言っているが、久米に、同紙に小説を連載させた。その「蛍草」は、友人に恋人をとられるという実体験を通俗に脚色したものだが、当たって、久米は以後ずっと通俗小説の大家になる。

久米はいくつかの短篇小説でこの事件を描いたのち、大正十二年の関東大震災のあとで藝者と結婚するが、その前年、『主婦之友』に長編小説『破船』を連載して、筆子事件を描き、単行本はベストセラーになった。購読者は主婦で、そういう層が、「恋人をとられた」久米に同情した結果である。この事件は奇妙に、師・漱石の『こゝろ』に似ているが、二人が無意識裡にそれを模倣したということもあっただろう。『破船』は私小説だから純文学のはずだが、前田愛などは、主婦雑誌に連載されたからという理由で通俗小説としている。

冷静に考えれば、松岡と結婚したのは筆子の意向であり、久米は単に振られただけに過ぎないのだが、この時代、「友人に恋人をとられた」という要素で、久米に同情するという意識が中流階級の女性に少なからずあったということになる。だが昭和に入ると、軍国主義体制の進行で、吉川英治の『宮本武蔵』のような、剣が強い男のほうが男の理想像になっていき、『破船』の久米のようなのは同情の対象ではなくなっていく。戦後になって、秋江の『黒髪』などは岩波文庫に入ったが、久米の作品は、初期の短編集『学生時代』が文庫になったのみで、『破船』は今日まで広く読み返される機会を得ていない。

実は明治末年、武者小路実篤が、「お目出たき人」(一九一一)、「世間知らず」(一九一二)などで、童貞の青年の近所のお嬢さんへの淡い片恋を描いて、芥川龍之介に「文壇の天窓を開け放った」と言われていた。武者小路には、オナニーの悩みも描かれた「或る男」や、『こゝろ』や『破船』を、より暖かな結末に書き直した『友情』(一九一九〜二〇)もあり、実はいかにも大正期的な若い男像を提示し、秋江や久米の路線をより穏健にしていたのである。『友情』は

『破船』より先で、戦後も武者小路のこれらの小説は広く読まれたが、武者小路のその後の「新しき村」運動などから、白樺派全体が「人道主義」の一語で括られるなどしたため、武者小路のこうした男性像刷新の功績は忘れられがちである。

だがその武者小路も、一九六〇年代に、米国からヒッピーや性革命の風俗が入ってくると、古めかしいものと見られるようになり、広くは読まれなくなっていった。

†中産階級の女性人気を得た「童貞」的青年像

谷崎潤一郎は「恋愛および色情」(一九三七)という随筆で、自分が子供のころ受けたのは儒学と漢学に基づいた教育で、そこでは恋愛や色情は、男子が溺れるべきものではないとされていたが、近代になって西洋の文化が入ってくると、恋愛を語ることが認められるようになり、恋愛が解放されたのだと述べている。その一方で谷崎は、徳川期日本について、浄瑠璃における女性観が、下層町人の程度の低いものだとも言っている。公表されたものでは、近松門左衛門だけは認めているが、千葉俊二の『谷崎潤一郎　性慾と文学』に掲載された原型を見ると、谷崎は近松の女性観も程度の低いものと見ていたことが分かる。

西欧で十二世紀ころに、フィナモール(まことの愛)と呼ばれる騎士道的恋愛が流行したということがよく言われる。それは騎士(男)が高貴な女性に捧げる恋だといい、西洋の恋愛の根本にはこの精神があるといったことが、ルージュモン以来よく言われる。だが、それも疑わしいので、たとえばジュネーヴ出身のルソーは、パリへ出て、その性風俗が乱れていることに驚き、そのアンチテーゼとして『新エロイーズ』のような純愛小説を書いたともいわれる。またトルストイの『戦争と平和』のピエール・ベズウーホフは、ルソーの流れをくむ純愛と女性崇拝の思想を抱いているが、ナポレオン軍のフランス人兵士たちに話しても理解されない。レスリー・フィードラーは、純愛思想はヨーロッパの辺境である米国とロシヤに広まったと述べていた。

結局、女に捧げる愛などというものは、近代社会において中産階級の知的な層にのみ存在したものだったと言うべきだろう。フランスは恋愛に寛容だとも言うが、それはラクロの『危険な関係』のような貴族の世界での遊戯的・性欲的な関係のことでもあった。日本で大正から昭和初期に、童貞でいる男が貴いという思想があったという論者もいたが、それは知識層の一部の話でしかない。

戦後の日本は、軍国主義から解放されたといっても、米国文化の影響が強かった。たとえば石坂洋次郎が描く恋愛とそれをめぐる議論も、その影響から逃れてはおらず、石原裕次郎のような、強くて熱血漢の男を中心としたものになりがちであった。

だが、男性像の見方は、国によるというより階層によって違うというのが事実で、久米―武者小路的な、「童貞」的青年像が女性から人気を得るのは、おおむね中産階級においてのことである。ストリンドベリの「令嬢ジュリー」が典型的に示すように、貴族階級では性的に奔放で、それより下の階級のほうが厳格だということが一般的である。男の世界では、ギャング映画ややくざ映画が一定の人気を持っていたように、男にとっての男の理想は、法から逸脱していても強い男であるというのが二十世紀の全世界的趨勢で、それはある程度女性嫌悪的であり、世紀末からいくらか変わってはいるが、基本的にはあまり違っていない。

†新たな青年像を生んだ大正という時代

大正時代は、永井荷風が活躍した時代でもあり、昭和に入ると荷風全集が岩波書店から出て、「濹東綺譚」が「朝日新聞」に連載されるなど、反俗的な遊里《ゆうり》遊びが一部の人気を得た。

武者小路が描いたのは、青年と、中産階級の女性に人気があった青年像であろう。そのことは、大正デモクラシーの時代だったことや、社会主義、女性解放運動が盛り上がった時代であることと無縁ではないだろう。厨川白村《くりやがわはくそん》の『近代の恋愛観』がベストセラーになり、末年から阿部次郎の『徳川時代の藝術と社会』が連載されたことも、これと関係しているだろう。阿部は徳川時代の遊里を批判したのだが、昭和に入ってその脈流はいったん絶たれ、敗戦後も必ずしも復活したわけではなかった。

秋江、久米らの男性像を継承したのは、谷崎潤一郎であろう。昭和初年の、『春琴抄』から『細雪』にいたる女人崇拝的な作品によって名高い。『春琴抄』で、佐助は目をつぶすが、谷崎が本当にやらせたかったのは去勢だったであろう。だが谷崎自身は、秋江のような痴愚を自ら演じることはなく、大家としての社会的地位を失わなかったから、その女人崇拝も、ある種の演技にとどまったという点で、秋江には及ばない。

さらに詳しく知るための参考文献

小谷野敦『近松秋江伝——情痴と報国の人』（中央公論新社、二〇一八）……近松秋江の初の本格的な伝記。

小谷野敦『久米正雄伝——微苦笑の人』（中央公論新社、二〇一一）……久米正雄の初の本格的な伝記。

ドニ・ド・ルージュモン（鈴木健郎・川村克己訳）『愛について——エロスとアガペ』上・下（平凡社ライブラリー、一九九三）……西欧文学における愛の歴史についての古典的な研究書だが、現在では否定された部分も多い。

第8講

宮沢賢治——生成し、変容しつづける人

山折哲雄

†雨ニモマケズ斎藤宗次郎

今年は宮沢賢治の死後八八年、長い歳月が経ったようにもみえるが、まだ一世紀にもみたない。だが賢治研究の方は大きくふくらみ、彼のイメージは変化をつづけている。人物の魅力、作品の豊かな鉱脈、そこに秘められている謎や可能性によるものだろう。

このような賢治研究にみられる微視や巨視の膨張は、これからもつづけられていくにちがいない。その帰趨は定めがたいが、賢治の存在がふたたび地球の大地にもどってくるのかどうか、いささかの不安がないではない。

あの内村鑑三が死んだとき、最後まで看護の手を休めなかった弟子がいた。斎藤宗次《そうじ》郎《ろう》である。絶命にいたる最後の四時間、苦しげにくり返す呼吸を数分ごとに数え、それを日記に書き写していた。

内村には多くの弟子がいたが、斎藤宗次郎ほど師の言行に忠実だった者は外にいなかったのではないか。それは生前の師との三〇年、死後における三五年を合わせて六五年の長きに及んだといっていい。内村は「弟子を持つの不幸」という痛烈な文章をのこしているが、斎藤宗次郎という人物はほとんど奇跡に近い、例外中の例外にみえる。

斎藤と内村の出会いは、明治三〇年代の岩手県花巻にさかのぼる。その地の曹洞宗の寺に生まれた斎藤は、盛岡の師範学校を卒業し、花巻小学校の教師となった。そのころ鑑三を知り、キリスト教に入信する。まもなく尊敬する内村の非戦論にうたれ、それを生徒たちに説くだけでなく、国が戦争に介入すれば納税拒否、徴兵忌避も辞せずと主張するまでになっていた。

この過激な行動に驚いた内村は、ただちに東京を発ち、厳冬の花巻に到着したのが明治三六年一二月一九日だった。列車を降りたのが午前二時、日露戦争が勃発する前年の冬である。師による必死の説得が夜を徹してつづく。ついに翻意した斎藤は、翌朝になって同行の信者たちと内村の講話をきき、北上川河畔に遊んで祈りを捧げている。世にあまり知られていない「花巻非戦論事件」のてんまつだ。

だが、岩手県の教育会ではすでに、斎藤にたいする告発があいつぎ、ついに退職に追いこまれる。職を失ってはじめたのが新聞取次をかねる書店で、それを通してキリスト教を伝える事業に入っていった。

以来、東京に移るまでの一七年間、風の日も雨の日も雪の日も、重い新聞紙を背負って花巻の街を疾駆するようになった。家ごとに配りながら走り、十歩行っては神に感謝し、さらに十歩進んで神を賛美する。

木の下や小川のほとりにひとりたたずんで祈りを捧げる、というありさまだった。道行くときはポケットに菓子や小銭を用意し、子どもにあえば、これを与える。貧しい人をみれば恵み、病床にある者を訪ねては慰めの言葉をのこして立ち去る。

町の子どもたちはそんな斎藤をはじめのうちは「ヤソ　ハゲアタマ　ヤソハリツケ」とはやしたてたが、やがて「名物買うなら花巻おこし、新聞とるなら斎藤先生」というまでになった。十有余年にわたる迫害の嵐がこうしておさまっていった。彼のそのようなふるまいは、東京の新聞業界にも知られるようになり、画家の中村不折はそんな斎藤を評して「花巻のトルストイ」と呼ぶほどだった。

そんな「斎藤先生」と、新聞配達を縁につき合うようになったのが宮沢賢治だった。彼は当時、盛岡高等農林を出て、花巻農学校の教師になっていた。生徒たちに自分の創作劇をさせるからと斎藤を招き、クラシックの鑑賞会を催すからといっては呼ぶようになった。五〇歳に手のとどきそうな斎藤宗次郎と、やっと三〇歳を目前にしている賢治の出会いだった（斎藤宗次郎『二荊《にけい》自叙伝』上下巻、山折哲雄・栗原敦解説、岩波書店、二〇〇五）。

†「デクノボー」願望

しかしこうした二人の密接な交流が明らかになったのは、戦後もずっと後年になってからだ。昭和四三年、斎藤が九一歳で天に召されたとき、明治三〇年代から七〇年ものあいだ一日もやすまず書きつづけた日記がのこされ、そこに賢治との出会いと交流のありさまが克明に記されていたのである。

積むと五メートルにも及ぶ厖大な記録だった。その全容は明らかにされていないが、公表されたものからだけでも、キリスト者としての苦難の人生、内村鑑三をはじめ多くの人々との関係が記されていた。

以前、この賢治との交流を示す日記の一部が花巻の宮沢賢治学会イーハトーブセンターで展観されたことがあるが、私もそれを見る機会があった。そのとき不思議なことに、あの「最後の手帳」に記された詩の印象的な一節が、その宗次郎の「日記」の筆跡のかなたに蘇ってくるのを覚えた。「デクノボーになりたい」という賢治のつぶやきが、そこにつよくこだましていたからである。

ここで、視点を変えてみよう。賢治における三七年の生涯をあらためてふり返るとき、いったい彼はどんな人間になりたかったのか考えておきたいからだ。だがしかし、結局彼は、何者にもなろうとしなかった、そういう人間だったのではないかという疑問にとりつかれるのである。

賢治の人生を外側から眺めれば、花巻農学校の教師、羅須地人《らすちじん》協会の主宰者、東北砕石工場の技師などに区分されるだろうが、内からみれば詩人、童謡作家、農業指導者、教師、宗教家、あるいは土壌や岩石や天体などに興味を示し、専門家になろうとしたようにもみえる。けれども彼は、そのいずれにもなろうとはしなかったことがわかる。それはどうしてだったのだろうか。

この先の賢治という存在の印象は、それこそ多岐に分かれるにちがいない。ただその作品を読みつづけるうちに浮かび上がってくるのが、生きるためには他のいのちを奪わなければならないという、あの賢治作品に流れる基調低音の響きだった。そのことに気づき、苦しみもがき、しだいに人間嫌いになっていった賢治の姿が見え隠れしてくる。賢治の「デクノボーになりたい」という願望がいつのまにかせりあがってくるのである。このニヒリスティックな感情のワナからどのように脱出するか、人生最後のときを迎えていたような気がしてならない。

そのことを明らかにする上で鍵になるのかどうか、ここでは二つの事柄を見ておくことにしよう。一つ目は、「雨ニモマケズ」に出てくる「ヒドリ」と「ヒデリ」の問題である。二つ目はこの詩の全体と、その末尾に接続して書きつがれている題目本尊（南無妙法蓮華経）との関係についてだ。

もちろんこの二つの課題については、これまでの賢治研究のつみ重ねによってさまざまに論じられてきた。けれどもわれわれの眼前に立つ宮沢賢治の像もまた、時代の変化とともに日々成長し変容をくり返す存在だった。賢治という人間の多様性や魅力がどのような展開をみせるのか、そんな課題も浮かび上がってくる。

†「ヒデリ」と「ヒドリ」

まず「ヒドリ」についていうと、賢治が亡くなったとき、大量の遺稿がのこされ、その中に例の「最後の手帳」が含まれていた。彼の作品は生前にわずかながら出版され注目されていたが、広く世間に知られているわけではなかった。それで関係者が集まり、その遺稿をどのような形で出版し世に知らせるか会議がもたれた。

大小いくつかの会が開かれたと予測されるが、そのうち「雨ニモマケズ」の一節を選んで顕彰碑をつくろうという案がもちあがる。そしてその後半部分を墨書する仕事が、高村光太郎に託されることになった。だが光太郎はこのとき、何を思ったか「手帳」原文にある「ヒドリ」を「ヒデリ」と書きかえてしまい、それがのちに問題視されることになる。

この問題の個所は、周知のように原文では「ヒドリノトキハナミダヲナガシ　サムサノナツハオロオロアルキ……」とあるけれども、光太郎はそれを「日照り」と「寒さ」という季節の変化に対応させ対句表現にあらためた。それが論議を呼んだのだった。

そこへ新たな説が加わる。照井謹二郎によるもので、「ヒドリ」は「ヒデリ（日照り）」の書き間違いなどではない、一時的な手間賃稼ぎの「日取り」のことだろうと主張した。もともと賢治は、災害や飢饉で疲弊した農民の暮らしに同情し共感を寄せていたので、そうした表現になったのだろうと説いていた。

だが戦後を通じて、賢治研究の大勢は「ヒドリ＝日照り」説にしぼられていき、いつしか定説になっていった。

そこへ、転機が訪れる。和田文雄氏による『宮沢賢治のヒドリ――本当の百姓になる』（コールサック社、二〇〇八）があらわれたからだ。さらに氏はその舞台裏を明かすためだったのだろう、あらたに「宮沢賢治の〈ヒドリ〉と高村光太郎の〈ヒデリ〉」（『詩界』二五九号、二〇一一）を発表している（『続・宮沢賢治のヒドリ――なぜ賢治は涙を流したか』〈同上、二〇一五〉所収）。

氏は長年のあいだ、農村や稲作などの問題にかかわる仕事についている。農林省に入り、統計、農協、食品流通などの職務を経て、昭和五七年に退職している。また、『恋歌』『花鎮め』『理想の国をとおりすぎ』など多くの詩集を出している詩人でもある。

氏の文章は、かならずしも読みやすくはない。おそらく、そこに取りあげられている主題のもつ重さ、難しさにかかわっているのではないかと推測されるが、ここではそのポイントをおさえて紹介することにしたい。

†方言と高村光太郎

賢治が亡くなるのが昭和八年であるが、その翌年、草野心平の肝入りで、東京の「宮沢賢治友の会」が開かれる。さらに翌々年の昭和一一(一九三六)年になって、こんどは「第一回賢治研究会」が新宿モナミで開かれることになった。このとき賢治を顕彰する記念碑をつくる話がでて、高村光太郎が下書きをすることになった。

集まった面々は光太郎のほかに谷川徹三、草野心平、藤原嘉藤治《かとうじ》、小倉豊文、永瀬清子、辻潤、佐藤惣之助、それに宮沢清六らであった。かれらの眼前には「手帳」の原本がおかれ、「雨ニモマケズ」の本質は何かをめぐって話し合われたのではないだろうか。

結局、先述の通り詩の後半部分を墨書する仕事が光太郎にまかされる。その経過を詳細に跡づけ、原文の「ヒドリ」がなぜ「ヒデリ」にあらためられたのか、その原因を明らかにしようとしたのが、さきの和田氏の文章だった。それによると、

第一、モナミに集まった面々の記憶があいまいだった。多くの者は会合の状況をきちんと

覚えていなかった。つまり記憶力の問題。

第二、方言が都会人に理解されていなかった。賢治作品における標準語と方言の問題。

第三、不況の時代がはじまり、東北ではしばしば飢饉が発生し、農村では日銭を稼ぐ「ヒドリ」労働が日常化していた。そのような農村の疲弊した姿をできるだけ抑えようとする配慮がはたらいたのではないか。

第四、農村、農家、農業にかんする東京人の基本的な理解が不足していた。

このような状況が、光太郎の背を押して「ヒデリ」の方向へと踏みきらせたのだろうと、結論づけている。

だが、事態はここからさらに動いていく。なぜなら関係者のあいだから、光太郎による墨書の誤りが語られはじめ、それを書き改めてもらったらどうかという意見がもちあがったからである。ところが光太郎は、これをことわっている。なぜことわったのか。氏による手に汗をにぎる、苦渋にみちた分析がはじまる。

高村光太郎は戦時中、戦争協力の詩をつくったことで、批判にさらされていた。同じころ、同じような目にあっていた斎藤茂吉は山形に疎開していたが、東京人の光太郎は賢治一族との縁をたよって花巻にやってきた。敗戦の年の五月ごろだったが、すでに時代の風圧を肌で感じていたのであろう。

その光太郎の心情が晩年の作品『典型』の言葉の一つひとつににじみでていると、和田氏は指摘し引用している。


そして今自分が或る転轍の一段階にたどりついてゐることに気づいて、この五年間のみのり少なかつた一連の詩作をまとめて置かうと思ふに至つた次第である。

これらの詩は多くの人々に悪罵せられ、軽侮せられ、所罰せられ、たはけと言はれつづけて来たもののみである。私はその一切の鞭を自己の背にうけることによつて自己を明らかにしたい念慮に燃えた。


この序文にでてくる自己反省の中に、「雨ニモマケズ」の原文を書き直した自責の念が重なっている、と氏はいう。それが、悪罵され軽侮され、所罰され、たはけとののしられつづけてきた罪責感ともつながっている。その責任を一人で背負うことを覚悟していた、と。

かつて文芸評論家の亀井勝一郎は、そのような光太郎の性格を「中世的厳粛性」と評したことがあるが、それと似ているというのだ。自分の過ちをそのまま認め、たとえ生き恥をさらしてもその跡を後世に残す、そのように決意した詩人の思いに近づこうとしているのである。

†宗教と文学

つぎに、「雨ニモマケズ」の後半部分と、それにつづく「題目本尊《だいもくほんぞん》」（十界曼荼羅《じっかいまんだら》のこと）の関係の問題についてであるが、それが賢治における「デクノボー願望」とどう関係するか。まず「手帳」原文の状況をそのまま掲げておこう。そこからは、近代と宗教のかかわりについて見逃しえない問題があらわれてくるはずだ。

……
野原ノ松ノ林ノ蔭ノ
小サナ萓ブキノ小屋ニヰテ
東ニ病気ノコドモアレバ
行ッテ看病シテヤリ
西ニツカレタ母アレバ
行ッテソノ稲ノ束ヲ負ヒ
南ニ死ニサウナ人アレバ
行ッテコハガラナクテモイヽトイヒ

北ニケンクヮヤソショウガアレバ
ツマラナイカラヤメロトイヒ
ヒドリノトキハナミダヲナガシ
サムサノナツハオロオロアルキ
ミンナニデクノボートヨバレ
ホメラレモセズ
クニモサレズ
サウイフモノニ
ワタシハナリタイ

南無無辺行菩薩
南無上行菩薩
南無多宝如来
南無妙法蓮華経
南無釈迦牟尼仏
南無浄行菩薩

南無安立行菩薩

みられる通り、「手帳」原文では「雨ニモマケズ」と「十界曼荼羅」は頁を変えただけで、一行の切れ目もなく接続して記されている。だが光太郎の墨書では、その両者は切り離され、以後「十界曼荼羅」抜きの「雨ニモマケズ」が流布することになった。各種の「賢治全集」もそれを踏襲し、さまざまな「教科書」類にまで及んでいる。賢治作品の中から宗教的な部分を切り離し、剝ぎとることは自然の流れとなり、ついに常識内の扱いになっていったのだろう（山折哲雄・綱澤満昭『ぼくはヒドリと書いた。宮沢賢治』海風社、二〇一九）。

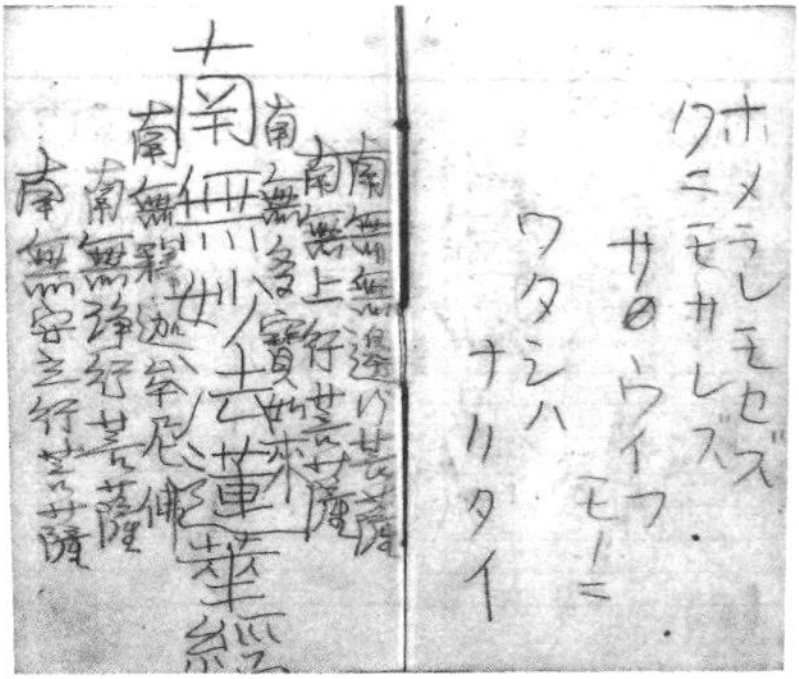

「手帳」原文の「雨ニモマケズ」「十界曼荼羅」
（『【新】校本宮澤賢治全集』第13巻（上）、筑摩書房、1997）

NHKのテレビだったと思う。書家の石川九楊氏が仕事場で、「雨ニモマケズ」の臨書をしていた。さきの光太郎が下書きをした後半部分である。その中で、

東ニ病気ノコドモアレバ

行ッテ看病シテヤリ
西ニツカレタ母アレバ
行ッテソノ稲ノ束ヲ負ヒ
南ニ死ニサウナ人アレバ
行ッテコハガラナクテモイヽトイヒ

と、すらすらと筆を走らせていく。そしてそのあと、この詩の最後にあらわれる曼荼羅本尊の「南無妙法蓮華経」と、そのなかに書かれている菩薩の名前を一つひとつ書き連ね、それぞれの「行」という文字に対応しているだろう、と語っていた。その菩薩の名が無辺行菩薩、上行菩薩、浄行菩薩、安立行菩薩であり、それぞれの「行」に対応しているのだ、と。

まさに、臨書の効果をみせつける鮮やかな実験だった。そのように語ることで、賢治の発する言葉の芯を簡潔にのべ、その精神のありかを浮き彫りにしていた。書く人、石川九楊が批評の人、石川九楊と矛盾なく同居している姿をみごとに映しだしていたのである。

この一事をもってしても、「手帳」原文にある「雨ニモマケズ」が、あとにつづく題目本尊と切っても切れない関係にあることがわかるだろう。ところが、そのことが今日までほとんど不問に付されてきたのだ。

文学的なもののなかから宗教的な要素を除こうとする、つまみ出そうとする姑息な社会通念、といっていい。それを別のものとして棚上げしようとする偏見、つまり「近代」の病だったといわれても仕方がない。

そのあまりにも乱暴な筆のきっさきが、賢治の作品の皮膚を破り、肉を裂き、骨を砕いてきた。そこに口を開けた生々しい傷あとから、賢治の懸命な叫びがきこえてくる。ナムミョウホーレンゲキョウの、つぶやきのような、絶叫のような声がきこえてくる。「デクノボーになりたい」の願望は、その果てのやむにやまれぬつぶやきだった。

†賢治像の行方

昭和二〇（一九四五）年、八月六日——広島に原子爆弾が投下され、人類最初の凄惨な被害がもたらされた。

このとき、小倉豊文氏一家もその惨禍に見舞われていた。氏は当時広島大学に勤めていたが、その生涯を賢治研究に捧げ、戦中から花巻の宮沢家に通いつめ、戦後になって『宮沢賢治「雨ニモマケズ手帳」研究』（筑摩書房、一九九六）を発表している。また氏は、賢治の死後に開かれた「第一回賢治研究会」にも、高村光太郎とともに出席していたのである。

原爆が投下されたとき、氏は爆心地を離れていたため直接の被害は受けなかったが、妻の文代さんが行方不明の状況で、必死になって捜索にあたっていた。
翌八月七日の午後七時すぎ、ついに府中国民学校に収容されているのを発見、焼けのこったわが家につれ帰る。ただちに親類縁者による看護がはじまるが、憔悴がひどく、血便と血尿に苦しみ、口からは蛔虫《かいちゅう》がはい出るありさまだった。
その最後の場面を氏は、『絶後の記録——広島原子爆弾の手記』(中公文庫)のなかに、妻に呼びかけるような形で書きのこしている。

十九日の夜、湯灌をすませてから、万事節子に世話してもらって、普通の「葬式」の「お通夜」の席の恰好にして、俺が自我偈《じがげ》の読誦《どくじゅ》をしたあとで、子供らといっしょに宮沢賢治の「アメニモマケズ」を合唱した。お前の生前の俺の家の「仏前勤行」のままに——。翌日、勝谷の隣組の人々が集まってくれた時も、やっぱり同じようにした。もちろん頼もうとしても、医者と同様に坊さんも頼めない当時ではあったが、期せずしてお前の葬式は、キリスト葬でも神葬でも仏葬でもない完全な「宮沢賢治葬」になった。だがお前は、恐らくこれをよろこんでくれるだろうと俺は信じているよ。……

宮沢賢治の存在は、今日なお生成しつづけ、変容しつづけて止むことはないであろう。

さらに詳しく知るための参考文献

斎藤宗次郎『二荊自叙伝』(岩波書店、二〇〇二)……明治・大正・昭和期にわたる賢治人脈を、宗次郎・鑑三を軸に検出することができる。

和田文雄『宮沢賢治のヒドリ――本当の百姓になる』(コールサック社、二〇〇八)……賢治の生涯を農の問題とかかわらせて考えるとき貴重な指針と豊富なヒントをえることができるだろう。

小倉豊文『宮沢賢治「雨ニモマケズ手帳」研究』(筑摩書房、一九九〇)/同『絶後の記録』(中公文庫、一九八二)……賢治研究の多様性と未来性をこれからも示唆しつづけるだろう。

第9講 北原白秋と詩人たち

川本三郎

†公の明治から私の大正へ

戦後文学といえば、一般には、第二次世界大戦（大東亜戦争）後の文学を指すが、文学史の上では、もうひとつ、日露戦争後の文学を称することがある。

例えば、文芸評論家、磯田光一《いそだこういち》は『萩原朔太郎』（講談社、一九八七）のなかで「日露の戦後」という一章を設け、日露戦争（明治三十七年〔一九〇四〕～三十八年〔〇五〕）のあと、文学を取り巻く環境は大きく変わった、明治十九年に生まれた萩原朔太郎は、まさに日露戦争が終わったあとに登場した新しい戦後派の詩人であるとしている。

朔太郎が兄事した、一歳年上になる明治十八年生まれの北原白秋も、日露戦争のあとに登場した戦後派といっていい。

年表的には、大正時代は大正天皇の即位とともに始まるが、文学の面、さらに広くいえば文化史的には日露戦争の終結から始まっている。それはちょうど、昭和時代が文化の面では、大正十二年の関東大震災のあとの帝都復興、モダン都市東京から始まっているのに似ている。

日露戦争のあと文学の世界で何が変わったのか。端的にいえば、文学が文学として世に認められるようになった。それまでは、明治の近代化のなかで実学が優先されていたなかで文学などは世の役に立たない無用のものとされていた。富国強兵、殖産興業が近代化の必須とされた時代に、文学は国家の発展に役に立たないものとされた。いわゆる「詩を作るより田を作れ」の時代である。

日露戦争の後、徐々にこの状況に変化が起きた。文学が国家という重しから脱して、自立するようになってきた。

日露戦争後の明治四十一年（一九〇八）に若い芸術家たち——北原白秋、木下杢太郎、石井柏亭《はくてい》、山本鼎《かなえ》、高村光太郎によって「パンの会」が新しい芸術をめざして作られたのは、この状況をよくあらわしている。

北原白秋は、のちの回想随筆「雪と花火余言」（大正五）で「パンの会」創立当時のことを思い出し、自分たちは“Younger generation”であったと呼んでいる。それ以前の明治時代に生きた世代とは違っているという認識である。白秋は、当時の若い自分たちの興奮について書いている。

「初めて"PAN"の盛宴を両国河畔に開いて以来、Younger generation の火の手はわかい感傷的な私達を愈《いよいよ》狂気にした。私達は日となく夜となく置酒し、感激し、相鼓舞しながら、又競つて試作し、論議した。」

なにが新しい世代をこれほど熱狂させたのか。それまでの世代の文学者が、国家の枠のなかで窮屈な思いをしていたのに対し、自分たちは、国家の束縛からとりあえずは解放され、芸術の道を進むことができる。「田を作る」義務から離れ、「詩を作る」自由を得ている。芸術が国家意識から離れ、芸術として自立してゆく。

白秋ら新しい世代の若い芸術家たちはそのことに歓喜した。興奮した。大仰にいえば芸術の誕生を目の当たりにした喜びである。

いうまでもなく日露戦争は日本の勝利に終わった。西欧列強である大国ロシアに勝利したことは明治以来、欧米に追いつき追い越せと走ってきた日本にとって、列強に伍してゆける自信となった。ここから国家としての余裕が生まれた。新しい世代の登場はその結果といっていいだろう。

文学が政治の制約から脱して、文学それ自体として自立した。そこから、真善美でいえば美を重視する世界が広げていった。政治や社会などの外の世界に対して、若い世代は人間の内面や心に目を向けるようになった。

日露戦争後の明治四十一年に書かれた夏目漱石の『三四郎』の主人公は、福岡県から上京して東京帝国大学に入学するが、専攻は文学（文科）。それまでの実学を学ぶ学生とは違う道を進む。三四郎もまた白秋と同じ Young generation といっていいだろう。

漱石の『三四郎』に刺激を受けて書かれた森鷗外の『青年』（明治四十三〜四十四）の主人公、地方から東京に出てくる青年、小泉純一も、文学志望である。彼もまた日露戦争のあとに登場した新しい世代といっていい。それまでの実学を学び、国家のために尽くそうとする公的価値を優先させた世代とは違っている。

明治時代は何よりもまず家のため、国家のためを優先させる生き方が求められたのに対し、日露戦争後は、国家意識が後退してゆき、芸術、文学がそれ自体、価値あるものとして自立していった時代ということができる。論を分かりやすくするために単純化していえば明治が公の時代とすれば、大正は私の時代と分けることができよう。

美しい女性の肌に女郎蜘蛛の刺青をほどこすことに喜びを見出す刺青師を描いた谷崎潤一郎の耽美的な作品『刺青《しせい》』が登場するのも日露戦争後の明治四十三年のこと。年表的区分から離れれば、美という実学とは別の価値を重視する作品が誕生したことは、明らかに日露戦争後の新しい時代を反映している。

公の明治から私の大正へ。論を分かりやすくするために単純化して、そう書いたが、もとより現実はそう簡単ではない。

公の束縛が強かった明治時代にあって文学を志そうとする者は、いかに肩身の狭い思いをしたか。

†荷風の葛藤

永井荷風を例にとれば分かる。荷風の父親、永井久一郎《きゅういちろう》は、もともとは江戸の漢学者、鷲津《わしづ》毅堂《きどう》に学んだが、明治維新後、その才を認められ、アメリカのプリンストン大学に留学した。その後、明治政府の官僚になった。エリートである。荷風はその長男。当然、父親は息子も官僚の道を選ぶことを期待した。西欧列強に伍して明治国家を近代国家に作り上げなければならないという公的使命感を持った明治の一代目というべき父親にとっては、当然の期待である。

しかし、二代目である荷風は文学に進むことを願った。当然、父親と対立する。一代目の父と二代目の子の対立であり、公と私の対立である。父は、荷風がエリートコースである一高の受験に失敗した時、激怒した。そして、父子の妥協案として、子をアメリカに留学させた。森鷗外、夏目漱石が公的使命感を背負わされた公費留学だったのに対し、二人より若い荷風は親が留学費用を出してくれた私費留学である。

いわばこの留学は、父親が文学など無用なものにうつつを抜かしエリートになる道に失敗した息子になんとか箔を付けるためだった。その荷風は、アメリカ滞在中に日露戦争が勃発したが、日本中が興奮した戦争の勝利にもほとんど心動かされなかった。心は「戦争」より「文学」にあった。そして、アメリカのあと念願の「芸術の国」フランスに渡り、約一年、フランスに滞在したあと、明治四十一年（一九〇八）帰国。新帰朝者として描いたその作品は若い世代に熱く迎えられた。前述の「パンの会」の会合に荷風がいわば客賓として出席した時、はじめて荷風に接した谷崎潤一郎など感極まったほど。

荷風は日露戦争前から文筆家としていちおう世に出てはいたが、その名が若い世代に知られるようになったのは帰朝後、つまり、日露戦争後といっていい。つまり、荷風は、白秋のいうYounger generationの兄の世代になる。谷崎、白秋らが荷風を敬したのは、文学がまだ文学として認められなかった公的価値優先の明治にあって、父の世代と戦いながら文学の道に進んだことへの敬意があった。荷風もまた真善美のなかで、美の価値が分かっていた新しい作家だった。だから年下の谷崎潤一郎が『刺青』によって登場した時、誰よりもまず激賞した。

荷風は、芸術には実人生における価値である真と善とは違う美という別の価値があることを分かっていたから谷崎の『刺青』を評価した。「パンの会」の白秋らは、自分たちの先をゆく者として荷風に敬意を表した。

荷風に『すみだ川』という名品がある。隅田川べりの浅草に住む長吉《ちょうきち》という十八歳の青年を主人公にしている。いまふうにいえば大学受験の大切な時にある。母一人子一人の身を思えばなんとしても進学しなければならない。しかし、彼には、明治的な立身出世の願いは薄く、自分の好きな芸能の道に進みたい。それは母親から見れば、とんでもないこと。母（公）か、自分（私）かの板挟みに揺れる。

若き日、父（公）と自分（私）との対立に悩んだ明治青年、荷風の葛藤が反映されている。この『すみだ川』が書かれたのが日露戦争後の明治四十二年（一九〇九）。主人公の長吉は、早すぎたYounger generationといえる。

†白秋の父との相克

現在のように文学が世に認められている時代と違って、「詩を作るより田を作れ」の明治にあっては、文学を志す若い世代は、公的価値を信条とする父の世代の理解を得るため、苦労しなければならなかった。大正時代は公に対し私の時代だと前述したが、そこに至るまでには文学青年たちには荷風『すみだ川』の長吉のように大きな葛藤があった。世の中に見える形の実学を学び、いわばエリートコースに乗って、国家に、ひいては家の名誉となる職業に就くべきか。それとも、おのれの思うところに従って、出世の道をはずれて文学の道を進むか。

荷風『すみだ川』の十八歳の長吉は進路に悩んだが、白秋ら「パンの会」の新しい世代は芸術の誕生を祝福できた。しかし、白秋ら新しい世代の昂揚は、実は、彼ら自身が、それまでの父親の世代の公の意識に抑えつけられてきたからこそのものだ。

北原白秋は、明治十八年の生まれ。明治十二年生まれの荷風よりも若い。明治十九年生まれの朔太郎とは一歳年上になる。また大正期を代表する作家、明治二十五年生まれの芥川龍之介、佐藤春夫よりは上になる。

生家は福岡県の柳河にある（柳河は現在では柳川と書くが、本講では白秋時代の柳河にしている）。海産物問屋であり造り酒屋でもある裕福な商家だった。白秋は長男。柳河の方言で良家の長男をさす「トンカ・ジョン」と呼ばれた。しかし、家は不幸にして明治三十四年（一九〇一）、白秋が十六歳の時に火事になり、これを機に没落してゆき、白秋が最初の詩集『邪宗門《じゃしゅうもん》』を出した明治四十二年（一九〇九）にはついに破産した。

父親は長男である白秋に再興の期待を寄せたが、早くから文学に目ざめていた白秋には家を継ぐ気はなかった。

家が火事に遭った時に白秋を悲しませたのは、日本の近代詩の嚆矢《こうし》というべき島崎藤村の詩集『若菜集』（明治三十）が燃えてしまったこと。明治四十四年に出版された第二詩集『思ひ出』の序文「わが生ひたち」のなかで白秋はこの時の悲しみを書いている。

「（私は）運び出された家財のなかにたゞひとつ泥にまみれ表紙もちぎれて風の吹くままにヒラヒラと顫《ふる》へてゐた紫色の若菜集をしみじみと目に涙を溜めて何時《いつ》までも何時《いつ》までも凝視《みつ》めてゐたことをよく覚えてゐる。」

十代の白秋の心を捕えたのは、藤村の『若菜集』と、明治三十三年（一九〇〇）、白秋が十五歳の時に与謝野鉄幹、晶子らによって創刊された『明星』だった。この頃からその影響を受け、詩歌を作るようになった。家が火事に遭った明治三十四年には、県立伝習館中学の友人たちと同人誌を作った。

「パンの会」最盛時頃の北原白秋（明治 43 年）

家業よりも文学のほうへと心は傾いていった。当然、長男に家業を継いでもらいたい父親と対立する。荷風にも見られた明治の一代目にあたる父親と、二代目になる長男との対立である。父親は文学などという役に立たない無用のものに長男がうつつを抜かす事を嘆き、子のほうは文学を、芸術を分かってくれない父親に絶望する。明治の二代目というべき世代が成長してゆく日露戦争前夜に多くの文学青年を襲った苦しみである。

父親は白秋が文学書を読むことを禁じた。白秋はやむなく本を畳の下に隠したり、砂のなかに隠したりして隠れて読むしかなかった。ちなみに「白秋」の名は、明治三十四年に級友たちと同人誌を作った時の号。本名は隆吉《たかきち》。

明治三十七年（一九〇四）、日露戦争が勃発した。この年、同じ文学仲間だった親友の中島鎮《しず》夫《お》がロシア語を学んでいたために「露探」（ロシアのスパイ）というあらぬ疑いをかけられ、悩み苦しんだ末に短刀で喉を突いて自殺した。白秋への遺書には「苦しいから死ぬ、生きてはゐられない、貴方は私の分も一緒に立派に成功してくれ」とあった。

親友の死に白秋は衝撃を受けた。

あかき血しほはたんぽぽの
ゆめの逕《こみち》にしたたるや、
君がかなしき釣台《つりだい》は
ひとり入日にゆられゆく…………（「たんぽぽ」）

親友の血に染まった遺作を釣台に乗せて、たんぽぽの花咲く道を彼の家へと運んでゆく。世間が日露戦争の勝利に熱狂しているのに背を向けて自死した友人に寄り添う。この時、戦争は友を殺した残酷のものとして意識されてゆく。そしてこの事件がいっそう白秋を文学へと近づける。

親友の死の直後、白秋は父親に隠れて家出するように、ひとり東京へと向かった。そして、戦争に抗議するように詩作の世界に入った。磯田光一が「日露戦後の迷宮願望——『邪宗門』の位置」(「ユリイカ」一九七三年十二月号)で指摘したように白秋の詩は「日露戦争の戦後文学」だった。

†文学が輝きを持ち始めた時代

父との相克は、白秋に兄事した萩原朔太郎にも見られる。朔太郎は明治一九年、群馬県の前橋の生まれ。白秋より一歳年下になる。父親は前橋の開業医。家業の人である。

当然、父親は文学好きの息子を叱る。朔太郎は長男だから父親としては、医者になってほしい。朔太郎はのち回想文「永遠の退屈」のなかで父が、文学に夢中になっている朔太郎をこういって叱ったと書いている。

「よく聞け。蟻は冬の食物を貯めるために、夏中熱心に働らいてるのだ。人間だつて同じことだ。若い中《うち》に働らかなければ、年を取つて飢死するのだ。ごろごろして居るやうな怠《なま》け者に、ロクなことは有りはしない。何でもかも、人間は働らくといふことが一等なのだ。解つたか。」

明治の一代目の父、医者という家業に就いている父親から見れば、文学などに夢中になっている息子は「ごろごろして居るやうな怠け者」にしか見えなかった。実直な父親としては当然である。

荷風、白秋、朔太郎。三人は期せずして三人とも長男である。本来、実直に働いて家業を継がなくてはならないのに、文学という無用のものに取り憑かれてしまった。磯田光一の言葉を借りれば「長男の責任をすてた長男」(『萩原朔太郎』)である。

明治の厳しい父に反抗してまで彼らが文学の道を進んだのはなぜか。それは、ようやく国家の重しが取れたところに少しだけ姿を見せはじめた個の表現としての文学(あるいはさらに広く芸術といってもいい)が、彼らの内面に輝かしく入り込んできたからに違いない。実利優先、国家優位の時代から、はじめて芸術という無用な世界が自立して意識され、その輝かしい光に目を奪われた。

前記の三人の長男のなかでは、荷風がもっとも早く芸術に目ざめた。明治三十六年(一九〇三)に父親の命でアメリカに渡った荷風にとって真の目的地はフランスにあった。「芸術の国」フランスに触れることにあった。父親は海外留学によって実業の世界に進んで欲しいと願ったのに、子の荷風は心は芸術に、文学に、フランスにあった。

批評家の中村光夫は『作家の青春――荷風と漱石』(創文社、一九五二)で書いている。「荷風は明治時代を通じて、文學者になることをはつきり目的として、そのためにだけ外遊した唯一の人です」。明治の一代目という鷗外は軍医として、漱石は教師として、二葉亭四迷は新聞記者として海を渡った。いずれも文学を学ぶためではなかった。彼らが生きた時代は文化全般がまだ実利的に考えられていて、文学は美術や音楽ほどには自立していなかった。そんななか二代目の世代になる荷風は、父の経済的恩沢を受けながら、父の意に反して文学を学ぶことを目的にして海外留学した。

このことを考えると、日露戦争の戦後というべき大正時代は、芸術、文学がそれ自体として輝きを持ち始めた時代ということができるだろう。

大正時代を代表する文学者、佐藤春夫は明治二十五年生まれ。荷風はもちろん白秋、朔太郎より若い。十五歳くらいから文学に目ざめるが、時まさに日露戦争終結後だった。文学を取り巻く状況は少しずつ変わっていた。父親は朔太郎と同じように和歌山県新宮で開業医をしていた。父親自身、俳句や和歌をたしなむ文人だったから、長男である春夫が文学に進んでも、理解があった。無論、学校では「不良」扱いされ無期停学に処されたりしたが、父親との葛藤は白秋や朔太郎の場合のように大きくはなかった。

芸術の価値を信じ、芸術ひと筋に生きることだけができた。「きよく　かがやかに　たかくただひとりに　なんぢ　星のごとく。」という佐藤春夫の詩がある（夕づつを見て）。「夕づつ」（夕星）とは金星のこと。芸術ひと筋に生きることができる自分を、孤高の美しさを見せる金星にたとえている。幸福な詩人といえる。

†孤高の芸術の美しさ

白秋は、父のいる故郷を捨て、東京に出てから、詩人として暮らすことを決意する。しかし現代でも詩人が詩だけで生活してゆくのは困難なのに、白秋の時代には詩で生活することは経済的な貧しさに耐えることだった。

詩人として明治四十二年（一九〇九）に詩集『邪宗門』を刊行、さらに二年後、第二詩集『思ひ出』を出版。どちらも高い評価を得たが、それで暮らしが楽になるわけではない。

明治四十五年には、人妻、松下俊子との恋が、俊子の夫に姦通罪として告訴され、逮捕、拘留されるという悲劇に巻き込まれた。国家の重しから自由を求めて詩人として立とうとしている白秋に、かつて親友の中島鎮夫を襲ったようにまたしても国家が強固にたちあらわれた。大正時代は決して詩人を自由にしなかった。

この事件のあと、俊子と正式に結婚したが貧しい暮らしが続き、結局一年ほどで離婚をせざるを得なくなる。詩人の受難である。

もし白秋が明治の実利的価値観から見て「まとも」な職業に就いていたら、これほどの受難もなかったかもしれない。

この挫折にもかかわらず白秋は文学を、詩を捨てなかった。

大正五年（一九一六）には江口章子《あやこ》という女性と結婚（のち大正九年に離婚）。現在の東京江戸川区小岩の小さな家に、まるで世捨人のように移り住んだ。暮らしは相変わらず貧窮を極めた。しかし、当時の東京郊外、江戸川べりの田園での暮らしには、清貧の良さがあった。何よりも、暮らしには貧しくても自分は芸術に身を捧げているという強い自負を持てた。俗世間とは離れたところで詩作に没頭する暮らしは、白秋にとって幸せだったはずだ。

谷崎潤一郎に『詩人のわかれ』（大正六）という短篇がある。大正六年の春、谷崎が友人の吉井勇、長田秀雄と三人で小岩に住む白秋を訪ねた時のことを描いている。

ある時、三人は共通の知人の送別会で久しぶりに顔を合わせる（三人とも三十歳くらい）。酔いにまかせ吉原に繰り出す。次の日、三人は小岩の白秋を訪ねる。

そこで白秋が粗末な家で貧しい暮らしをしているのを見る。しかし、それを嘆かず、むしろ芸術を愛する者として詩作を続けている。その白秋の姿を見て、吉原帰りの三人は、白秋に敬意を感じる。

自分たちと違って、白秋は芸術を信じ、それに賭けている。それに比べ、自分たちは……。

佐藤春夫のいう「きよく　かがやかに　たかく　ただひとりに　なんぢ　星のごとく。」がまさに白秋にはある。大正時代、俗世と離れたところで輝く孤高の芸術の美しさが、若い文学者たちのあいだで信じられている。

さらに詳しく知るための参考文献

川本三郎『白秋望景』（新書館、二〇一二）……白秋を、彼が生きた明治、大正、昭和の歴史のなかでとらえた書。

藪田義雄『評伝　北原白秋』（玉川大学出版部、一九七三）……白秋に師事した著者による詳細な伝記。白秋研究者にとって基本的な書。

磯田光一『萩原朔太郎』（講談社、一九八七）……もっともすぐれた朔太郎論。日本文学史のなかに朔太郎を位置付け、スケールが大きい。

川本三郎『大正幻影』（新潮社、一九九〇／ちくま文庫、一九九七）……谷崎潤一郎、佐藤春夫、芥川龍之介ら、日露戦争のあとに登場した大正期の文学者を論じた書。

第10講　鈴木三重吉・『赤い鳥』と童心主義

河原和枝

†「お伽噺」から「童話」へ

童話童謡雑誌『赤い鳥』は、大正七（一九一八）年に鈴木三重吉《みえきち》によって創刊された。この『赤い鳥』を中心にして、日本の児童文学は明治期以来の「お伽噺《とぎばなし》」から大きく転換し、近代的児童文学が成立したとされる。『赤い鳥』が起こした「童話・童謡」運動は、しかし、単に児童文学の領域や子どもの世界にとどまるものではなかった。それまで子どもの読物とは無縁であった第一線の文壇作家たちの参加により、この運動は文学界全体に関わる出来事となった。多くの作家や詩人たちが子どもに目を向けるようになり、「童心」を礼讃した。それは大人たちの子どもに対する新しい認識のあり方を示すものであり、学校や家庭をも巻き込んで広く社会に浸透した。児童文学の世界ではのちに、この時期の童話作品の観念的な童心礼讃を「童心主義」と批判する動きが生じるが、より広い社会・文化的文脈で見るなら、「童心主義」は当時の特徴的な時代思潮のひとつであったといえよう。
『赤い鳥』創刊号の巻頭には、次のような「『赤い鳥』の標榜語《モットー》」が掲げられている。

○現在世間に流行してゐる子供の読物の最も多くは、その俗悪な表紙が多面的に象徴してゐる如く、種々の意味に於て、いかにも下劣極まるものである。こんなものが子供の真純を侵害しつゝあるといふことは、単に思考するだけでも怖ろしい。
○西洋人と違つて、われわれ日本人は、哀れにもほとんど未だ嘗《かつ》て、子供のために純麗な読み物を授ける、真の芸術家の存在を誇り得た例がない。
○「赤い鳥」は世俗的な下卑た子供の読みものを排除して、子供の純性を保全開発するために、現代第一流の芸術家の真摯なる努力を集め、兼《かね》て、若き子供のための創作家の出現を迎ふる、一大区画的運動の先駆である。（以下略）

そして「『赤い鳥』の運動に賛同せる作家」として、泉鏡花、小山内薫、徳田秋声、高浜虚子、野上豊一郎、野上弥生子《やえこ》、小宮豊隆、有島生馬《いくま》、芥川龍之介、北原白秋、島崎藤村、森林太郎、森田草平らの名を挙げ、「現代の名作家の全部を網羅してゐる」と述べている。

児童文学史上、日本で最初の創作児童文学は、巌谷《いわや》小波《さざなみ》の『こがね丸』（「少年文学」叢書第一編、博文館、明治二四（一八九一）であるとされる。小波は硯友社《けんゆうしゃ》の一員であったが、以後、お伽噺作家として立ち、雑誌『少年世界』（博文館）の主筆を務めて創作お伽噺を書き、また「日本昔噺」「日本お伽噺」「世界お伽噺」「世界お伽文庫」などのシリーズを次々に刊行して、子どもたちに「お伽のおじさん」と慕われた。いわば小波らによる「お伽噺」の文化が豊かに広がっていたのである。しかし三重吉は、戯作的要素の残るお伽噺や、当時氾濫していた子ども向けの通俗的な小説を断罪し、子どもの「真純」「純性」を「保全開発」するために「芸術として真価ある」童話と童謡を提唱した。

鈴木三重吉は、明治三九（一九〇六）年に処女作「千鳥《ちどり》」を漱石に認められ、はなばなしく文壇にデビューした漱石門下の作家である。自ら「花魁憂《おいらんうれ》い式」と呼んだ繊細でロマン主義的な小説世界は当時の若者たちを魅了し、彼は一躍、文壇の寵児となった。しかし自然主義隆盛の時代には合わず、やがて筆を折り、大正五（一九一六）年に西洋の童話を翻訳し刊行、翌々七年に『赤い鳥』を個人出版するにいたった。三重吉と童話の関係については、彼自身が述べた有名な「すず伝説」（誕生したばかりの長女すずに与えるために童話を執筆したのが契機となったという話）や、それを否

『赤い鳥』創刊号表紙

とであろう。

定する研究などがあるが、要は『赤い鳥』において、彼の資質が再び見事に開花したということであろう。

子どもの読物に対する三重吉の十字軍的情熱は、彼が「近代文学」の制度のなかにあり、そこで培われた新しい芸術観や子ども観に立脚していたことに基づく。小波が用いた「お伽噺」ではなく「童話」(そして唱歌を否定して「童謡」)という新しい呼称を用いたのも、そのためであった。三重吉の挙げた『赤い鳥』の賛同者には小波一門のお伽噺作家や教育関係者はひとりも含まれていない。彼が唯一、先達として認めていたのは、ロマン主義の作風で世に知られ、明治末期から童話を書いていた小川未明であった。

†『赤い鳥』の童話

『赤い鳥』創刊号は菊判、本文七八ページ、口絵一葉で、芥川龍之介の「蜘蛛《くも》の糸」、島崎藤村の「二人の兄弟」、鈴木三重吉の「ぽッぽのお手帳」など、『赤い鳥』を代表する作品が早々と登場している。上品でハイカラな表紙と口絵、挿絵は清水良雄の手になった。定価は一八銭。三重吉の個人出版ながら、刷り部数一万部のうち九〇〇〇部が売れ、好調に滑り出した。

以後、発行部数はしだいに増え、一年後には倍以上の二万二千部に達した。その成功に刺激を受けて、類似の童話雑誌が続々と創刊された。大正八(一九一九)年には『おとぎの世界』

『金の船』『こども雑誌』、翌九年には『童話』『お話』などが続き、童話と童謡の黄金時代が到来した。新聞や婦人雑誌にも、著名な作家の手になる童話や童謡がしばしば掲載されるようになり、このころ童話を書かなかった作家は数えるほどしかいなかったとさえいわれる。

『赤い鳥』が世に受け入れられた背景には、第一次世界大戦後のデモクラシー思想によって女性解放の思想とともに児童への関心が高まったこと、教育界の「自由教育」の動向と合致したことなどが挙げられる。また、この時期にいわゆる都市中間層が形成されつつあったことも重要である。表紙ひとつをとってみても、上品さと西洋的な匂いに溢れた『赤い鳥』は、郷里の土着的な文化から切り離されて都市で俸給生活を送る、教育熱心なホワイトカラーの家庭の嗜好に合致していた。一方、地方では、家庭で購入するというより、小学校教師が子どもたちに読み聞かせたり、綴り方や詩の指導に用いることが多かった。『赤い鳥』の投稿欄には、地方の子どもたちの優れた作品が数多く寄せられている。

鈴木三重吉は『赤い鳥』の主宰者として多くの童話を書いたが、「ぽツぽのお手帳」のほかは、ほぼ再話・翻案作品である。それらすべてが上品で美しい文章で書かれており、三重吉の手になると西洋の童話のみならず日本の『古事記』までもが同様にエキゾチックな、そして「純麗」な世界として浮かび上がる。端的にいえば、それが三重吉の「童話」であった。しかし、『赤い鳥』は多くの作家や詩人たちを動員した「運動」であったため、当時の知識人たちの子ども観の総体がそこに見られる。

『赤い鳥』は大正七（一九一八）年から昭和一一（一九三六）年まで続いたが、昭和四、五（一九二九、三〇）年の休刊をはさんで前期と後期に分けられる。筆者はかつて前期『赤い鳥』に描かれた〈子ども〉のイメージ（あるいは童話的世界のイメージ）を分析し、大別して「良い子」「弱い子」「純粋な子」という三つの基本的なイメージに整理した。もちろん、これらは相互排他的なカテゴリーではなく、基本イメージが重なり合って複合的なタイプを形成している場合のほうが多い。「良い子」や「純粋な子」は児童文学においては定番ながら、そこには『赤い鳥』特有の性格が見られる。また、「弱い子」が多く登場するのも『赤い鳥』の顕著な特徴である。

†『赤い鳥』と『少年倶楽部』

子どもの読み物にはたくさんの「良い子」たちが登場するが、『赤い鳥』の「良い子」たちの性質は、ほぼ同時期の人気児童雑誌『少年倶楽部』の「良い子」たちと比較すると、明白な違いが見られる。『少年倶楽部』は、少年たちの理想として「偉大なる人」となることを掲げ、「一生を通じて、その児童を鞭撻するところの心棒を形造る」（「本書の編集方針」）ことを目指した。佐藤忠男は、それを「立身・英雄主義」と呼んだ。佐藤によれば『少年倶楽部』は、この「立身・英雄主義」を「子どもたちが主体的にかかわりあってゆける観念」として提供することによって彼らの自我形成に積極的な役割を果たし、熱狂的に受け入れられた。その点、「いつまでも今の童心を大切に」としか語ってくれない『赤い鳥』の童話は、少年時代の佐藤にはなんの感銘も与えなかったという（『少年の理想主義』）。

しかし、こうした立身・英雄主義の称揚は、その後の時代の流れのなかで結局、軍国主義に向かって一直線に進んでいくことになる。『少年倶楽部』の理想主義は、「個人の野心追求と国家の興隆との幸福な予定調和」（見田宗介）に立脚しており、したがって国家の枠をこえてゆく普遍主義的な方向性を持ち得なかった。他方、『赤い鳥』では、たとえば平等主義やコスモポリタニズムなど、より普遍主義的で状況超越的な価値観を受け入れる「良い子」たちが描かれる（有島生馬の「大将の子と巡査の子」や江口千代の「世界同盟」など）。とはいえ、その種の理想の実現に向かって積極的に行動する「良い子」は、『赤い鳥』では少数派である。「一房の葡萄」（有島武郎）などに見られるように、行動よりもむしろ内面の問題が重視され、素直さ、優しさ、思いやり、反省する態度といった内面的属性における「良い子」が多数を占める。『少年倶楽部』の「良い子」がいわば「行動する良い子」であるのと対照的である。

†「弱さ」と正義

『赤い鳥』の際立った特徴のひとつは、弱さへの感受性がたいへん強いことである。たとえば、貧困家庭の子どもや孤児、病気の子や心の弱い子、不当に虐待される子など、さまざまな種類の「弱い子」が頻繁に登場し、主人公のもつ何らかの弱さや弱者の悲哀が中心テーマとなる作品が多い。

「弱い子」のイメージは、しばしばセンチメンタリズムと結びつくが、それはいわば時代の好みでもあった。大正期日本は対外的には列強の仲間入りを果たし、国内では明治期近代化の一応の達成を見たこともあって、人びとの関心は「内面」や私生活の充実へと向かい、宗教ブームや消費生活の発展が生じた。しかし「大正デモクラシー」や華やかな消費生活の裏には、理想主義的運動の挫折や失敗があり、噴出する資本主義の矛盾になす術もなかった暗い世相もあった。「カチューシャの唄」に始まる当時の流行歌の系譜にふれて、鶴見俊輔は、これによって「日本人の感情処理の処方箋」が形成されたと述べているが、少し解釈を広げるなら、流行歌に限らず、弱さを前面に押し出したセンチメンタルな小説（たとえば『赤い鳥』にも多くの童話を書いている当時の流行作家、吉田絃二郎の作品）なども含めて、一般に大正期の文化は感傷を好み、それが人びとの感情を慰藉する「処方箋」ともなっていたといえよう。

もちろん『赤い鳥』の「弱い子」たち皆が過剰な感傷性をもって描かれたわけではない。弱者に寄り添い、その過酷な現実を描き出したり、弱さのなかに強者には望めない独自の価値を見出そうとする作品なども少なくはなかった。

弱者を描き、その弱さを通してある種の理想主義を表現することに成功したのは、小川未明である。『赤い鳥』作品の「黒い人と赤い橇《そり》」や彼の代表作「赤い蠟燭《ろうそく》と人魚」(『東京朝日新聞』一九二一)では、見殺しにされた人びとの恨み、売られた人魚の悲しみが、激しい復讐の正義となって現れ、とつぜん舟が沈んだり、町全体が滅んでしまったりする。未明は、弱者の不幸は弱者を生み出す社会構造の問題であると考えて社会主義思想に近づいたが、その詩人的資質から、階級闘争による社会変革の物語よりはむしろ、神秘的・超越的な力による「詩的正義」の実現によって無辜《むこ》の者の不幸が償われるという物語を通して、自らの理想を表現した。

†「無垢」=「童心」の理想

児童文学に限らず、純粋さは近代文学に現れる子どもの代表的なキャラクターといえる。『赤い鳥』にもたくさんの「純粋な子」が登場する。なかには実際には考えにくいほど極端に純粋な子もいる。彼/彼女たちは、いわば「純粋さ」そのものを象徴する存在なのだ。

では「純粋な子」「良い子」「弱い子」のイメージをひとつに結び合わせるもの、あるいはそれらの共通の基盤になっているものは何なのか。それはやはり「無垢」の観念であろう。当時の作家や詩人たちは「子供の時の心」「永遠の子供」、あるいは「童心」といった言葉でそれを表した。大正一〇(一九二一)年の『早稲田文学』六月号の特集「童話及童話劇についての感想」で、小川未明はこう書いている。

子供の時の心程《ほど》、自由に翼を伸ばすものは他にありません。また汚されてゐないものもありません。少年時代程《ほど》、率直に美しいものを見て、美しいと思ひ、悲しい事実に遇うて悲しく感じ、正義の一事に対して感憤を発するものは、他にはないのです。……私は、「童話」なるものを独《ひと》り子供のためのものとは限らない。そして、子供の心を失はない、すべての人類に向つての文学であると主張するものです。(「私が「童話」を書く時の心持」)

のちにプロレタリア文化運動で活躍する秋田雨雀《うじやく》も『赤い鳥』に童話を寄せているが、同じ特集のなかで次のように述べている。

童話の中に現はされた思想とその世界は、大人の理想の世界であると見ることも出来ます。そしてその世界に於てのみ子供と大人が「一つのもの」になり得るのです。その時の大人の魂と、子供の魂とは決して差別的ではなくなります。……童話は大人が児童に与へるために創作すべきものではなく、人類の持つてゐる「永遠の子供」のために創作さるべきものであると思ひます。(「芸術表現としての童話」)

彼らのまなざしが向けられるのは「子供の心を失はない、すべての人類」「人類の持つてゐる『永遠の子供』」といった理念的・抽象的な存在であった。そのため後代の「児童文学」から「子ども不在の童心主義文学」と批判されることにもなるのだが、童話が「芸術表現」として深い意義を担う理由もまたそこにあった。

「子どもの心」＝「童心」を最も率直に称えたのは、『赤い鳥』で童謡面を担当した詩人の北原白秋である。彼は現実の子供たちの生き生きとした姿を捉えた点でいわゆる「童心主義」作家と一線を画すが、白秋にとってもまた、童心こそ、人間がもつべき最も重要な価値であった。童心礼讃に満ちあふれた童謡論『緑の触角』で、彼は「児童は成人の父である」というワーズワースの詩句を引きながら「いかなる成人たりとも畢竟は本性としての童心を失ひ得るものではない。それ故にこそ人間の尊さはあるであらう」と述べている。

†「童心」の時代

白秋は、新しい「童謡」の創造とは「わらべうた」を復興することだと考え、わらべうたにふくまれる土着的・伝統的な子ども観を強く前面に打ち出した。そして、ロマン主義的な「無垢」と民俗的な童子神（「聖なる子ども」）のイメージを巧みに重ね合わせ、また「聖心《ひじりごころ》は童の心である」と、仏教的な境地までもそこに融合させている。「童心主義」はたしかに西洋近代文学から強い影響を受けてはいるが、決して単なる輸入品ではなかった。

さらに、日本的な「童心」の普及に重要な役割を果たしたのが、良寛を「童心の人」として世に広めた相馬御風《そうまぎょふう》である。良寛について御風は二一冊にのぼる本を書いたが、最初の『大愚良寛』（大正七（一九一八）年）では、良寛はまだ人道主義的観点から「愛の人」と捉えられていた。だが文壇で大いに喧伝された「童心」が、やがて御風の「良寛」論の枠組としても重要な意味をもつようになり、彼は「良寛和尚ほど、貴い童心の感化を受けた人は稀であらう」と述べるようになる。それまで郷土の偉人として知られるに過ぎなかった良寛のイメージは、御風の筆によって、子どもとまりつきをする親しみやすい姿とともに、折からの宗教ブームを背景に全国に広まった。こうして西洋のロマン主義的な「無垢」の観念は、『赤い鳥』を中心とした「童話・童謡」運動を通して「童心」へと鋳直され、さらに「良寛伝説」に裏打ちされて、日本人が伝統的に継承してきた優れた価値として認知されるようになったのである。

とはいえ産業化が急速に進展する当時の日本にあって、「童心」の理念はいわば片隅の価値に過ぎなかった。善良さ、優しさ、弱さ、無力さ、純粋さなどに重きを置く価値は、産業化の推進に不可欠な合理主義や功利主義、業績主義などの支配的価値に逆行し、むしろ対立する。しかし富や権力をめぐる競争が激化するにつれ、逆に世俗にまみれない純粋さや無私への憧憬も強化される。大正期の大人たちは、自分たちが基本的に志向する――あるいは志向せざるを得ない――近代産業社会の価値体系からはずれた、むしろその対極にある価値を子どもたちの属性とすることによって、非世俗性への憧憬を掬い上げ、世俗の汚れを洗い流してくれる場を「童心」に求めたということができよう。

『赤い鳥』の時代は、それほど長くは続かなかった。昭和期に入って軍国主義的な風潮が強まるとともに、童心文学の黄金時代は終焉に向かう。そして、「童心主義」理念の一部は、当時の国粋主義や軍国主義思想と微妙に響きあっていく形をとることになる。こうした動向について詳しく述べる余裕はないが、戦前・戦中期の歴史の成り行きとして付言しておきたい。

さらに詳しく知るための参考文献

柄谷行人『日本近代文学の起源』(講談社文芸文庫、一九八八/定本版、岩波現代文庫、二〇〇八)、とくに第五章……「児童」は、ロマン主義的観念として「風景」「内面」などとともに近代文学という制度のなかで「発見」されたと論じる。

河原和枝『子ども観の近代――『赤い鳥』と「童心」の理想』(中公新書、一九九八)……明治の「お伽噺」から大正の「童話」への児童文学の変遷を通して、子どもを「無垢」と見る近代的子ども観がいかに形成され、普及していったかを、知識社会学的な観点から辿る。

佐藤忠男『少年の理想主義』(明治図書、一九六四)、とくに第五章……それまで文学的評価の高かった『赤い鳥』に比してほとんど顧みられることのなかった『少年倶楽部』に光を当て、少年たちをひきつける魅力にあふれたものとして再評価した。

筒井清忠『西條八十』(中公文庫、二〇〇八)……西條八十は「童心主義」の潮流に属する人とはいえないので本講では取り上げていないが、北原白秋とともに初期『赤い鳥』の童謡の発展と普及に大きな役割を果たしたこと(たとえば「かなりや」や「お山の大将」)、また八十と白秋との競合・対抗関係などに関して、本書の記述(とくに第二章・第三章)は参考になる。

鶴見俊輔「大正期の文化」『鶴見俊輔集5 現代日本思想史』(筑摩書房、一九九一)……雑誌『白樺』と『青踏』、そして大衆小説や流行歌などを通して、大正期の知識人と大衆の文化的特質を重層的に論じる。

中河伸俊・永井良和編著『子どもというレトリック——無垢の誘惑』(青弓社、一九九三)……九〇年代初頭の「有害コミック問題」などを軸に、近代的子ども観の政治的利用やイデオロギー効果を具体的に分析した論集。なお、本書では扱われていないが、大正期の「童心主義」において「わらべうた」や良寛と結びついた「無垢」の観念は、もともと昭和戦前・戦中期のナショナリズムと響きあう面を持っていたともいえよう。

ピーター・カヴニー、江河徹監訳『子どものイメージ——文学における「無垢」の変遷』(紀伊國屋書店、一九七九)……ブレイクやワーズワース、ディケンズやキングズリーら、イギリス近代文学における子どものイメージを辿り、子どもが「社会の『経験』の重圧」に対する「人間の『無垢』な魂」のシンボルとなった経緯を論じる。

ヴァン・デン・ベルク、早坂泰次郎訳『メタブレティカ——変化の歴史心理学』(春秋社、一九八六)、とくに第二章……フィリップ・アリエス『〈子ども〉の誕生』が心性史として記述した歴史過程を、〈子ども〉と〈大人〉とを分割する認知図式の形成(つまり「知」のあり方の変化)として捉えている。

第11講

童謡運動——西條八十・野口雨情・北原白秋

筒井清忠

大正期から昭和初期にかけての文化における変化の中で、後の時代への影響まで含めて考えると情緒という点で国民全体に影響を及ぼした最も重要なものとして童謡運動の展開がある。代表的な知識人がこれらに大きなエネルギーを割き、世界に類例を見ない大きな成果をもたらしたからである。以下、それを、中心的に担った西條八十《さいじょうやそ》を軸に見て行くことにしたい。

†西條八十と野口雨情

もともと西條八十が詩の世界に深く関心を持った最初の契機は野口雨情《うじょう》の作品によってであった。

明治四〇年、中学三年生の八十は、学校の門前の文房具屋で雨情の詩集『朝花夜花《あさばなよばな》』を見つけ購入した。その中には「かつぎかついでかたおかの」といった言葉の調子や響きを何よりも重視した『焼山小唄』のような詩がいくつも収められていた。当時としては珍しい民謡風の詩を雨情は書いていたのである。八十は雨情を「溺愛」した。

後年、雨情に会ったとき、八十はそれらの詩を口ずさんで自分ではほとんど忘れてしまっていた雨情を驚かせたという。

「ああ、野口雨情！　その頃の私はどんなにかこの名にあこがれたことであつたらう」

八十は雨情の詩風を評して「詩の重心をことばのひびきというものにおき、ことばの調子をよくするためには詩の内容などむしろ大胆に犠牲にするという傾向が最初からあった」「かれの詩風は最初から作曲されることを予期していたごとくであった」といっている。この二人には作曲への拒絶というような傾向はなくむしろその逆であったことがわかる。

しかし、八十が早稲田大学に入ってから進んだのは詩界の潮流であった象徴詩の世界であった。

大正初期に象徴派は「白露《はくろ》時代」といわれる北原白秋・三木露風《ろふう》二大流派の対立時代となるが八十は露風派に加わった。ところが、露風は大正後期には創作力を欠き、昭和三九年に交通事故で亡くなったときは、ほとんど忘れられた存在であった。一方、白秋は曲折もあったが以後も詩壇の一方の雄として活躍し、旺盛に後進に影響を与え続けた。したがって白秋から朔太郎、犀星らにつながる人々が日本の詩の世界で強い力をもつとともに八十ら露風に近かった人々の評価は低下していくというめぐりあわせがあった。

†「かなりや」の衝撃

さて、家系の没落があり、苦しい小出版社の経営をしていた八十の店を、大正七年夏のある日の朝、新しい雑誌『赤い鳥』を出していた鈴木三重吉が訪れた。三重吉は八十が同人誌に発表した詩『鈴の音』を読んだのだった。三重吉は当時漱石門下の小説家として「一世を風靡」する存在だった。三重吉は八十に「新しい童謡をあなたに書いて頂きたいのです」と言って、『赤い鳥』の意義を次のように熱心に説明した。「この頃の子供のうたつてゐる唱歌は、大部分功利的な目的を持って作られた散文的で無味乾燥な歌ばかりであって寒心に堪へない。私たちはもつと芸術味の豊かな、即ち子供等の美しい空想や純な情緒を傷つけないでこれを優しく育《はぐく》むやうな歌と曲とをかれらに与へてやりたい。で、私の雑誌ではかうした歌に、『童話』に対する『童謡』といふ名を附けて載せてゆくつもりだ」。これに対し八十は「とにかく書いてみましょう」と答え、結局その年の初秋『赤い鳥』のために書いたのが「かなりや」であった。

かなりや　西條八十

唄《うた》を忘れた金絲雀《かなりや》は

後《うしろ》の山に棄《す》てましょか。
　いえいえそれはなりませぬ。

唄を忘れた金絲雀《かなりや》は
背戸《せと》の小藪《こやぶ》に埋《う》めましょか。
　いえいえそれはなりませぬ。

唄を忘れた金絲雀は
柳《やなぎ》の鞭《むち》でぶちましょか。
　いえいえそれは
かわいそう。

唄を忘れた金絲雀は
象牙《ざうげ》の船に銀の櫂《かい》
月夜《つきよ》の海に浮《うか》べれば
忘れた歌を想ひだす。

少年の頃クリスマスの日に番町教会に行ったとき、クリスマスツリーの飾られた堂内の電灯の中に一つだけままこ扱いをされているように点いていないものがあり、それが多くの鳥が歌い交わしている中に歌うべき唄を忘れた小鳥を見るような気持ちが湧きおこったのが、「唄を忘れた金糸雀」のイメージだという。またさらに八十は、詩と離れ生きていくために商売に力を入れるしかなかった自分のことも挙げている。

本来の使命たる詩作を忘れ実利を追うことに憂身をやつすような男は、「棄ててしまえ、鞭うて、殺してしまえと罵る心内の声を。」「この心内の声を聞くと、わたしはたまらなく恥かしい気がした。が、同時に、心の別などこからか、わたしを弁護し労《いたわ》り憫むような声もするのであった。」

「月夜の海に浮べれば　忘れた歌を想ひだす」とは、「この憫れむべき、歌を忘れた小鳥も、いつかは運命の手により、（中略）適処適材の位置に置かれれば、忘れ去った昔の歌をもう一度想い出し、美しい声で歌うようになるかも知れないという期待であった。」

なお、後半に「海」が出てくるが、このイメージとしては「夏になるときまって」行った房州海岸や伊豆半島の片瀬があったとみられている。

翌大正八年この詩は成田為三《ためぞう》によって作曲され、「我国最初の新芸術童謡」として全国で歌われることとなった。

当時の子供たちにこの歌が与えたショックを、童謡詩人小林純一は次のように回想している。

「わたしの小さな経験からいっても、はじめて、『唄を忘れたかなりやは』という西條八十の『かなりや』を知った日の、おどろきに似た気持を、今でもはっきり、覚えているくらいだ。小学三年生のとき、新しく担任になった若い教師が、遠足にいく道でこっそりこの歌をきかせてくれたのを聞いて、わたし(というより、わたしたち)は、たちまち夢中になり、なんどもその教師にせがんで、歌い覚えたことを記憶している。(中略)その時以来忘れることがないほど、子ども心にも新鮮で、魅力があった」。

この「かなりや」を含む詩集『砂金《さきん》』は「西洋詩風」「西洋菓子」のようだとまで言われたが、その刊行に比較的近い大正一〇年に、八十は「雨情作『朝花夜花』を耽読せり。その影響今日の童謡に現る」と書き、野口雨情の影響を自認していた。「西洋詩風」といわれた「かなりや」の歌の中の「背戸の小藪に埋めましよか」に出てくる「背戸」という表現について、「裏」でなく方言「背戸」が使われているのはこの語を夙《はや》くから使った野口雨情の影響であることを古茂田信男が指摘している。一見「西洋菓子」のように見えて、『砂金』の中には民俗的な「隠し味」が十分に含まれていたのである。

その野口雨情が八十の紹介によって中央の詩壇に復帰することになるのが大正八年のことだ

った。

†白秋と雨情・八十の対立

八十が詩人としてやや著名になった大正八年、水戸で講演をした際、不遇の境にあった雨情から面会を求められ中央の詩壇への復帰を依頼されたのである。雨情は上京し、八十の家にしばらく居宅することになる。

「雨情はぼくの少年の日の夢を楽しくしたあこがれの詩人であり、同時にぼくは、かれに童謡を書かせる機縁をつくった、いわば、世の中への紹介者である。」

野口雨情は八十の紹介によって『金の船』刊行準備中の斎藤佐次郎を知るのだが、斎藤佐次郎は次のように回想している。「八十さんは、（中略）何とか雨情に上京の機会を与えたいと思っていた。」「上野の三橋（中略）に『忍川』という料亭があって、そこで八十さんと私は一夜、食事を共にした。その席上、雨情を私の社に迎えることに話が決まったのである。」そして一一月号から刊行が開始され、雨情は『鈴虫の鈴』を執筆、以後『金の船』（後『金の星』）を中心に活発に活動を続けていく。

こうして、雨情は『七つの子』『青い眼の人形』『証城寺《しょうじょうじ》の狸囃子《たぬきばやし》』『赤い靴』『こがね虫』『しゃぼん王』など秀れた作品を次々と発表し、大正童謡界は、白秋・八十・雨情の「三巨星時代」を迎えることになる。そして、白秋・八十が『赤い鳥』調で西欧的であったのに対し、雨情は土俗的であったと一般にいわれている。したがってそこにはまた対立もあった。

八十によると「北原白秋は、なぜかあたまからこの詩人をきらって生涯詩人あつかいをしなかった」という。白秋は雨情が「なんで嫌ひであつたか、その原因は最後までわからなかつたが、（中略）思ふに南国生れで、すべてが絢爛で豊麗であつた白秋には、あの蕭條たる太平洋岸の枯すすきのやうな雨情の作品は、貧しく、弱々しく、見すぼらしく田舎臭くて、趣味的に嫌ひだつたのであらう。しかし、雨情が携へてゐたのはたしかに貧しい一片の麦笛であつたが、（中略）かれはその単純なメロディーを、誰びとも真似の出来ぬ巧みさで吹いたのである。」したがって、より大衆的であったのは雨情の方であった。

雨情が大正八年に書き中山晋平《しんぺい》が作曲した『船頭《せんどう》小唄』は、大正一一年に映画化されるとともに全国的に圧倒的に流行した。あまりの流行に、「退嬰的」だという批判がなされ、関東大震災後には、この歌の流行のために震災が起きたのだと幸田露伴が新聞に書いたほどであった。

大正一〇年に八十は赤い鳥社から童謡集『鸚鵡《おうむ》と時計』を刊行した。『赤い鳥』に掲載されたすべての作品を収録したものである。八十は、詩、訳詩、抒情詩、童謡と詩作にかかわるすべての分野で著書を刊行し、第一線の詩人として評価が確立することになる。しかも早稲田大学の講師でもあった。それは激しい嫉妬の対象となることでもあり、その最大のものは北原白秋によるものであった。

すなわち白秋はすでに大正八年に鈴木三重吉に対し、「赤い鳥の西條君のは美しくて結構ですが、だんだん程度が十四五歳以上になるやうですね。私は十二三以下のつもりでやつてゐますが」などと批判していたのだ。それがこの頃にはいっそうエスカレートしていたのである。

これに対し大正一〇年六月に八十は「童謡私見」を発表し白秋を批判した。これは、童謡及び童謡論の現状を概観しながらその問題点を論じたシャープな論考であるが、そこで八十は、イーストマンと白秋の童謡論が同一であることを指摘した上で、「私たち詩人はこれら児童に潜んでゐる天然の詩人的素質を知つたとて、あまり驚き過ぎてはいけない。さうしてその前に慴伏するやうな気持になつてはいけない」とし、「成年の詩人がその感覚に於て再び昔の小児に還らうとする努力は詮ずるところ、自らに無き世界を強ひて造り上げようとする努力である。而してその態度の下に産れた芸術は、自然小児に媚び、小児に追従した芸術である」と書いている。

これを北原白秋が『芸術自由教育』大正一〇年七月号「編輯室」欄で激しく攻撃した。「西條君の『童謡私見』と云ふものが大観に出た。これは童謡作家としての私を可なり憤らしめた。西條君の童謡は邪道である。少くともあの人の創作は、ことにこの頃の作は機智専一である。才気で作つたまやかしものだ」とまで白秋は書いている。

白秋は後年、大正一三年にカルピスの公募した童謡・自由詩の選者となったときも八十の選んだ詩を「この小ましやくれた、表べばかりの常識的な、学校でいへば級長式の嘘つぱちの詩がどこがいいといふのであるか。」「児童に最も大切なのは真実味であつて、かうした細工式のものではありません。もつと直観的で端的で、大自然の心胸にぴたりとぶつかつてゆくものなのです。」と激しく攻撃している。

†童謡観の対立

こうした中、八十は、大正一三年『現代童謡講話』を刊行して自らの童謡観を体系的に明らかにしている。ちなみにこの書物は、「『詩』としての童謡の本質を究めようとした主題といい、詩についての幅広い教養に裏づけられた明晰な理論の展開といい、他の童謡論とは比べものにならない、本格的なものであった。野口雨情のかなり独りよがりで、啓発的な童謡論や、白秋の、主観的なアピールを中心にした童謡論と比較すると、そのことがはっきりする。」「大正期の多くの童謡理論書の中で、数少い名著である。多くの外国の童謡を例示しながら明晰な頭脳で童謡の理論付けをしている。」(畑中圭一『童謡論の系譜』東京書籍、一九九〇年)と、現代の童謡論史研究者から極めて高い評価をうけているものである。

八十は童謡を三つにわける。

①お伽唄としての童謡は、「児童を歓ばしめ楽しましめ、或は教化する」ために書かれるもので「一個の独立した芸術品としての価値はなほ乏しい」。

②追憶詩としての童謡は、幼少時の記憶が呼び起こす感動をもとに書かれるもので、芸術的価値は①に比し高いが児童の興味という点では後退する。

③象徴詩としての童謡は、「単純無心の児童の生活」が啓示となって、そこから生まれた感動が作者に作品を書かせるもので、その結果生じた作品は「自然感動を児童の生活に象徴して表現したものとなる」。それは詩人と児童が感動によって結ばれた好もしいものなのである。

こうした視点から八十は、白秋の童謡『五十音』は「五十音の各行の音の本質そのものを子供におのづと歌ひ乍らおぼえさせたいがために書かれ」ており「あまりに多く他に功利的な目的を持つてゐるものである」。「平易な表現が工《たく》まず自然に為された」のでなく「作者の考へでわざと児童に向くやうに斟酌して書かれた場合には、その謡の芸術的価値は乏しいものとなる」と批判している。

前述の畑中圭一は、白秋の児童詩・感覚詩一辺倒の姿勢が、大正の童謡の「沈潜期」を招いたばかりか、「歌謡性」の抑圧によりそれはかえって「現実の子どもの生活から遊離して、子ども不在の童謡になっていった」と指摘している。これは、議論として当時八十が優勢のうちにあったように観察され白秋からすればなおさら不愉快なことであったろう。

こうして、両者の童謡観の対立は決定的なものとなり、大正一〇年、鈴木三重吉の『赤い鳥』で「評判がよかった」八十が八月号の『人形の足』を最後に執筆をやめてしまうという出来事が起きる。童謡史研究者藤田圭雄は、その原因を三重吉の白秋評に求めている。「(白秋は)気の小さい奴だよ。西條八十の書く雑誌はおれは書かんと言って、西條を赤い鳥から追い出したくせに」。

当時八十に送った三重吉の手紙の「中にはぼく(八十—引用者)の童謡が作家仲間に評判がいいので、白秋が焼餅をやいて困る。そしておれだけになぜ子供向きの童謡を書かせ、西條には大人向きのそれを書かせるのか、としきりに怒して来ているなどという文句もあった」という。

童謡に熱情を注いだ期間が比較的短かったことについて藤田圭雄《たまお》から尋ねられた八十は、「白秋はねつっこい人だったが、わたしはあきっぽい質だから」と答えている。藤田は言う。「白秋と、両雄並び立たなかったわけだが、東京の山の手生まれらしい淡白な八十は、白秋と競う興味もなく、自ら身を引いたのであろう」。

†ポピュラリティーと芸術

この点を白秋サイドから見るとどのようなことがいえるのだろうか.

童謡を大正デモクラシーと密接に関連づけて理解すべきことを主張する大岡信は、その特徴として、「純然たる民間の立場に立った歌だ」ということをまずあげ、「童謡は驚くべきことに、できたと同時に芸術的にいって文句なしの歌であった」ことを指摘している。

そして、「大事なことは、大正時代の詩人たちがそういう子どものための詩を作るのに全力を捧げた」ということであり「北原白秋の才能の最上の部分は、童謡において発揮された」としている。

したがって「姦通事件」で大きな精神的・経済的打撃を受けた白秋にとって、童謡の制作は、精神的・経済的立ち直りのためにも決定的に重要なことなのであり、ここに賭けた比重も八十より大きかったということであろう。

藤田圭雄は次のような指摘も行っている。

「この白秋と八十の対立は、初期の『赤い鳥』童謡、それは近代童謡の基礎を作ったものであるが、そこにすばらしい成果をもたらした原因ともいえよう。

わらべうたに出発点を置いたが故に白秋の童謡はある程度まで、子どもとの間に、しっかりした交通路を開いたのだし、同時に、象徴詩的な八十の童謡によって童謡は、大正前期までの、東くめ、石原和三郎的な低い児童観の上に立つお伽唱歌的なものから離脱出来たのである。

八十の作品に刺激されることによって、白秋は、わらべうたへの依拠ということを考えながら、徐々にその次の段階への発展の素地を胚胎していたのである。」

これは童謡運動の一つの総括とも言えよう。

ただ、この件について八十自身は次のような興味ある文章も書き遺している。

「白秋氏に対するわたしの印象は、誰も言ふ通り、子供であるだけ可愛く、なつかしく、また子供であるゆゑに腕白で、時とするとあまりに幼稚で扱ひかねた。」

「かれにはいつまでも席順を争ふ小学生のやうな気持があつた。」子供雑誌に載せる童謡の順位でも必ず「西條の詩よりもきつと前に」と編集者に念を押した。

ある時期の横瀬夜雨、露風もポピュラリティーがあったが、『さすらひの唄』『煙草のめのめ』のような白秋の詩ほどポピュラリティーはなかった。白秋は詩壇のポピュラリティーを一人で背負っていた。「そこへ、なんでもござれのわたしが出たものだから、かれは一時目の仇のやうにわたしを敵視したものである。」

改造社社長の山本実彦《さねひこ》は後年八十に「あんたが売出しの頃、白秋はあんたの人気があまりいいので、あんたを殺してしまふと、本気になつて言つたことがありましたよ」と言ったという。

八十はいう。

「わたしが現れなかつたら、おそらく白秋は重宝がられて、あの、——

にくいあん畜生はおしやれな女子《をなご》

おしやれ浮気で薄情ものよ、

どんな男にも好かれて好いて
飽いて別れりや知らぬ顔。

のやうな謡を書き続け、いまのやうないい仕事を沢山は残さなかつたのであらう。いつそう派手でポピュラーなわたしが出たために、かれは反対な渋い世界へ沈潜して行くことが出来たのであつた。」

「さういふ意味で妙な言ひ草だが、白秋の芸術が大衆化するのを衛つてやつた功労者はわたし自身だと自分で思つてゐる。」

屈折した文章だが、ポピュラリティーの高さに向かいつつあったものが、よりポピュラリティーの高いものの登場によって反転して「渋さ」に沈潜していったのだ、そしてそれは「嫉妬」から脱出して「勝利する」ための一つの「戦術」であったのだ、ということを指摘している文章と読めなくもない。そうだとすれば、これは、大衆社会・大衆文化の時代におけるポピュラリティーでは勝利できない芸術家の普遍的傾向を指摘したものだといえるかもしれない。童謡の世界で起きた八十と白秋の対立は、大衆社会・大衆文化の時代におけるポピュラリティーと芸術との現代にまで続く問題のあり方を示唆したものでもあった。

†童謡界の惑星・金子みすゞ

さて、童謡に関しては、八十の弟子金子みすゞの方が今日著名とも言えると思われるので、八十とみすゞのことについて触れておきたい。

下関の上山《うえやま》文英堂書店に勤めていた金子みすゞが初めて自作の童謡を雑誌に投稿したのは大正一二年六月だった。『童話』『婦人倶楽部』『婦人画報』『金の星』の四誌に投稿したが、『金の星』の選者が野口雨情であるほかは、残り三誌はいずれも八十が選者であった。四誌とも九月号に入選掲載された。中でも『童話』九月号に載ったのが著名な『お魚』であった。

八十は「この感じはちやうどあの英国のクリスティナ・ロゼッティ女史のそれと同じだ。」と激賞した。

こうして大正一三年前半には毎号三、四作、みすゞの作品が『童話』を飾った。八十も「氏には童謡作家の素質として最も貴いイマジネーションの飛躍がある。この点はほかの人々の一寸模し難いところである。」「当代の童謡作家の数はかなり多いが、かの英国のスティーブンソンのやうな子供の生活気分を如実に剔抉し来る作家は殆んど皆無と云つていゝ。」「『大漁』以下の推薦作は私の愛誦措かないものである。『大漁』にはアツと云はせるやうなイマジネーションの飛躍がある。」と激励し続けた。

『童話』の大正一四年一月号に、投稿作家の順位表を載せた人がいるが、それには一位金子みすゞ八一点、二位島田忠夫七五点、三位佐藤よしみ（義美）三二点となっている。島田はアララギ派の歌人。俳諧的傾向の童謡を作った人で昭和三年に岩波書店から『柴木集《しばきしゅう》』を出している。佐藤は『グッドバイ』『いぬのおまわりさん』『アイスクリームの唄』で知られる。

金子みすゞは童謡界の惑星的存在となったのである。

ところが八十のフランス行きが発表された。『童話』八月号に、「私等西條先生に依って育てられた童謡作家？　は少からず創作毎に悩まされる事でせう」という投書が出る。

そして選者は吉江孤雁《こがん》に交代した。孤雁時代になると「西條党」をもって任じていたみすゞの投稿入選は激減した。

大正一五年二月みすゞは結婚。同月八十帰国。八十が特別に選をする特別募集の四月号でみすゞの『露』は第一席となった。八十の帰国を喜んだみすゞは五月号・六月号と投稿入選するが、七月号で『童話』は廃刊となる。

昭和二年八月、『日本童謡集』にみすゞの『お魚』が入ったが、これは八十が編集したものであった。この稿料を八十が郵便為替で送ると、みすゞはそれを送り返してきた。つけた手紙に「なにか西條先生のお好きさうなお菓子を買って送りたいと思ひましたけれど、下関にはよい物がありませんから、先生、済みませんが、御自分でお好きなものを買って下さい」とあった。

この頃、みすゞの結婚生活は子供が生まれながらも不幸の連続であったようだ。

†金子みすゞへの八十の影響

こうして、八十は、昭和二年の夏、春陽堂の円本全集の講演のため上司小剣《かみつかさしょうけん》と九州に赴く途中、下関駅でみすゞに会った。その日、下関駅の構内に八十は降りたったがそれらしい影はなく捜しまわって「やうやくそこの仄暗い一隅に、人目を憚るやうに佇んでゐる彼女を見出した」が、彼女は「二歳ばかりの赤児を背負つ」ていた。「いかにも若くて世の中の苦労にやつれたといつたやうな、商人《あきんど》の妻らしい人でした。」

「しかし、彼女の容貌は端麗で、その眼は黒燿石のやうに深く輝いてゐた。」そして『先生にお会ひしたさに、歩いて山を越してまゐりました。』と、さもなつかしさうに言って睫毛に涙の粒を宿らせました。」

「手紙ではかなり雄弁で、いつも『先生が読んで下さつても下さらなくともよいのです。私は独言のやうに思ふままをここに書きます』と冒頭して、十枚に近い消息を記すのをつねとした彼女は、逢つては寡黙で、ただその輝く瞳のみがものを言つた。おそらく私はあの時彼女と言葉を換した時間よりも、その背の嬰児の愛らしい頭を撫でてゐた時間の方が多かつたであらう。

かくて私たちは何事も語る暇もなく相別れた。連絡船に乗りうつる時、彼女は群集の中でしばらく白いハンケチを振つてゐたが、問もなく姿は混雑の中に消え去つた。」「汽車から連絡船へと乗り移るわづか五分間、それきり、私たちは永久に逢へずにしまひました。」

昭和五年みすゞは不幸にも自殺するが、後には三冊の手書きの遺稿集が二セット分残されていた。そのうち一セットはよき理解者であった弟雅輔にあてられておりもう一セットが西條八十にあてられていた。

八十は、昭和六年春に、文藝春秋の社員であったみすゞの実弟上山《かみやま》雅輔《がすけ》からみすゞの自殺前後の事情について話を聞いている。

そして八十はこの遺稿集を刊行したいと考えていたようだが、果たせぬまま逝った。このためみすゞのことはほとんど忘れ去られていたような状態になっていたのだが、一九九三(平成五)年、矢崎節夫《せつお》の労作『童謡詩人　金子みすゞの生涯』(JULA出版局)によってみすゞは甦る。

今日では、若い人にとってはみすゞの方が八十よりも著名とさえいえるかもしれない。しかし、右の経緯にも見られるように、みすゞは八十の作品を指標とし八十に励まされ、詩作にいそしんだ人なのである。

そしてすでに、みすゞの現代的発見者の矢崎が、誰も顧る者もない村の牛の死に着眼した

『村の英雄』や、「道灌山の　黒蟻を　神田の通りで　放したが　蟻　蟻　寂しかろ」とうたった『蟻』などの八十の作品の中に「ここにある八十の存在観、生命観、宇宙観は、みすゞの心にあるものと同じである」と指摘しているが、八十のみすゞへの影響力の大きさはいっそう明らかになってきている。八十の詩作に含まれていたある種の逆転的発想なしにみすゞの作品はありえなかったからである。

そしてこのことから童謡運動が持っていた大衆参加ということの重要性と「投書家の育成についてては西條八十の功績は偉大である」という事実があらためて認識されるだろう。大正・昭和の日本の庶民の抒情を八十が培ったというのは、むしろこうした側面からこそいわれなければならないのである。

†大正期童謡の意義

さて、大正期の童謡運動全体に対する評価として次の大岡信の見解がある。

明治の「唱歌」は、江戸以前の「わらべうた」の「自然発生的・地方土着的な性格」を嫌い、「忠君愛国、文明開化、苦労力行、勤倹貯蓄、殖産興業といった明治社会の指導的イデオロギーを盛った、より視野の広い、公的性格の強い、また軍事色や国粋色も強く帯びた児童教化歌謡を多く含むものだった。」

それに対し、大正の「童謡」は、「大正リベラリズム、デモクラシーの思潮を当然色濃く反映しつつ、大きな見取図でいえば『公』から『私』へ、振子をもう一度ひき戻す働きをしたのである。」

これに対し、藍川由美は次のような見解を提示している。

童謡運動の原動力は、明治の洋楽輸入に対するナショナルな美感の揺り戻しにあった。「大正デモクラシー」は、労働・農民・婦人運動が盛り上がり、芸術の世界でも自由画運動・童謡運動が起こったといわれるが、童謡運動は、自由主義思想の発露というより、自国の音楽的伝統と無関係に一方的に「洋楽」を押しつけられたことに対する反動という色彩が濃い。

白秋の作品には「わらべうた」への郷愁が強く感じられ、「童心に深く浸透する、現代の『わらべうた』を作ろうとする姿勢は、明治の洋楽輸入の際に、日本古来の伝統を抹殺して教訓的な学校唱歌を作った文部省に対する批判とも受け取れるのである。」

少しベクトルの違うところもあるが、両者とも明治の唱歌が江戸以前の『わらべうた』を排斥したので大正期にその反動として童謡が興ったという点では共通の理解であることがわかる。

ただ、その上で、小島美子《とみこ》は次の点を指摘している。

童謡の「歌（詩）は、たしかに日本の民謡風童謡風な表現に成るが、曲は……唱歌式のものでありはしまいか」（高野辰之）「曲の方は……唱歌の型を脱し得なかった」（河村光陽、中山晋平）

「童謡は文部省唱歌の批判として起こったけれども、そのもっとも基本的な姿勢においては、唱歌と変わるところがなかった」（小島美子『日本童謡音楽史』『日本の音楽を考える』）。

詩は日本風でも曲は多くの人が指摘しているように唱歌的だったというのである。これは否定しがたいようだ。だから、唱歌と童謡を反対物と規定して、とくに前者の国家主義・軍国主義側面を強調する議論はあまりうまくいかないことになる。

最近、優れた童謡研究書を出した井手口彰典《いでぐちあきのり》氏は、次のような指摘をしている。壺井栄原作・木下恵介監督の映画『二十四の瞳』（一九五四）においては、壺井栄原作の小説では男先生が修身のような唱歌を教えるのに主人公の女先生＝大石先生は童謡を教え生徒達に慕われるという図式になっている。

ところが映画の背景音楽では、童謡は「七つの子」だけであり、後は「仰げば尊し」はじめ唱歌ばかりとなっている。とくに「仰げば尊し」は事実上の主題歌となっている。このため、「大石先生・童謡・先進的」対「男先生・唱歌・保守的」という原作の図式は壊れている（ただ、井手口氏は『浜辺の歌』をあまり重視しない）。

その図式を壊したのは監督の木下恵介のアイデアであり、「日本の古くからある唱歌を使ったほうが効果が多いと思った」からだった。実際、それは観客のノスタルジーを喚起し映画の成功の大きな要因となったと見られている。そして、それは当時の多くの観客にとって唱歌と童謡に区別をつけることが意味をなくしているということでもあった（井手口彰典『童謡の百年』）。戦後日本の平和主義を代表する映画『二十四の瞳』を彩るのが唱歌なのだから、とくに唱歌を「軍事色や国粋色」と結びつける見方はあまり適切ではないということになるのである。

そうすると唱歌と童謡を共通のものとして見る認識が強くなっていたということになり、今日ではなおさらそれは深まっていると言えよう。大正期童謡は戦中を経て今日唱歌とともに日本の「心の故郷への郷愁」のようなものとされ生き延びることができたのである。

小島は、童謡は音楽の点で「わらべうた」に帰るべきことを主張しているが、残念ながらその現実性は厳しいものがあるともいえよう。むしろ、大正期童謡の初発の意義を認識しつつ、それが唱歌とともに日本文化の一つの「古典」となっていることを深く認識すべきではないだろうか。

さらに詳しく知るための参考文献

筒井清忠『西條八十』（中央公論新社、二〇〇五／中公文庫、二〇一五）……本講は本書をもとにしている。
東道人『野口雨情　童謡の時代』（踏青社、一九九九）……表題についての基礎的研究。
畑中圭一『童謡論の系譜』（東京書籍、一九九〇）……優れた古典的童謡論史。
藤田圭雄『日本童謡史Ⅰ・Ⅱ』（あかね書房、一九七一・一九八四）……古典的童謡史。

大岡信『あなたに語る日本文学史』(新書館、一九九八)／同『定本野口雨情　第三巻』(未来社、一九八六)……前者の三九七〜八頁、後者収録の「解説　童謡論」が重要。大岡の童謡論は日本の文学史・詩史全体の中に童謡を位置づけており洞察に富む。

藍川由美『これでいいのか、にっぽんのうた』(文春新書、一九九八)……童謡理解にとって重要な問題点を提起している。

小島美子『日本の音楽を考える』(音楽之友社、一九七六)／同『日本童謡音楽史』(第一書房、二〇〇四)……音楽史の中に童謡を位置づけた傑作。

周東美材《しゅうとうよしき》『童謡の近代』(岩波現代全書、二〇一五)……マスメディアと童謡の関係を検討した、発見もある労作だが、もっと実証的発見から議論を組み立てる構成にしてほしかった。

井手口彰典『童謡の百年』(筑摩選書、二〇一八)……バランスのとれた童謡史。優れた発見も多い。最初から決められた図式に落とし込むという書き方をしていないので成功している。西條八十についての先行研究をフォローしていない点は前著に同じ。

第12講
新民謡運動――ローカリズムの再生

筒井清忠

†「民謡」概念の成立

大正期から昭和初期にかけて起きた歌に関する大きな変化に民謡をめぐる問題がある。全体から見れば少数の理解者しかいない西洋音楽と違い、多くの国民に親しまれた音楽だけに非常に重要だが、このことの意義をあまり知らない人が多い。以下、この時期におけるその日本の民謡をめぐる問題について見ていくことにしよう。

民謡という言葉の初出は明治二五年、森鷗外によるものと見られている（阪井葉子「明治期日本における「民謡」概念の成立」『独文学報』二一二、大阪ドイツ文学会、二〇〇五）が、創作民謡の初出は野口雨情の明治三八年の『枯草』と四〇年の『朝花夜花《あさばなよばな》』（第一編・第二編）である（古茂田信男）。西條八十が詩人を志す契機になったのが後者であったことは「童謡」の講で触れた。運命的出会いであったと言えよう。

野口雨情は社会主義の詩人であったのが、後《のち》より大衆的な詩の方に向かったというような解釈があるが、この点については大岡信氏がすでに明らかにしている。島崎藤村の新体詩自体が歌謡・民謡の伝統を多く受け継いでいたが、雨情はそこから出発しながら社会主義を経て、この時期に新体詩と民謡の結合を成し遂げたのである。彼においては「貧民」の側に立って正義を唱えるという基本姿勢は一貫していた。しぶとく批判的な農民気質なのである。しかしまた、「貧民」それ自身とは違う第三の立場・詩人の立場を行くという自覚が生じた時、雨情は自己の言葉を持てたのだ、それが童謡であり新民謡だった（大岡信「野口雨情のはじまり」『定本野口雨情』第一巻・月報1、未来社、一九八五）。

だが、これも「童謡」の章に著したように、その後野口雨情は中央の詩壇から去り低迷が続く。

この間、ヘルダーのVolkslied（フォルクスリート）の訳語として民謡という言葉と概念は広まりはじめ、志田義秀《ぎしゅう》「日本民謡概論」（『帝国文学』一九〇六）のように「自然の技巧」としての民謡というような観念が成立していった。それは、「郷土芸術」というものへの関心となり、前田林外《りんがい》編『日本民謡全集』（一九〇七）のような作品が刊行されていく。もちろん限られた知識人の間のみのことではあったが。

†地方民謡の東京進出

一方、民謡それ自身もしくは地方民謡が知られるにあたっては蓄音器・レコードの普及が大きな関係を持っていた。明治二〇年代にエジソンの蓄音器が広まり出し様々な音が録音された記録があるが、音楽としては甚句《じんく》・端唄《はうた》・常磐津《ときわづ》などが録音されている。その中に明治二五年に福岡で「はんや節」が録音された記録がある（倉田喜弘『日本レコード文化史』岩波現代文庫、二〇〇六、三四頁）。これは熊本民謡だからであろうが、地方民謡として最も古い方の記録である。今後さらに古い記録が発見されるかもしれないが、とにかく、グラモフォン社の技師ガイスバーグによる日本最初の円盤レコードの録音（明治三六年）には「米山甚句」が収められており（八代目都家歌六ほか監修『全集日本吹込み事始』CD、東芝EMI、二〇〇一）、同じく日本最初の蓄音器専門店三光堂の明治三二年の記録に追分節・出雲節などの曲名が見られ、明治四三年の日本最初のレコード会社日本蓄音器商会（ニッポノフォン）の円盤の吹込み曲は「秋田おばこ」であった。

ニッポノフォンレコードは翌四四年には「越後盆踊」（明治四〇年の大博覧会で紹介され人気が高まっていたという）を発売、さらに翌年にはさんさ時雨・おいとこ節などと続き、大正五年以降は地方民謡のレコード化の隆盛期となった。八木節と木曾節は全国的に知られ出し特に八木節は大ヒットしたという（『日本民謡協会史』）。

一方、大衆芸能の世界においては一部の地方民謡が東京で上演されることが、明治末・大正初期にレコード化とある程度並行しつつ始まり出していた。例えば安来節《やすぎ》と追分節《おいわけ》とがある。

安来節は大正初期に島根・鳥取で巡業し東京の寄席に進出、一九二一年には九〇名の出雲芸妓が舞台に上がり大劇場が連日満員となる盛況であった（石田信夫『安来節』中国新聞社、一九八二）。

追分節は、碓氷峠《うすい》の馬子唄《まごうた》から追分宿に伝わり北海道にまで広まったものだが、明治二、三〇年代に東京の花柳界で歌われ出し、江差追分は明治末には東京に進出したという。

一九二一年には神田のキリスト教青年会館で日本初の「全国民謡大会」が開かれ、追分節・安来節・さんさ時雨・木曾節など九曲が上演されている（以上、長尾洋子「ホールでうたう」細川周平編著『民謡からみた世界音楽』ミネルヴァ書房、二〇一二）。こうして民謡の重要性が認識され出し、地方民謡が東京で知られ上演され、レコードの発売による普及が始まっていったのだった。

ただし、東京で知られ、レコードで普及されだしたと言っても、全国・全国民の認知ということを考えると、レコード・蓄音器の普及状況から言ってまだ一部の範囲・一部の地域に留まるものであることは言うまでもないであろう。ラジオの放送・普及拡大により全国・全国民による認識は可能となるのである。

そこで、その民謡の全国・全国民による認識すなわち保存と普及の問題をみていくことにしたいが、ここでは西條八十が重要な役割を担っているのでまずその点から見ていきたい。

†西條八十による民謡の発見

西條八十に、昭和五年大阪朝日新聞社から「民謡の旅」執筆の依頼があった。大新聞社がこうした企画を立てること自体がこうした認識の高まりが背後にあることを感じさせるが、七月一〇日から八月四日までの約一ヵ月、西日本をまわって各地の民謡を採訪していく連載執筆という企画であった。これは一〇月には単行本として刊行されることになる。

八十が、西日本の民謡の旅に出た頃、全国によく知られた地方民謡というのは、これまで述べた経緯があるとは言えまだまだ少なかった。八十を長く音楽的に支えた森一也は、「今でこそ日本民謡に関する著書は数多く出版されているが、昭和五年頃は、前述した如くダンス音楽に編曲された二、三曲(『草津節』『佐渡おけさ』『串本節』)と『安来節』『八木節』位しか、全国に知られた民謡は無かった」とも著している(『西條八十全集』一四、三六四頁)。

こうした状況であったから八十も例えば、九州に取材に出かけるにあたって次のように著している。「ところで肝腎の九州の民謡だ。これがどこで何を聴いてい丶かさつぱり見当がつかない。出発前多少の書物を参考して見たが、私たちに方針を示してくれるやうなものは殆どなかつた。九州の民謡はこゝの石炭のやうに土に埋もれてまだひろく人に知られてゐないらしい」。

また阿波踊についても八十は次のように著している。

「徳島には『阿波踊』俗に『阿呆踊』と呼ばれるおそろしく賑やかで急テンポな盆踊りがある。これの囃詞は踊手の情熱をいやが上にも煽り立てる特色のあるものである。（中略）それがあまり急調子なので、かれらの白い手足がまるでピチピチ網の魚が跳るやうに見えた。（中略）この踊は、近年になって時代のジャヅ的要求と合致して、ますます盛んになりつゝあるさうな。」（『西條八十全集』一四、三二五頁）。

今日あれほど著名な阿波踊も、当時は全国的にはそれほど知られていなかったことがよくわかる叙述といえよう。しかもそれは「時代のジャヅ的要求と合致して」隆盛化するという側面を含んでいたのである。

八十は戦後次のような回想もしている。「僕が調べて回った時、新聞社は、あらゆる手段で埋もれている唄を世に出そうと、懸命な努力をしてくれた。ところが、あの頃、九州には『稗つき節』も『五つ木の子守唄』もなかった。あれは、僕が歩いた後に、観光ＰＲ用に唄い出されたものだろう」（『西條八十全集』一四、三六五頁）。

したがって、八十のこの旅行自体が地方民謡発掘の重要な役割を果たすことになった。

八十の古民謡採掘の旅は、危険を冒しても行われた。富山県の城端《じょうはな》で『麦屋節』を聞いた八十は「〽心さむしゃ落ちゆくみちは　河の鳴る瀬と鹿の声」の箇所で、平家の落人を思いつ突如名状しがたい悲愴寂寞の感に捉はれてしまつた」。そしてこの古典的哀謡の揺籃地平村訪問を強く希望する。そこは「海抜三千余尺の峠路約八里」を行かねばならず「四五日前に貨物自動車が一台墜落して四人まで死人を出してゐる」という所であった。

途中の「人喰《ひとくら》ひ谷」という難関では絶壁の高さが増してゆき、同行者は「西條さんが死んだらこゝへ詩人塚つてやつが立ちますぜ」と言う。八十は「詩人が民謡をたづねて死ぬんだ本望さ」と言ってはみるが「さすがにいゝ心持ではない」。

ようやく平村に着くが、『麦屋節』を謡う人も踊る人もみな山へ働きに出ているとのことで聞くことができず、八十は、さらに『コツキリコ節』の歌詞が『北国巡杖記』に出ていることを「柳田国男氏の話で知つて以来いたく愛誦してゐる」ので聞けないかと尋ねたが「この謡を知つてゐる最後の人、万屋《まんや》といふ八十余歳の老人が去年の春歿して以来、この辺では今は誰も知る人がないとのことだつた」（『西條八十全集』一四、二六六〜七一頁）。

八十のあげている本は、鳥翠台北茎《ちょうすいだいほっけい》『北国奇談巡杖記《ほっこくきだんじゅうじょうき》』（文化一四年刊）をいう。八十と柳田にどのような交遊があったのかは残念ながら定かではない。また、以上はすべて八十自身の記述に依拠して叙述したが、『麦屋節』と『コキリコ節』については、川村清志氏の精緻な優れた研究「近代における民謡の成立」があるのでそれを参照されたい。そこでは、高桑敬親《たかくわけいしん》による再発見の経緯などが重層的に明らかにされているが、八十のこの旅行が重要な役割を果たしたことも明らかにされている。

また、長崎では、「嘉永年間に流行したといふ『ぶらぶら節』が、復興して今日長崎で盛に唄はれてゐる」ことを八十は著している。そして、丸山の名妓愛八《あいはち》の『ぶらぶら節』のビクター・レコード吹込みがこの年行われた。したがって、こうした経緯を含んだなかにし礼の小説『長崎ぶらぶら節』では「大衆歌謡を蔑視することなく、すすんでその世界に身を置き、詩的香りの高い言葉を駆使した歌謡詩を書くことによって、大衆に文学的な夢を与えていた」（なかにし礼『長崎ぶらぶら節』文春文庫、二〇〇二、二九一頁）存在として八十が描かれることにもなったのである。

†全国化した地方民謡の代表曲

さて、このように八十の旅行で初めて発見されたり知られることになるものが多い有様だったのだから、今日よく知られている民謡は、これから述べる野口雨情、西條八十らの新民謡の運動とラジオ・レコード（昭和初期に電気録音式になった）の普及によって全国化したものが大多数なのである。大正期から昭和戦後期に至る数十年間は、この地方民謡の全国化という巨大なプロセスが進行した時代なのであった。戦前・戦中・戦後という時代の変化もこのプロセスの中では一過程にすぎないといってもよいであろう。

このプロセス自体の研究はまだ緒に就きだした程度で完成していないので、ここでは代表的な民謡が全国化したケースを列記しておくことにしたい（資料により内容が異なるケースが多くあくまで暫定的なものである）。

ソーラン節——昭和一〇年頃、札幌の今井篁山《こうざん》が今日の形を作ったといわれる。昭和二〇年代後半から広まり出し、昭和二九・三〇年頃には北海道の代表的民謡と見られるようになったという。

北海盆唄《ほっかいぼんうた》——昭和一〇年代前半、今井が幾春別《いくしゅんべつ》の炭鉱で聞いた『ベッチョ節』を『北海炭坑節』としてまとめた。昭和二〇年代後半にレコード化が進み、三三年の三橋美智也《みはしみちや》のキングレコード盤で全国的に知られることになった。

花笠音頭——昭和一三年頃、山形市の有海桃堰（淓）一門の手によって体系化された。花笠踊が音頭となったのは、大ヒットした昭和三一年の三橋美智也のキングレコード盤以来。

真室川《まむろがわ》音頭——北海道・樺太で歌われていた『ナット節』が昭和六・七年頃山形県真室川にもちこまれた。昭和二〇年に近岡仲江によって有名な第一節の歌詞が作られたという。二四年に佐藤ハルエにより現在の音頭ができあがった。二七年、町が歌詞を公募して現行のものができた。
会津磐梯山——昭和九年、小唄勝太郎がビクターでレコード化し全国化した。
相馬盆唄——相馬の鈴木正夫がレコードに吹き込んで知られ出したものだが、全国的に流行したのは昭和三一年の三橋美智也の歌のヒットによる。
草津節——歌詞は大正七年平井晩村《ばんそん》作ともいわれ、大正末・昭和初期に全国的に流行。
佐渡おけさ——佐渡相川の村田文三（蔵）が『相川はんや』を今日の『佐渡おけさ』に改編、大正末期からラジオ、レコードで普及に尽した。
串本節——大正一三年、アメリカ機の串本飛来の取材に来た記者たちに町長が披露したので新聞紙上で広まり、砂川捨丸がレコード化してヒットした。
阿波踊——富田《とみだ》街検番の名妓お鯉が昭和七年大阪NHKから放送。昭和八年コロムビア、一〇年ポリドール、一一年タイヘイと各レコード会社から発売され全国化。
炭坑節——『奈良丸くずし』が大正期に田川市で『選炭節』となり、昭和七年に『炭坑節』としてレコード化。昭和二一年、NHKの『炭坑へ送る夕べ』で米兵によって歌われ評判となり、二二年から四社でレコード化され全国化した。
黒田節——昭和三年、NHK福岡放送局から『筑前今様』を放送する際『黒田武士』と命名。昭和一七年、赤坂小梅がコロムビアでレコード化。戦後の二三年、テンポを速くして再レコード化し全国的流行を見せた。曲名もこの時『黒田節』となる。

長崎ぶらぶら節——昭和五年凸助《でこすけ》、六年愛八がそれぞれ吹き込み、忘れられた状態の歌が復活。生前の愛八に教わった赤坂小梅が昭和二七年にコロムビアで吹き込み、一五万枚売れた。

五木の子守唄——昭和二五年NHKの番組で放送、音丸《おとまる》がキングでレコード化。さらに二八年の照菊《てるぎく》盤がヒットし、十数種類のレコードが競作される有名民謡となった。

おてもやん——元来『熊本甚句』と呼ばれたものだが、昭和二三年、赤坂小梅によるレコード化で全国に知られ出した。

稗搗節《ひえつき》——昭和一五年、宮崎市職員長友勝美により現在の曲になる。昭和二八年照菊がキングでレコード化して全国的にヒット。

鹿児島小原《おはら》良節——昭和八年新橋喜代三《しんばしきよぞう》がポリドールからレコード化し全国化。

新安里屋《あさどや》ユンタ——八重島の古謡だが、昭和九年星迷鳥《ほしめいちょう》が本土の人にわかりやすい歌詞とした。現在歌われている曲は宮良長包《みやらちょうほう》の編曲。昭和一五年、東宝舞踊団の沖縄民謡の祭典で紹介され、真田千鶴子ら団員がキングでレコード化して全国に広まった。

†野口雨情と新民謡運動

この時期、集権化・画一化も進行してはいたが、同時にローカリズムの復権・拮抗も強く見られたのであって、事態は、後者が前者に回収されるというほど単純なものではなかった。しかもそれは、平和時、軍国主義期、民主化期を一貫して進行しているので、戦争による統合化というのとは別種の現象であったことがわかる。

そして、このプロセスの展開に大正後期以降一つの原動力となったのが新民謡運動なのであった。

次にその新民謡運動について著していきたい。そのためには話を野口雨情に戻さねばならない。北海道に行くなどして低迷していた野口雨情は西條八十によって復活し、大正中期以降に新民謡運動を本格的に始めることになるのである。

明治以来、野口雨情以外にも創作民謡風の作詞家として横瀬夜雨・平井晩村のような人がいたのだが、それが運動となったのは、大正7年の野口雨情らによる新日本音楽運動の開始と翌年の民謡開発の基金のための講演・演奏会の実施による(『日本民謡協会史』)。

続いて大正一〇年、雨情『別後《べつご》』、一一年白秋『日本の笛』、島田芳文《よしぶみ》(雨情門下)『郵便船』、一二年時雨音羽《しぐれおとは》『うり家札』などが出て気運が高まっていった。八十も大正一〇年に『かなりや』誌上に「民謡精神と民族性(一)(二)」を書いている。これは、大正一二年刊の『新しい詩の味ひ方』(交蘭社)中の「紅き薔薇と白き薄の花――二つの民族の謡について」と同一の内容と思われる。

そこで八十は、「最近、民謡といふことが、大分我国の詩人の間に論議され」ていると説き起こし、「かうした新民謡の勃興に意義を認めるものである」と賛意を表している。そして当時としては珍しく、チェコ・スロバキアとアイルランドの民謡を紹介検討し、「私はかゝる際に詩壇の一隅から、民謡新興の叫びを聞くこと、それを口火として一般民衆の間から真実の国民的憧憬、乃至鬱悶の歌声が聞かれる日を待つものである」と結んでいる。

新民謡登場の背景には、単なる商業主義ではなく、こうした「チェコ・スロバキアとアイルランドの民謡」につながるマイノリティー・ローカリズムの復権・再生という意図があったことは忘れられてはならない。

こうした動きの中で、大正一二年に雨情作詞・中山晋平作曲の『須坂《すざか》小唄』が発表され雨情自身の『磯原《いそはら》節』（大正一五年）、『三朝《みささ》小唄』（昭和二年）、『波浮《はぶ》の港』（昭和三年）、白秋の『ちゃっきり節』（昭和二年）、『松島音頭』（昭和三年）などが続々と発表されていったのである。

八十は、昭和三年に『甲州小唄』を作っていたが、四年には中山晋平とのコンビで『伏見小唄』を作った。そして以後も『三次《みよし》小唄』『高浜小唄』『伊勢津《いせつ》小唄』『四日市小唄』など次々に二人のコンビによる新民謡が作り出された。

そして、昭和三年、日本民謡協会が設立され、雑誌『民謡詩人』の刊行がはじまる。雨情は同誌三月号に「新民謡の提唱について」を発表した。童謡運動の次に新民謡運動へと積極的に乗り出したのである。これだけの曲が次々に作られたということは、それだけの強い民衆的基盤をもって存在していたということでもあった。

†地方・民衆の逆襲

昭和三年からは東京市主催の民謡祭がはじまり、毎年新作民謡が発表されることになり新民謡は全盛時代を迎えることとなる。

民衆派詩人だった白鳥省吾も昭和四年『龍峡小唄《りゆうきよう》』をヒットさせ、昭和五年『祇園小唄』(長田幹彦)、昭和八年『天龍下れば』(長田幹彦)など次々とヒット曲が生まれていった。その後、観光地で地元を唄った唄のない所はないというくらい日本中の地域ソングが作られていったのである。

昭和一三年刊の『全国観光地歌謡集成』には昭和の一〇年間に作られた新作地方小唄だけで約八〇〇篇が収められており、現在は二〇〇〇篇を超すといわれている。また、おびただしい数の民謡雑誌が作られていった(増田周子《ちかこ》)。

そして、古茂田信男《こもたのぶお》らの『日本流行歌史』も著すように、こうした地方歌ブームに促されて、市歌・町歌・社歌・団歌・組合歌・商店街歌などが次々に作られていった。すなわち大正以来のこの数十年間は、人々が新しい歌によって新しい集団に吸収されていった時代であった。今日、ある程度のサイズと歴史をもった集団で集団歌をもっていない所はないといってよいであろう。

それは単なる実用の唄ではなく、戦後のうた声運動などにもつながるあらゆる人々を巻き込んだ日本の「歌」のうねりなのであった。

八十は自ら「この新しい郷土民謡製作という仕事に率先して着手した詩人は、野口雨情、北原白秋の両氏で、その次がわたしでした」としている。

そして、『民謡の旅』を通して「学び得たことは多大だった」として次のような点をあげている。

「現存してゐる我国の民謡の文化史的価値は存外に小さい、と説かれた先輩柳田國男氏の言葉はひろく地方を旅すれば旅するほど真実だと肯づかれる」

「日本全国に古民謡は夥しく残存し、中には秀抜な歌詞も多少あるが、大体においてその土地独特の景趣、人情を詠った歌詞はきわめてとぼしく、たいていの土地がおなじ歌詞を共通に、節だけを変えて唄っているということだった。移りゆく時代に即応する清新な歌詞を詩人たちが作って補足する必要がどうしてもあると、ぼくは考えた」

八十は共通している例として、『三国《みくに》節』の「三国三国と通う奴は馬鹿よ　帯の巾ほどある道を」と『米子《よなご》節』の「米子米子と何良《よ》うて米子　帯の巾ほどある町を」、『串本節』の「障子あければ大島ひと目　なぜに佐吉《さきち》は山の蔭」と栃木県篠井《しのい》の『草刈唄』の「障子あければ門前《もんぜん》田中　なぜか篠井は山の蔭」、などをあげ、「めでためでたの若松さまよ　枝も栄えりゃ葉も繁る」は「ほとんどの日本全国のどこの郷土民謡にもはいっています」と指摘している。越中平《たいら》村の『麦屋節』の平家の落人の謡とされているものと、山形県東田川郡大泉村の「平家落武者集落」の謡はほとんど同じものなのである（西條八十『詩を想ふ心』新陽社、一九三六、二六〇・一頁他）。むしろ、前近代社会の方が、謡の共通性が高く、近代化されたこの時代になって人々は地域的差異化、ローカリズムの確立を望んだのである。単純な集権化図式では日本の近代化の実相が見えてこないことがこのあたりからもうかがえよう。

また、新民謡の成立・発展を卑俗な商業主義の視点からしか見ることができない人の眼からはこの問題が抜け落ちてしまうのである。

藍川由美はいう。「民衆が、古き良き伝統を復活させるというスタイルではなく、こうした形でフィーバーしたことには、文明開化以来のねじれ現象をはね除けようとする途轍もないパワーが感じられる。それは、あたかも、流行歌や民謡の類を低俗な音楽として片付けてきた一部の教養人（中略）を嘲笑うかのごとき、民衆の大逆襲であった」。

†ローカリズム確立競争

八十は、流行歌は「浮草の花」のようなものだが、民謡は「苗木を植えつけるようなもので、後年花咲き実みのる大樹」となることを期待して多くの地方の新民謡を書いていくことになった。昭和八年にはその頂点的作品『東京音頭』が生まれることになる。東京人八十による盆踊りのなかった町東京のふるさと化は、激しいローカリズム確立競争の中で東京が自己を確立するために放った大ホームランであった。

そして、ローカリズム確立競争はなお、戦中・戦後も続いていくことはすでに見た通りである。戦中には、疎開に象徴されるように都会と地方の地位は逆転し、都会人は地方の農村人に頭を下げて食糧など頒けてもらうというようなことがあったが、戦後の民謡の活性化の中にはこの時の経験・反省から目を覚まされたという意識もあったであろう。

さらに、一九五九年キングレコードから発売された「南国土佐を後《あと》にして」(ペギー葉山)のように、戦中兵隊の中から自然発生的に歌われ出したものが全国的に知られるという現象も新たに起こる。この歌は中に「よさこい節」という民謡が含まれていたのでその自然発生性と地方性は重層的であった。

その後、「武田節」(一九六一)のような歌謡曲の中にはらまれた地方性は日本列島各地の風物からさらに「島育ち」(一九六二)、「島のブルース」(一九六三)、「奄美恋しや」(一九六三)など南方へ、採曲・採詞の「アリューシャン小唄」「ハバロフスク小唄」など北方へと広がっていく。これらが新民謡の後裔にあたるものであることは間違いなく、結局新民謡的なものは戦後も息長く続いたことがわかる。

今日、「武田節」や「東村山音頭」が民謡か新民謡か歌謡曲かは若い人には区別がつかなくなっていると言えよう。

産業文明への何らかの反省とそれとの関わりで地域性への愛着とが起こるとき、それらは生まれてくるように思われる。八十らの運動があらためて見直されねばならない所以である。

さらに詳しく知るための参考文献

筒井清忠『西條八十』（中央公論新社、二〇〇五／中公文庫、二〇〇八）……本講は本書をもとにしている（引用は煩わしいので本書による場合は省いたものもある）。最近の研究には西條八十を無視しているために全体の展望がつかめなくなっているものがあり残念である。

民謡

＊民謡の保存・研究そのものは紙数も限られており主題ではないので、扱うことはしなかった。柳田国男は、日本とは、時や場所、作業に応じて数多くの民謡が発せられる「昔のままの歌の国」（『民謡の今と昔』一九二九／全集一九九八、四巻四八〇頁）であり、「歌謡は恐らくは一つの救済であった。是によって（中略）人は寂しい時にも又不如意なときにも、なお折々の安養の地を見出し、同時に又次の代の為に、一段と精微なる情操を貯えていくことが出来たのである」（『民謡覚書』一九四〇／全集一九九八、

一一巻五五頁）と言っている。

武田俊輔「柳田民謡論の可能性」（細川周平編『民謡からみた世界音楽』ミネルヴァ書房、二〇一二）……柳田の民謡研究について優れており関連文献も掲げられている。

島添貴美子「『日本民謡大観』前夜」（前掲『民謡からみた世界音楽』）……民謡研究の第一人者・町田嘉章について優れている。

民謡の普及について

＊参考にした文献は多いので、詳細は筒井清忠『西條八十』二〇五頁を参照されたい。町田嘉章・浅野建二編『日本民謡集』（岩波文庫、一九六〇）は基本であり、浅野建二、竹内勉、長田暁二各氏の研究を参照した。とくに『ソーラン節』『北海盆唄』については、藤倉徹夫『北海民謡の父――今井篁山の生涯』（北海道新聞社、二〇〇〇）参照。地方には新しい研究の成果が出ているのに見落としているものがあるかもしれない。何らかの研究機関による統合が望まれる。

新民謡

古茂田信男・島田芳文・矢沢寛・横沢千秋編『新版　日本流行歌史　上』（社会思想社、一九九四）……日本流行歌史の基本文献。

古茂田信男『雨情と新民謡運動』（筑波書林、一九八九）……このテーマについての古典。

島添貴美子『民謡とは何か？』（音楽之友社、二〇二一）……エッセイ的だが近年の研究の問題点を提示している。

川村清志「近代における民謡の成立――富山県五箇山地方「こきりこ」を中心に」（『国立歴史民俗博物館

研究報告』第一六五集、二〇一一）……最近の傑出した民謡研究論文。

斎藤桂「黎明期の新民謡――「俚謡」と「民謡」をめぐって」（京都市立芸術大学日本伝統音楽研究センター『日本伝統音楽研究』第九号、二〇一二）……明治期を主とした論考。

森田哲思「新民謡運動と鶯芸者による『昭和歌謡』の成立と発展」（『日本橋学研究』第四巻一号、二〇一一）……表題についての初めての整理。

町田佳聲監修・菊池卓三編『日本民謡協会史』（日本民謡協会、一九八〇）……民謡・新民謡運動についての基本文献。

増田周子「近代日本新民謡運動の成立と展開」（鈴木貞美・劉建輝編『東アジアにおける知的システムの近代的再編をめぐって』国際日本文化研究センター、二〇〇八）……新民謡運動についての基本事項が整理されている。

輪島裕介「三橋美智也とうたごえ運動」（前掲『民謡からみた世界音楽』）……戦前以来の大衆音楽の流れの中に戦後隆盛した「民謡」を位置づけた傑作論考。ロック歌手も民謡を取り入れ民謡調ロックを歌ったことなどまだ検討されていない問題も多い。今後の発展が期待される。

（＊本講全体にわたり細田明宏帝京大学文学部教授〈日本音楽・芸能史専攻〉にお世話になったことを謝したい。）

第13講

竹久夢二と宵待草

石川桂子

竹久夢二《たけひさゆめじ》（一八八四〜一九三四）は、明治末期から大正期を通じ、大衆に影響を及ぼした画家として広く知られ、特に女学生や若い女性に人気を誇った。現代においても特に日本画で表現された「夢二式美人」と結びついて夢二はイメージされ、近年はデザイン分野の再評価も著しい。また詩人として「宵待草《よいまちぐさ》」をはじめ、多数の詩も残している。

本講では夢二の生涯と芸術を概観し、「宵待草」を取り巻く大正文化に言及、さらに夢二を語る代名詞である「大正ロマン」について明らかにしたい。

†誕生から上京

明治一七（一八八四）年九月一六日、夢二は竹久家の次男として、岡山県邑久郡《おくぐん》（現、瀬戸内市）本庄村《ほんじようむら》で誕生、茂次郎《もじろう》と名付けられた。家族は父親の菊蔵《きくぞう》、母親の也須能《やすの》、祖父母も同居し、六歳年上の姉・松香《まつか》と六歳年下の妹・栄《さかえ》がいた（長男は夭死）。竹久家は、代々続く造り酒屋だったが、父・菊蔵は、酒の取次販売を少し行いながら、村の議員をつとめ、農業も営んだ。

幼少時から絵を描くのが好きで、夢二はわずか「三歳の時から筆をもつて馬の絵を画いた」（竹久夢二『草画』序文、岡村書店、一九一四）という。その才能は、夢二が明治二八（一八九五）年に入学した、邑久《おく》高等小学校の教師・服部杢三郎《もくさぶろう》によって開花する。模写ではなく、外での写生を重んじる自由な教育方法が功を奏し、「私の最初の先生で、また最後の先生であつた」（同前）と、夢二は恩師に思いを寄せている。

明治三二（一八九九）年、夢二は神戸中学校（現、神戸高等学校）に進学。キリスト教、英語、野球に親しみ、異国情緒溢れる神戸に身を置いて、外国への憧れを膨らませたが、八カ月で中退する。同年一二月、岡山の両親を含む夢二の一家は、福岡県の八幡《やはた》に転居したことが中退の理由だった。明治三四（一九〇一）年に官営の八幡製鉄所が操業し、夢二は製図工として一時期働くが、同年夏に、一六歳で東京に上京した。

†独学、雑誌投稿からデビューへ

上京後の夢二は、人力車引きや書生をしながら苦学し、明治三五（一九〇二）年九月、早稲田実業学校に入学した。

同校本科三年を卒業し明治三八（一九〇五）年四月に専攻科に進学、この頃友人を通じ、夢二は社会主義運動家と面識を得る。平民社と関わり、その思想に傾倒、さらに荒畑寒村《あらはたかんそん》の口添えで、同年六月『直言《ちょくげん》』に夢二の絵が掲載された。日露戦争に対する反戦の思いを、諷刺色が強い作画で表現した。

同時期に独学で絵を習得し、美術学校へ進学せず「夢二」のペンネームを用いて青年誌・文芸誌に投稿を重ねる。コマ絵（雑誌や新聞の紙面上に、周囲の文章と別に独立して描かれた絵のことで、通常何らかの題があり、それに添った内容の絵が描かれていることが特徴）や文章の創作を行い、明治三八（一九〇五）年六月、『中学世界』に投稿したコマ絵「筒井筒《つついづつ》」が第一賞を獲得した。同年の終わり頃、投稿作品の賞金を貰うために訪問した博文館で、編集者・西村渚山《しょざん》の知己を得て、夢二は画家としてスタートを切った。

竹久夢二

デビュー直後より、夢二は雑誌や絵葉書のイラストレーションを数多く手掛けて人気を得ていた。書物や広告に用いられる説明や装飾のための挿絵を描き、専門的に従事する画家は、かつては挿絵画家と呼ばれていた。夢二は挿絵のみならず、口絵、表紙絵を中心として雑誌に関わり、印刷術を媒介に表現されるグラフィックアートで、挿絵画家の第一人者として終生目覚ましい活躍を遂げた。

さらに人気を不動にしたのが明治四二（一九〇九）年、『夢二画集 春の巻』の出版だった。以後『夢二画集』シリーズをはじめ、自身の絵や文章で編んだ著作本を生涯に五七冊刊行し、本を介して多くのファンを獲得した。若き日に「詩人になりたい」と夢二は考えていたが、先に個性的な絵の才能が認められる。一方で自らの思いを詩の形式でも書き表して、詩と絵を融合したスタイルでの制作を得意とし、雑誌や著書で詩と挿絵を組み合わせて発表する他、短歌・俳句・川柳さらに童謡創作にも及び、日本画の余白に画賛をしたためることも多かった。

†「夢二式美人」誕生

明治三九（一九〇六）年一一月、早稲田実業学校の近くにあった、絵葉書店「つるや」を訪れた夢二は、その店を切り盛りしていた岸他万喜《たまき》と出会い、年明けの一月に結婚。夢二は二二歳、出会いからわずか二カ月の速さだった。明治四一（一九〇八）年に長男・虹之助《こうのすけ》が誕生。けれども二人は明治四二（一九〇九）年五月、協議離婚に至った。しかし同棲と別居を繰り返しながら、明治四四（一九一一）年に次男・不二彦《ふじひこ》、大正五（一九一六）年に三男・草一《そういち》も誕生した。

別れてからも長く関係が続いた他万喜の存在は、夢二の創作に大きな影響を与えた。夢二は他万喜をモデルにして、「夢二式美人」と呼ばれる美人画を描き表した。他万喜の大きくつぶらな瞳、面長の顔立ちなどを捉え、夢二は理想の女性像を投影し、徐々に表現形式を確立した。描かれた女性の顔つきは、小さな口元と、少し眼を伏せたうつむきがちな表情が多く、さらに髪型・服装・小物にみる装飾、加えてしぐさに至るまで、夢二の趣味が随所に散りばめられた。

「港屋絵草紙店」の前で 岸他万喜（1914年頃）
他万喜は店頭で接客等を行っていたが、開店には彼女の自活を図る目的もあった。

着物の袖口、裾から覗く手や足を大きく表すが、手や足は人間の感情を語るという、夢二独特の思想が反映されている。全体のシルエットはゆるやかなS字曲線を描き、女性の曲線美と内面を映し出すようにセンチメンタルで頽廃的な雰囲気を表現した。「大正の歌麿《うたまろ》」と称された夢二が描く美人画は大変な評判となり、明治・大正期に憧れの女性像として広く知れ渡り、大正初期の文展《ぶんてん》における美人画ブームに影響を及ぼした。

　他万喜と別離後、夢二が恋愛関係を結んだ女性は、一回り年下で、駆け落ちさながら京都で一緒に暮らした女子美術学校出身の笠井彦乃《ひこの》、二〇才年下で、夢二の絵から抜け出てきた女性と評されたモデルの佐々木カ子ヨ《かねよ》（通称・お葉《よう》）が知られている。彼女たちの美しさは日本画等に描き残され、詩や小説の題材になり、恋人は夢二芸術の女神といえる存在だった。

竹久夢二・画「稲荷山」（1921 年頃）
お葉がモデルになった日本画（絹本着色）

†「港屋絵草紙店」開店と大正期の画業

大正三（一九一四）年一〇月一日、東京・日本橋の呉服町《ごふくちょう》に、夢二デザインの小物類を販売する「港屋絵《みなとやえ》草紙《ぞうし》店《てん》」が開店した。夢二が手掛けた一枚ものの木版画をはじめ、千代紙・絵封筒、浴衣・帯・半襟、さらに書籍や人形等を並べて販売し、「美しいもの　可愛いゝもの」(チラシ「港やの売出し」一九一四)を集め、現代のファンシーショップを思わせる店で、暮らしを彩るデザインを実践した。店舗の一階は夢二商品を販売するばかりでなく、「第一回港屋展覧会」も開催された。時には展覧会のメンバーだった恩地孝四郎、藤森静雄に加え、田中恭吉の三人が手掛けた詩画集『月映《つくはえ》』や木版画が並べられたという。夢二は弟子をとらない主義だったが、画家を目指す若者や友人が二階のアトリエに集い、芸術論を交わしたこの場所は「夢二学校」と呼ばれた。

さらに大正期の画業に目を向けると、大正元(一九一二)年一一月、京都府立図書館で初の個展「第一回夢二作品展覧会」を開催。夢二絵の多くはこれまで雑誌や本、絵葉書などで親しまれていたが、日本画、油彩画、水彩画など多数展示され、夢二の肉筆作品を鑑賞できる絶好の機会となり、大成功を収めた。続いて大規模な個展として、大正七(一九一八)年に「竹久夢二抒情画展覧会」、大正八(一九一九)年に「女と子供によする展覧会」を開催した。画壇に属さなかった夢二は、文展・帝展と呼ばれる官設公募美術展へは出品せず、個展や地方での頒布会を実施し、生活の糧となる作品販売も目的にしながら、美人画を中心に、風景、芝居、子供、花卉《かき》など幅広い題材で日本画をはじめ、肉筆作品を制作した。

グラフィックアートに属する仕事も大正期は精力的だった。同時代を代表する楽譜シリーズ

「セノオ楽譜」の表紙絵に、夢二は多数筆をとった。楽譜は日本の歌曲から、浅草オペラで歌われた西洋の楽曲まで幅広く収録され、夢二は和洋を問わず幅広い作画と、タイトルのレタリングを試みた。姉妹編の「セノオ新小唄」に収録された流行歌「カチューシャの唄」「ゴンドラの唄」の表紙絵も夢二によるものである。加えて中山晋平、弘田龍太郎《りゅうたろう》作曲による童謡楽譜も、明るい色遣いと可愛らしいデザインで表紙や扉を彩った。また童謡運動が隆盛する以前より、夢二は子供向け雑誌や書籍にも絵筆をとり、美人画だけでなく童画にも力を注いでいた。

ブックデザイナーとして本の装幀も施した夢二は、作家の長田幹彦、久米正雄、歌人の吉井勇とは私的にも交流を重ね、美本も多数残した。

また大正末期から流行した、少女のためのイラストレーション「抒情画」においても活躍し、少女雑誌の表紙や口絵を飾り、夢二が描く可憐ではかない少女像は、洗練されたファッション描写と共に注目された。

商業美術の分野でも大正末期から昭和初期にかけて、三越、銀座千疋屋《せんびきや》、ヘチマコロン、カフェクロネコ等の雑誌表紙や広告でモダンな意匠を凝らし、デザイナーとして先駆的な活動を続けた。

†遅すぎた外遊

関東大震災を契機に、夢二は自ら設計した住居兼アトリエ「少年山荘」を東京府荏原《えばら》郡松沢村松原（現、世田谷区松原）に構え、大正一三（一九二四）年暮れに引越し、終《つい》の棲家《すみか》とした。元号が昭和に変わり昭和二（一九二七）年五月から、『都新聞』に自伝絵画小説「出帆《しゅっぱん》」を連載。これまでの歩みや恋愛模様、その時々の思いが赤裸々に綴られた。

昭和五（一九三〇）年五月、「榛名山《はるなさん》美術研究所建設につき」の声明文を発表する。「手による産業」を提唱し、地方の民芸品や手工芸品を改良し、普及を目的とした。榛名湖畔に山荘も建築し、計画を具体化しようとした矢先、外遊の話が持ちかけられ、昭和六（一九三一）年五月、アメリカへ旅立つことになる。

当初アメリカで絵を売り、そこで得た資金でヨーロッパを廻る計画であったが、この話を夢二に持ち掛け同行した、作家でジャーナリストの翁久允《おきなきゅういん》とは絶縁。絵もほとんど売れず、夢二は体調を悪化させたが、資金を調達して昭和七（一九三二）年一〇月、ヨーロッパに辿り着いた。ドイツ・フランス・オーストリア・スイス等を廻り、ベルリン滞在時にはイッテン・シューレで日本画講習会を実施したが、金銭及び身体面の苦難は続いた。二年余りの外遊生活を終えて昭和八（一九三三）年九月に帰国するが、翌々月の一一月に、生活の資を得るため台湾に赴き展覧会を行う。

昭和九（一九三四）年一月、友人で医師の正木不如丘《まさきふじょきゅう》が経営する信州の富士見高原療養所に夢二は入院、結核の症状はかなり進行していた。同年九月一日、夢二は四九歳一一カ月の生涯に幕を閉じ、最期に「ありがとう」と言って静かに息を引き取った。

†「宵待草」作詩と楽譜出版

一九一〇(明治四三)年夏、別れた妻・他万喜と、避暑のために千葉県銚子の海鹿島《あしかじま》を訪れていた夢二は、成田町から来ていた長谷川賢《かた》に恋心を募らせた。彼女は夢二に月見草を受け渡し、夢二は「お島さん」と呼んで二人は交情を深めたが、ひと夏の恋は実らず、失恋体験を夢二は「宵待草」と題して詩を作る。当初は八行詩だったが、大正二(一九一三)年に刊行した絵入小唄集『どんたく』で、「まてどくらせどこぬひとを/宵待草のやるせなさ/こよひは月もでぬさうな。」の詩形に改めて発表した。

「宵待草」のメロディーは、『どんたく』出版からまもない時期に、東京音楽学校に在籍していた当時一九才の多忠亮《おおのただすけ》が、同級生でピアニストの榊原直《さかきばらなおし》より助言を得て作曲を完成させた。さらに二人と親しかった歌手の柴田秀子は、多から依頼され、榊原の伴奏で「宵待草」の歌唱を試みている。

一般的な音楽会の場としては、大正六(一九一七)年五月一二日に芸術座音楽会第二回演奏会で初演された。歌手は、大正二(一九一三)年に東京音楽学校を卒業した近藤義次であった。

竹久夢二・画 セノオ楽譜「宵待草」
初版は 1918 年（図版は 9 版で 1934 年発行）、右のアト版は 1924 年発行

この演奏会での発表に伴い、多は夢二へ、楽譜を正式に送付している。

夢二が楽譜を入手した時、作曲された「宵待草」を夢二の眼の前で歌ったのは、浅草オペラでも活躍したバリトン歌手・小島洋々で、同席していたオペラ仲間の内山惣十郎は、舞台で歌いたい旨を夢二に直接交渉し、浅草オペラで歌う機会を得て、大変好評だったという。

作曲された「宵待草」を耳にした夢二は、セノオ音楽出版社の妹尾《せのお》幸陽《こうよう》に楽譜刊行の相談をし、大正七（一九一八）年九月二〇日にセノオ楽譜第一〇六番として、初版が刊行される。初版時の楽譜タイトルは「待宵草」、というのは「宵待草」は夢二の造語で、本来「待宵草《まつよいぐさ》」が正式な植物名であるという理由から、楽譜の三版まではこれで通していた。

妹尾は楽譜出版案内において「竹久夢二氏が、一番お気に入りの歌へ、多忠亮氏が作曲した待宵草と云ふ名歌、やはり夢二氏が表紙絵を画いたとてもこつたもので御座います。此歌はやはり、一世に歌はれる運命のものと思つて居ります」(「セノオ楽譜新刊ご案内」、『新音楽』第一巻第五号、一九一八)と記して、楽曲と表紙絵を高く評価し、流行歌になることを予感している。

†「宵待草」と大正文化

セノオ楽譜「宵待草」は表紙を刷新し、再度刊行された。初版の表紙絵は木にもたれかかる和服の女性が描かれたが、アト版(大正一三(一九二四)年五月二〇日発行)は断髪にワンピース姿の女性像に変わっている。アト版刊行のきっかけは関東大震災で、妹尾は「再び震災後の町に、此の唄が出るのを特に意味ある事と思ひます」と楽譜の奥付に記した。妹尾は復興のメッセージを音楽に託し、夢二の表紙絵は、新時代の到来を象徴するように、モダンガールに改められた。

「宵待草」流行の新たな媒体として、震災前年の大正一一(一九二二)年に、レコードも発売された。大正期のレコード産業の中心的な役割を担った日本蓄音器商会から販売された、ニッポノホンワシ印レコードの一五三九六番に「待宵草」が収録される。歌は柴田秀子、ピアノ伴奏は榊原直で録音された。歌詞カードに「セノオ楽譜一〇六番」と明記され、楽譜と連動したレコードだったことが確認できる。

大正一四（一九二五）年七月、東京の愛宕山《あたごやま》放送所から本放送が開始されたラジオからも「宵待草」が放送された。新たなメディアとなるラジオの登場は、大正末期の音楽界における重要な出来事と位置付けられるが、同年一一月二六日放送の、尺八とピアノ伴奏による「宵待草」演奏は、大衆に向けた普及拡大の象徴といえよう。

夢二が作詩した「宵待草」は、流行歌として広く歌い継がれている。詩が誕生してから、それを収めた著書出版、作曲、楽譜刊行、浅草オペラ上演、レコード化、ラジオ放送によって流行の拡大が認められる。また関東大震災を契機に「宵待草」が再度発信され、大正時代の音楽文化の隆盛にも寄与したことは想像に難くない。

†「大正ロマン」の発祥

竹久夢二を語る時によく使われる「大正ロマン」は、現在広く使用されているが、大正時代には存在していなかった語句である（参考までに大正人は当時、時代の波を「ハイカラ」「モダン」「新しい文化」等の言葉で形容、関東大震災を境に「新時代」という言葉がしばしば使われた）。

「大正ロマン」は一九七〇年代から徐々に用いられるが、その機運として一九六〇年代前半に興った大正時代の再評価が挙げられる。大正元年からちょうど五〇年目に当たる昭和三七（一九六二）年に桑原武夫によって「大正五十年」が書かれ、徳間書店編『我ら大正ッ子』が前年からこの年にかけて刊行される。それから三年後の昭和四〇（一九六五）年には南博＋社会心理研究所・著『大正文化』が出版、本格的に大正を振り返る契機となった。同時期に挿絵画家として認識されていた夢二が「講談社版日本近代絵画全集」の『竹久夢二・村山槐多・関根正二』（第八巻 一九六三年刊行）で、他の画家と並列的に採り上げられ、評価されたことも注目に値する。

昭和四九（一九七四）年、夢二は生誕九〇年を迎え、この年から数年に渡り展覧会が各地で開催された。タイトルの副題に「ロマン」の語が登場するが、その意味は「物語の中にあるような甘く美しいさま」「空想的」である。甘くやるせない美人画で人気を博し、大衆視線の自由なスタイルで美の世界を築き、因習にとらわれずに恋多き人生を歩んだ夢二は、まさに「ロマン」を彷彿とさせる存在であった。美術評論家・河北倫明《かわきたみちあき》は、夢二芸術にみる浪漫主義的要素に注目し、氏が当時の展覧会図録『生誕90年記念　ロマンの芸術と生涯「竹久夢二の世界」展』（一九七四）に著した論考「夢二の芸術」は、夢二＝「ロマン」の印象が根付く契機になったと思われる。

「大正」の再評価、そして夢二生誕九〇年の展覧会を機に評された「ロマン」の語も誘因となり、一九七〇年代より「大正ロマン」が少しずつ使われるようになる。早い時期の使用例としては、萩原朔太郎『月に吠える』初版復刻版の刊行紹介記事の見出し「あふれる大正ロマンチシズム」（「毎日新聞」東京本社夕刊、昭和四〇〔一九六五〕年九月二〇日）が認められる。

また昭和五三（一九七八）年一〇月には、サントリー美術館で展覧会「大正ロマン」が開催され、以後「大正ロマン」の語句は、夢二生誕一〇〇年を迎えた昭和五九（一九八四）年前後から、竹久夢二展のタイトルの一部や、独立した単語として使用され、夢二や大正文化のイメージに結びついている。

大衆のための芸術や流行風俗において生じた、個性と自由を尊重した風潮、さらに和洋折衷と新旧の融合が現れていることを特徴とする「大正ロマン」は、アンティーク着物や建築などにも、その関心の対象を広げている。

†「大正ロマン」と夢二

「大正ロマン」は、「大正」と「ロマン」を結合した語句であるが、「ロマン」については、日本におけるロマン主義受容も重要な鍵となり、明治三〇年代半ば（一八九〇〜一九〇〇年代）、文学・美術分野において開花した。文学では森鷗外を先駆者に、北村透谷、島崎藤村、与謝野晶子がその世界を形成し、美術では青木繁、藤島武二《たけじ》による、甘美で情緒的な作画にその特徴が現れている。これらは「明治浪漫主義」と称されるが、この「明治」の語を「大正」に置き換え、さらに夢二のイメージを多分に含みながら解釈を広げて、「大正ロマン」という言葉の成立に至ったと推測される。

夢二は、敬愛する藤島武二の影響を強く受け、また青木繁も愛好し、二人の画家の表現に際立つ浪漫主義や世紀末芸術の影響を受けながら、様式的にはアール・ヌーヴォーを基調とした装飾性を作画に反映させ、時には異国情緒の趣が加わり、「大正ロマン」の視覚面におけるイメージを形成した。加えて自由恋愛を実践し、漂泊の人生を送ったロマンチストだったことからも、夢二は「大正ロマン」を象徴する存在として、今日も強く印象づけられている。

さらに詳しく知るための参考文献

竹久夢二著・長田幹雄編『夢二日記』一～四（筑摩書房、一九八七）、『夢二書簡』一～二（夢寺書坊、一九九一）……夢二研究の第一人者と呼ばれた長田幹雄氏が編集した日記と書簡は、一次資料として夢二の足跡と思想、人間関係を知る必読書。

長田幹雄『竹久夢二全集解題』（ほるぷ出版、一九八五）……前半の「作品解題」は、二八冊の夢二著書について、その体裁と内容を解説。後半の「竹久夢二年譜」は、夢二の歩みと共に、仕事を手掛けた雑誌の巻号や装幀本のタイトル等のデータを網羅する。

萬田務監修『竹久夢二文学館』一～九、別巻（日本図書センター、一九九三）……夢二の著作本で読む事ができる詩、短歌、民謡・小唄、童謡、童話、詩文のすべてが収められ、第一～二巻（詩集）、第三～

六巻（詩文集）、第七巻（歌集）、第八～九巻（童謡童話集）、別巻（資料編）で構成。別巻に収録されている「竹久夢二主要参考文献目録」（田中励儀編）は、〈単行本（研究書・評論集等）〉〈雑誌（研究論文・随想等）〉〈単行本所収論文〉〈画集及び作品集〉〈展覧会カタログ〉の各項を設け、一九九三年までのデータがまとめられている。

細野正信『竹久夢二と抒情画家たち』（講談社、一九八七）……挿絵、コマ絵から抒情画について論じると同時に、美術史家の視点から浮世絵や世紀末芸術にも目を向け、明治・大正期の出版美術を丁寧に検証。同時に夢二と同時代に活躍した挿絵画家と抒情画家を多数取り上げる。

荒木瑞子『竹久夢二の異国趣味』（私家版、一九九五）……夢二の故郷・岡山で、在野研究者として長年にわたり夢二を綿密に調査してきた著者は本書で「南蛮趣味への接近」「ラファエル前派との関連」など検証。続いて出版された『夢二逍遥』（西田書店、二〇〇六）は、「生家」他、岡山にまつわるテーマも多く、重要な研究成果がまとめられている。

小川晶子『もっと知りたい竹久夢二　生涯と作品』（東京美術、二〇〇九）……評伝に加えて代表作を中心に、夢二作品の図版を多く掲載。入門書に適した一冊。

高橋律子『竹久夢二　社会現象としての〈夢二式〉』（ブリュッケ、二〇一〇）……「夢二式」という言葉の発生と社会現象を考察。さらにその背景となる「「美術趣味」の時代」や「インテリ青年たちの夢二受容」など複数の論考より、「夢二式」が流行した理由を探りながら、多面的に夢二画を解明する。

袖井林二郎『夢二異国への旅』（ミネルヴァ書房、二〇一二）……外遊時の夢二研究を牽引する著者によって、綿密な取材と多くの文献を元に論述された研究書。

坂原冨美代『夢二を変えた女《ひと》笠井彦乃』（論創社、二〇一六）……夢二の視点から語られてきた恋人・笠井彦乃のイメージを覆した評伝。著者は彦乃の姪で、残された彦乃の日記や作品を丹念に読み解いて実像に迫り、夢二との関係に一石を投じる。

石川桂子編『大正ロマン手帖　ノスタルジック&モダンの世界』(河出書房新社、二〇〇九)……本講執筆者が編集。「抒情画」「おしゃれ」「女性」「芸能」「文化生活」の側面から、「大正ロマン」を当時の写真やイラストで紹介。本講最終項の元になった考察を収録。

第14講

高等女学校の発展と「職業婦人」の進出

田中智子

†『はいからさんが通る』の世界

いわゆる団塊世代が輩出した女性漫画家の一人である大和和紀《やまとわき》が、一九七五（昭和五〇）年から『週刊少女フレンド』に連載したのが、『はいからさんが通る』（以下『はいからさん』）である。シベリア出兵から関東大震災にいたる時期を、都市のモダン文化や無産主義運動も織り込みながら描かれた本作品は、フィクションではありながらも、「女学生」と「職業婦人」のイメージ形成に大きく寄与した。

物語は一九一八（大正七）年、自転車にまたがり「ハーフブーツに海老茶のはかま頭のリボンもひらひらと」と歌う主人公・花村紅緒《はなむらべにお》（一七歳）の通学シーンから始まる。学校の名「跡《あと》無《む》女学館」は、明らかに「跡見《あとみ》女学校」のパロディである。主人公は学校を出て（原作に従えば、おそらく四年で中退した勘定）、雑誌記者となるが、それこそが「職業婦人」と呼ばれた女性俸給労働者である。社名の「冗談社」ともじられた「講談社」は、『はいからさん』の版元でもあるが、大正期には『少年倶楽部』や『キング』などの雑誌を発行し、大衆文化の仕掛け役ともいえる存在であった。

紅緒が象徴する闊達な若い女性の姿は、一般的な「大正期」像のマスト・アイテムでもあり、長く人の心をとらえ続けている。本講では、このような女性をとりまいた制度と時代の動態を考えていく。まずは明治期にさかのぼり、「高等女学校」という制度について整理することからはじめよう。

†高等女学校制度の成立

明治政府は、エリート養成のための高等教育、すべての国民に基礎的学力を与える初等教育の実現に力を尽くした。その間をつなぐ中等教育は、男子を対象とした制度として構想され、女子教育は別立て・後回しとされる存在となった。しかし、制度化の遅れの一方で、現実には様々な女子教育の場が育っていた。近世以来、女性にも門戸を開く私塾は存在していたし、男子向けの学校として規格化される以前の「中学校」には、女生徒の姿も珍しくなかった（女性民権家として有名な岸田俊子〔一八六一～一九〇一〕は、京都府中学校の俊秀であった）。紡織裁縫・炊事洗濯など、家政・家業に関わる技術を身につけさせる「女紅場《にょこうば》」も、行政や私人の手により各地に発足していた。女学校や中学校女子部、師範学校女子部を設ける府県もあった。開港地を主に、海外のキリスト教宣教団体が設立した女学校（いわゆるミッション・スクール）は、新時代のシンボルとしてよく知られるところであろう。

「高等女学校」は、唯一の官立女子教育機関であった東京女子師範学校（現在のお茶の水女子大学の前身）の附属校として、「高等ノ普通学科ヲ授ケ、優良ナル婦女ヲ養成スル所」として、一八八二（明治一五）年に登場した。一八九一年の改正中学校令のなかに、中学校の種類に位置付くものとして、高等女学校の定義が盛り込まれ、さらに文部大臣井上毅《いのうえこわし》の時代に、高等女学校の教育内容の制度化が図られていった。一八九五年、井上は高等女学校規程を発して学科や修業年限を定め、この規程にのっとらない学校は高等女学校と名乗れないものとした。このような規格化過程の結実が、一八九九年の高等女学校令であり、中学校と切り離された高等女学校というひとつの独立した体系が確立したのである。以後、この法令を軸に、戦前の女子中等教育制度は改革を重ねていく。

高等女学校令公布にあたって樺山資紀《かばやますけのり》文相が地方長官に与えた訓示には、「健全ナル中等社会ハ独《ひとり》男子ノ教育ヲ以テ養成シ得ヘキモノニアラス賢母良妻ト相俟《ま》チテ善ク其家ヲ斉《ととの》ヘ始《はじめ》テ以テ社会ノ福利ヲ増進スルコトヲ得ヘシ」（『教育時論』五一四号、一八九九年七月）との文言が含まれていた。

	第一学年	第二学年	第三学年	第四学年
修身	二	二	二	二
国語	六	六	五	五
外国語	三	三	三	三
歴史・地理	三	三	二	三
数学	二	二	二	二
理科	二	二	二	一
図画	一	一	一	一
家事			二	二
裁縫	四	四	四	四
音楽	二	二	二	二
体操	三	三	三	三
教育				
手芸				
計	二八	二八	二八	二八

表 1-A　高等女学校毎週教授時数表（1901 年）

	第一学年	第二学年	第三学年	第四学年	第五学年
修身	一	一	一	一	一
国語	七	七	七	六	六
外国語	七	七	七	七	六
歴史・地理	三	三	三	三	三
数学	三	三	五	五	四
博物	二	二	二		
物理及化学				四	四
法制及経済					三
図画	一	一	一	一	
唱歌	一	一	一		
体操	三	三	三	三	三
計	二八	二八	三〇	三〇	三〇

表 1-B　中学校毎週教授時数表（1901 年）

表1―Aは、一九〇一年に整えられた高等女学校の時間割表である。修業年限四年で、一年の伸縮が可能であった。同年に定められた表1―Bの中学校のそれと比較すると、①固有の科目として、「家事」（家事整理上必要な知識を得、勤勉・節倹・秩序・周密・清潔を尚ぶ念を養う）と「裁

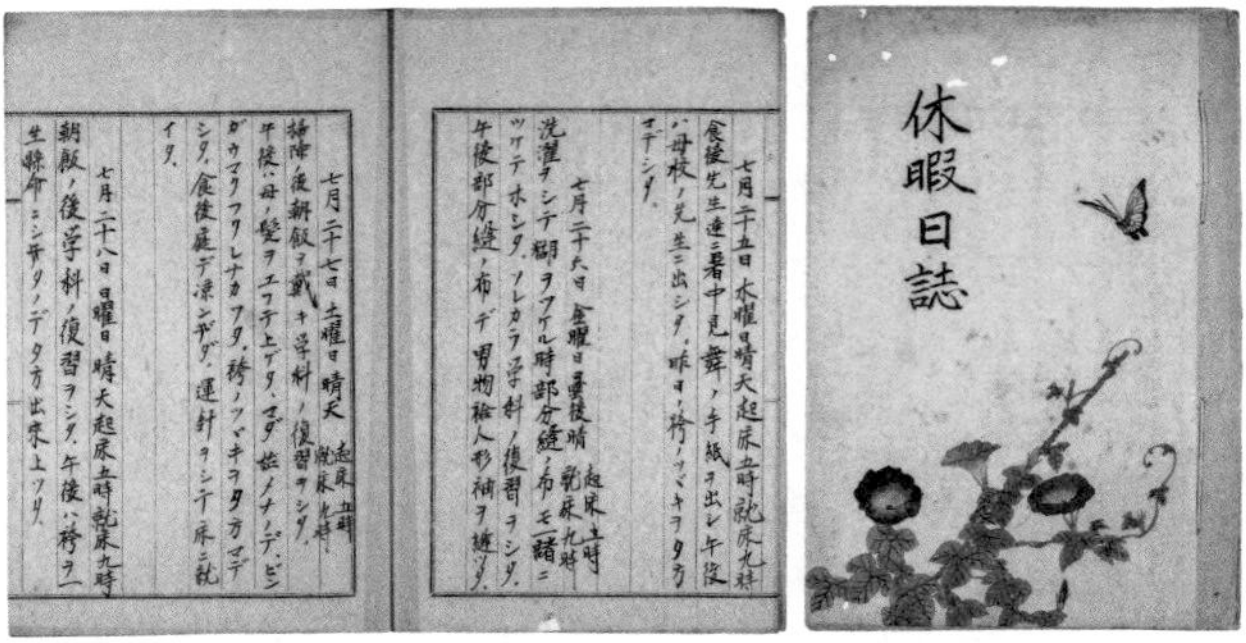

1918年・大阪府下三島高等女学校生徒の日記（安田千賀子氏所蔵）

縫」のほか、必須ではないが「教育」（家庭教育に資する知識）と「手芸」（編物、組絲《くみいと》、嚢物《ふくろもの》、刺繡、造花など）が設けられていること、②外国語数が半分以下であること（しかも随意科目）をはじめ、多くの差異が認められる。

写真は、高等女学校生徒が夏季休暇に日課とした日記である。日記は規律ある生活を送るための教育手段として、近代日本の学校・軍隊などで広く導入された。女学校において、国語（作文・習字）だけではなく図画の訓練になっていたことがわかる。

†高等女学校とならない女学校

高等女学校令は、財政的な無理をおして道府県に対して高等女学校の設置を求めるものであったが、そこには、私立、とりわけキリスト教系女学校の存在を否定したいという文部省の意向が反映されていた。

高等女学校令は私立の高等女学校の設置も認めていたが、

約半年後に出された文部省訓令第一二号によって、「法令ノ規程アル学校」であるならば、「課程外タリトモ宗教上ノ教育ヲ施シ又ハ宗教上ノ儀式ヲ行フコトヲ許サザルベシ」と定められた。そのため、特にキリスト教系女学校は、法令の示す規程にのっとった学校となるには、聖書を用いた教育や礼拝をやめなければならなかった。法令の枠外にとどまれば自由な教育が可能となるが、上級学校への進学資格が付与されず、一段低い学校とみなされ、入学希望者が集まらないという困難が待ち受ける。

このような踏み絵に接し、宗教教育と国家教育の併存を正当化して文部省指定校の認可を受けた青山女学院、宗教教育は学校の強制ではなく任意に行われるのがよいとの理解を示して認可を受けた立教女学校、文部省の認可を受けず「各種学校」にとどまってでも宗教教育を続ける道を選んだフェリス和英女学校など、対応は分かれた。

津田梅子（一八六四〜一九二九）は一九〇〇（明治三三）年、一〇名という小規模の女子英学塾を創始したが、それは前年の高等女学校令を意識しての決心であり、今後設立が相次ぐであろう高等女学校で英語を教える教員の養成を念頭においていた。一方、留学以来、キリスト教を心に抱いていた梅子ではあるが、学校の看板に表立ってそれを掲げることはなかった。

一九〇三年に公布された専門学校令の下、女子の専門学校も次第に設立されていった。梅子の女子英学塾も翌年、この法令にもとづいた専門学校設立の許可をいち早く認められた。一方、一九〇八年には東京に加え、奈良にも官立の女子高等師範学校（現在の奈良女子大学）が発足する。これらがいわば、高等女学校相当の学校の上級学校にあたるものであった。

『はいからさん』がモデルとした跡見女学校の源流は、跡見花蹊《あとみかけい》（一八四〇〜一九二六）が一八七五年に東京の神田で開いた私塾である。主人公・紅緒は幕臣の家系の娘、親友・北小路環《きたこうじたまき》は華族の娘だが、跡見女学校は大正期になってもこのような階層の女子を多く受け入れたので、設定は間違っていない。ただし現実には花蹊自身が「美くしき令夫人、令嬢のみにて、ハイカラハ一人もないが当校の特色也」（『跡見花蹊日記』第三巻、一九〇九年五月九日）と、「ハイカラ」嫌いであった点は、なかなか皮肉である。「ハイカラ」とはHigh Colorに由来し、「西洋かぶれ」といった意味合いで一九世紀末頃から使われ出したことばであった（跡見女学校の制度については、『跡見学園――一三〇年の伝統と創造』二〇〇五年を参照、以下同じ）。

宗教系の学校ではないが、この跡見女学校も、高等女学校化せず各種学校に留まった学校のひとつである。そもそも英学を全廃した過去をもつ学校であったが、高等女学校の枠組みに入らないことで、創設者・花蹊が重視した絵画・習字・裁縫といった科目の配当時間を多くすることができた。

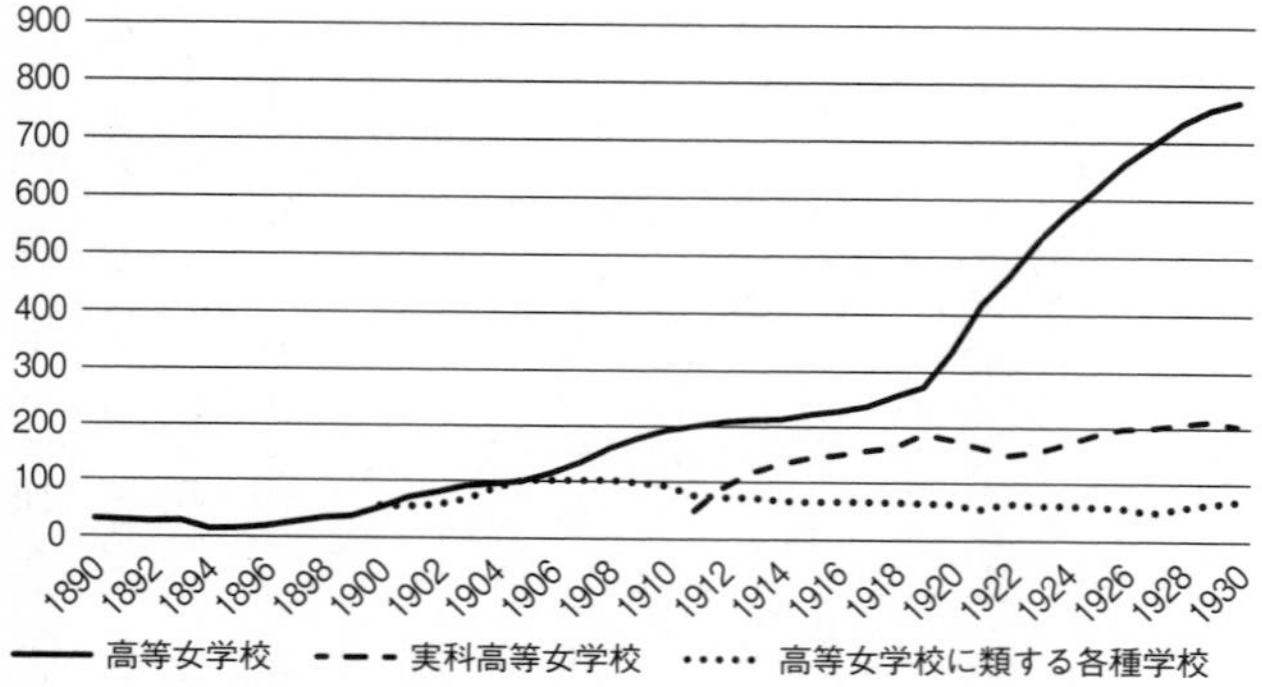

表２　女学校数の変化（1890〜1930年）

†高等女学校の拡大

表2実線は、高等女学校の数の推移をグラフ化したものである（以下学校数データは、すべて『（大日本帝国）文部省年報』各年次による）。一八九九（明治三二）年の高等女学校令公布を境に、高等女学校数の増加率が上昇する。大正年間でみると、元年（一九一二年）の二〇九校（うち公立一五四校）から末年（一九二六年）の六六三校（うち公立四八五校）へと、三倍強の増加が確認できる。生徒数でみると、六四八七一人から二九九四六三人へと四・五倍増である。また、グラフの数には含めていないが、日本の帝国化とともに、植民地台湾・朝鮮にも高等女学校は設置された。

　高等女学校は、その時々の社会のニーズを吸収しうる人材養成機関とみなされた。しばしば使われる法令上の文言＝「土地ノ情況ニ依リ」に象徴されるような幅と弾力性が制度にも生じ、改革論が絶えず、不安定であった。高等女学校の「補習科」（修業年限二年以内）は、各地の師範学校では供給しきれず不足状態にあった小学校教員の養成を行うこともあった。

一九一〇年には、既設の「技芸専修科」を廃し、「実科高等女学校」制度が新設された。これは、「主として家政に関する学科目を修めようとする者」にそれのみを教える高等女学校に与えられた呼称であり、修業年限はケースバイケースの四～二年であった。裁縫の時間が半分近くを占め外国語はなく、小学校への併設が認められるなど、教育内容も施設整備も高等女学校とは隔たりがあったが、地方の女子に教育を受ける機会を与えた。翌年には四九校の実科高等女学校が誕生し、大正末年（一九二六年）には一九八校、生徒数二六七四五人を数えた（表2破線）。

これを高等女学校の生徒数と合わせれば、実に中学校の男子生徒数三一六七五九人をしのぐ。加えて跡見女学校のような「高等女学校に類する各種学校」（表2点線）の生徒も、この年に一五四二七人を数えた。再び跡見を例にとると、年によって増減が激しいものの、五〇人台あたりをさまよっていた大正初期に比し、末頃にはその二倍・三倍の卒業者を出すほどに発展した。

跡見女学校は、時代の流れをうけて一九〇六（明治三九）年九月には、各種学校のままながら、高等女学校令に定められた五年制の学校としての校則を整備した（「婦道一途」を標語とする「跡無女学館」で学ぶ紅緒が、苦手な裁縫だけではなく、好きな算術・理科、得意な英語〔第一巻〕と出会うことができたゆえんである）。さらに一九一八（大正七）年九月、専門学校入学に関し修業年限四年の高等女学校卒業者と同等以上の学力を有する、との認定を文部大臣から受け、卒業生に上級学校進学の道を開くこととなった。

紅緒は久しぶりに会った親友・環から、女子大に行くよりも面白そうだから新聞社に入ったと聞く（第三巻）。正式な存在としての女子大は、戦後にならないと設立が認められない。この時代ならば、法令上は専門学校でありながらも「大学」と自称した日本女子大学校か東京女子大学か、ということになるだろう。環は卒業にあたり、ちょうどぎりぎりで上級学校への進学資格が与えられた、という勘定になりそうだ。二人の再会は、東京の帝大が女性の聴講生を認めた年――ということは一九二〇年。この年、現実の跡見女学校は、卒業生一二一名中一二名を、日本女子大学校などの上級学校に送り出している。

環は『青鞜《せいとう》』創刊の辞――平塚らいてうの「元始女性は太陽であつた」――を唱えつつ、男性や人生を自ら選ぶ生き方を説く。

官僚の娘として東京に生まれたらいてうこと平塚明《はる》（一八八六〜一九七一）は、いわば学校をハシゴしたような人物である。小学校でも転校を経験したが、その後、女子高等師範学校附属高等女学校、日本女子大学校、津田女子英学塾、二松学舎、成美女子英語学校、神田正則英語学校を渡り歩いた。らいてうは学校から刺激を受け、また学校への反発心をバネに、一九一一年、来るべき大正新時代を予感させる『青鞜』を発刊したかのようにみえる。

そのらいてうは大正末年（一九二六年）、我が子らの通う成城学園に高等女学校を開設する動きに際して、「父兄の一人として」一文を著し、その必要性を疑問視した（『平塚らいてう著作集』4、大月書店、一九八三）。妻や母となるための準備として、現場では役にも立たない家事や裁縫に時間を割く教育を批判し、「生命を伸ばす」教育を訴える。かつて官立高等女学校での「狭隘な良妻賢母主義教育」になじめなかったらいてうであるが、四半世紀後に自らが親となっても、高等女学校の教育内容に対する不信は失われなかったとみえる。大阪の商家に生まれ、自らは学校なるものとはほぼ無縁なところで才能を磨いた与謝野晶子（一八七八〜一九四二）も、娘の進学にあたって高等女学校の教育を疑問視し、男女共学の私学・文化学院の創設（一九二一年）に参画した。

とはいえ教育行政の現場でも、高等女学校での教育が、男子の中学校と同様に掲げた「高等普通教育」を目指したものなのか、あるいは家政用の科目が主眼なのかということは争点化していたのであり、「家政」重視の教育にも変化が生じていた。

一九一〇年代半ばからは、高等女学校内の実科の廃止が相次ぎ、数の上昇が止まった実科高等女学校についても、廃止論が起こった。地域によっては従来から女子への農業教育の必要が議論されていたが、商工業的な職業教育のニーズも高まった。一九二〇年には、実業補習学校（実業学校の一種で簡便に設立でき、女子への教育も行われていた）において、女子に課すべき学科目が明記された。だが、裁縫ひとつをとっても、それが家政教育なのか職業教育なのか、区別のつかない状況となっていた。

かたや一九二〇年の改正により、高等女学校は修業年限五年を標準化し、数学・理科などの教育の充実も図られた。また、すでに存在していた「専攻科」（学科目中一科目または数科目を専攻）に加え、「精深ナル程度ニ於テ」高等普通教育を行う「高等科」（修業年限三年）が設置され、大学に通じる高度な教育へのニーズを満たすものとなったのである。

†「職業婦人」の登場

『はいからさん』では、女学生というライフ・ステージに別れを告げた紅緒と環が、「職業婦人」として歩み出す。

日本女性史研究のあゆみにおいて特記される村上信彦（一九〇九〜一九八三）は最晩年、『大正期の職業婦人』という、その名もズバリの書物を世に問うた。ここには、小学教師、女中、事務員、電話交換手、バス車掌、電車車掌、自動車運転手、デパート店員、タイピスト、美容師、雑誌記者、看護婦、医師といった職を経験した女性たちからの聞き取りが収録されている。

これらは、当時「職業婦人」と呼ばれた女性が就いた職業の代表例と言って差し支えない。都市と第三次産業の発展を背景としたあたらしい職業もあるが、小学教師や看護婦は、すでに主要な女性向け職業であった。そしてはるかに数は少ないが、記者や女医も明治期から登場していた。一九〇一（明治三四）年生まれと目される紅緒は、「私のなくなった母は女性記者でした」と述べるが（第三巻）、初期の例として『女学雑誌』（一八八五年創刊）の記者となった清水紫琴（一八六八〜一九三三）がいることを想起すれば、設定としてありえないわけではない。

ただし、「職業婦人」という用語の登場はそれほど早くない。明治の末頃になって、ようやく新聞紙上にもこの語を確認できる。当初は、家にあるべきところを外で職に就く女性に対し、批判的で揶揄的な意味で使われる場合が多かった。

やがて「職業婦人」は返す刀のごとく、女性が労働上の権利を自覚し訴える際の自称としても用いられていく。一九二三（大正一二）年、「職業婦人社」が創設され、機関誌『職業婦人』を刊行する。大阪でも一九二五年、市職業紹介所や矯風会《きょうふうかい》支部、キリスト教系団体によって、

「職業婦人連盟」が発会した。

このような動きを背景に、平塚らいてうはこれまた大正末年（一九二六年）、職業婦人の団結に期待を寄せつつも、「もし職業婦人というものが資本家の専制、男性の横暴、金力の圧迫のもとにある一奴隷として、ただ当面のあくどい刺激や、誘惑や、小利に翻弄されて生活しているにすぎないものだとすればまたそうして彼女の処女性と母性といっさいの人間らしさ、女性らしさを失いつつあるものだとすれば、それこそ彼女たちもまた現代の資本主義経済組織の、同時に廃頽せる物質文明の、単なる、そして空しき犠牲として滅亡するよりほかないでしょう」と記した（「職業婦人連盟について」前掲『平塚らいてう著作集』4）。母性（産み育てる属性）と職業との調和の困難さは、山川菊栄《きくえ》（一八九〇～一九八〇）も問題化するところであった（『職業婦人』第二号、大正一二年七月）。

†「職業婦人」とは誰なのか

『はいからさん』からは、比較的恵まれた「家」に押し込められることを拒否し、記者という「職業婦人」になることで（ただし紅緒は当初、芸者も志してみたが……）、敷かれたレールから解放されようとする女学校出の女性像が印象づけられる。自立した経済力をもち、流行にも敏感な「モダン・ガール」とほぼイコールで結ばれる。

一方、紅緒が暮らす家には「女中」が仕え、物語では「芸者」も重要な役回りを果たす。番外編として、「女郎」と少年の心の交流を描いた佳作も収録される。紅緒や環とは異質な労働に従事し、階層を隔てるこのような女性たちは、「職業婦人」なのだろうか。

「職業婦人」に固定的な定義はなく、論者が何を主張したいかによって、その範囲は様々だった。平塚らいてうは先の文章において、「工場で働くいわゆる労働婦人」を「職業婦人」に対置していることから、「女工」を別扱いにする発想がうかがわれる。

農村部に広まった雑誌『家の光』の編集者・梅山一郎は、「職業婦人」を、「精神労働者」(「世間で所謂職業婦人」とし、村上が挙げたような諸職業を挙げる)と「筋肉労働者」(農業、女工、鉱婦)とを分別しつつ、両者を「職業婦人」と総称した。さらには「芸娼妓」も「職業婦人」の一例に挙げたことは、これを「精神労働者」の方に含めた点と合わせて目を引く(『職業婦人』創刊号、大正一二年六月)。

かたや、下中弥三郎《しもなかやさぶろう》の勧めゆえに職業婦人社を興した奥《おく》むめお(一八九五〜一九九七)は、そもそも「家庭生活」に関心の軸がある運動家であり、「職業婦人」とは、狭義の「職業婦人」と「家庭婦人」との全般を含むもの、との見解を示した(同前)。

先述した村上信彦は、「女の職業は原則として女が要求したのではなく、国家・社会が要求した」という基本的理解を示しつつ、「職業婦人」とは「近代的職業に就く者」とする。そして近代的職業の要件に、①当事者が自己の意志でその職業についていること、②自由意思をもち、転業も廃業も自由であること、③公私の別がはっきりしていること、の三点を挙げた。結果、「職業婦人」のなかに「女中」を含めた一方、前借金制度の下にある「紡績・製糸」従事者については、別立てで論じている。また、性を切り売りする者としての「芸者・娼妓・酌婦」については、正規の女の職業とは認めない、と明言した。

村上は同時に、そもそも自分の自立や生きがいのために就職する例は少なく、貧しい家庭の子女が一家の家計を助けるために職に就くケースが大半であったことを指摘する。職種による違いはあるが、小学校卒が六一％を占める（東京市社会局『職業婦人に関する調査』一九二四年）という学歴実態も紹介される。

†『はいからさんが通る』の射程

『職業婦人』創刊号には、女学校へもろくに行けず、「ちょっと申せぬ職業」に就いて働きづめだという「職業婦人の一人」が、「職業婦人」という「いい気な」呼称と「洋装で飛びまわる金持ちの家のお嬢さん」への複雑な思いを投書している。編輯部員はあとがきで、「家庭は娘の牢獄にして、社会は婦人の工場である。耳隠し並びに春着新調に心を腐らす前に何故に職業につかねばならぬかを考ふべきだ。全国の職業婦人！　結合せよ。」と呼びかけた。

その声は、紅緒クラスの女性に届き、互いの抱擁は可能となったのだろうか。現実には難しくとも、紅緒を米騒動でひと暴れさせた後世の『はいからさん』（実は半年程度、時代考証に無理があるのだが……）は、ファンの人生と声援を乗せて、その道を閉ざしていないように思われる。

さらに詳しく知るための参考文献

水野真知子『高等女学校の研究　女子教育改革史の視座から』上・下（野間教育研究所、二〇〇九）……高等女学校についての辞書的詳説史。統計によって学校数や生徒数の変遷を示すとともに、各種の会議や新聞雑誌上での議論、文学作品や回顧談なども引用しながら、制度の形成と変遷を軸にした実証的な記述が展開する。教育制度にそくした形で、良妻賢母思想を動態的に描いている。同時に、放っておけば知らず「男子教育史」となりがちな近代日本教育史を、明治初期から敗戦戦後にいたるまでの「女子教育史」として、社会との交錯のうちに書き換えた通史、との読後感をもたらす。

湯川次義『近代日本の女性と大学教育　教育機会開放をめぐる歴史』（不二出版、二〇〇三）……そもそも近代日本における「大学」とは男子のものとして創設され、女子は基本的にそこから排除されていた。とはいえ、戦前期からすでに、共学制としての大学の門戸開放や、別学制としての女子大学の制度的な承認が議論されていた。その争点と、どこまでどのように実現をみたかを実証的に明らかにした、こちらも大部な研究書。

村上信彦『大正期の職業婦人』（ドメス出版、一九八三）……本文中でも言及したが、異色の女性史研究者による考察と聞き取りの記録。「看護婦は男子で代替できない女の専業」といった表現など、今日の眼からすると気になるところもあるが、女子労働の本質を捉えようとしている。全体の三分の二を占める聞き取りも、今は亡き世代のライフ・コースと職業経験についての生の声として貴重。

小山静子『良妻賢母という規範』（勁草書房、一九九一）……近代日本の良妻賢母思想は、深谷昌志『良妻賢母主義の教育』（黎明書房、一九六六）に代表されるごとく、前近代に由来する儒教主義に強く由来し、特殊日本的で遅れたものとして捉えられていた。本書はこれを、主に言説分析を通し、西洋由来の市民社会的なものと位置付け直した。以後の「近代家族」論の潮流をリードし、古典のような位置づけを与えられている書。本講では紙幅の関係からほぼこの問題の検討に立ち入らず、別講にゆだねた。

稲垣恭子『女学校と女学生　教養・たしなみ・モダン文化』（中公新書、二〇〇七）……同じく本講は、女学校独自の文化についても、別講にゆだねることにした。女学生の志向性や、彼女たちの間で醸成された、甘く密やかでやんちゃ気味な文化を考えたい向きには、その入り口として、社会学の視角からの本書がよく読まれている。

高等女学校研究会編『高等女学校資料集成』全一七巻（大空社、一九八九～一九九〇）、同『高等女学校の研究　制度的沿革と設立過程』（大空社、一九九〇）……高等女学校制度に関わる包括的な資料集および解説。法令・議事録・学校便覧・教科書・統計の類を網羅し、文献目録や年表を収める。

中嶌邦監修『近代女性文献資料叢書　女と職業』全二四巻（大空社、一九九三～一九九四）……「職業婦人」や女性の労働に関連する資料集は比較的多いが、その一例として。明治期から昭和戦前期にいたる各種文献・調査報告書などを収めたシリーズ。

『日本婦人問題資料集成』全一〇巻（ドメス出版、一九七七～一九八一）……かつて市川房枝らが編んだ資料集であり、人権／政治／労働／教育／家族制度／保健・福祉／生活／思潮／近代日本婦人問題年表の各巻から成る。本講で、教育と労働の話が地続きであることを示したように、すべてのテーマは一連の問題である。今なお参照するに値する、日本近代女性史の総合的資料集。

第15講
女子学生服の転換——機能性への志向と洋装の定着

難波知子

ここで取り上げるのは、女子学生服が洋装へと転換した一九二〇年前後の時代である。日本に女性の洋装が正式に導入されたのは、明治一九（一八八六）年の「婦人服制」においてであるが、これは主に宮中行事に参加する皇后はじめ女性皇族や政府高官夫人などの洋装を定めたものであり、一般の女性の衣《い》生活《せいかつ》を一変させる影響力をもたなかった。それはこのとき着用された欧米直輸入の洋装がコルセットで胴を締め付け、床を引きずるほど長い丈のドレスであり、着物を着慣れた日本人にとって馴染みがない上、庶民には手が届かないほど高価なものであったからである。しかもこのスタイル自体、欧米では女性の健康を害するとの批判を受け、改良が求められていた。つまり、手本となる欧米の女性服に問題があると認められていたのである。

このように日本における女性の洋装は、明治期にはごく一部の女性の間でしか着用されなかったが、この状況に変化がみられるのが大正後期、すなわち一九二〇年前後のことである。第一次世界大戦の影響により、手本となる欧米の女性服が機能的なモードへと変化し、それが日本に伝わり、特に女学生と職業婦人の間で受容されていった。このとき着用された洋装は、コルセットがなく、スカートの丈も以前と比べれば短い機能的なスタイルであった。さらにいえば、手本となる欧米の女性服が変わっただけでなく、受け手である日本人の間でも近代的な生活にふさわしい服装が模索され、改良服の試みが蓄積されていた。欧米の機能的な女性服を理解し、文化の違いを越えて自らの生活に馴染ませる素地ができていたことが、一九二〇年前後の女性の洋装をより広範に普及させたといえよう。

本講では、大正後期に女性の洋装を先導した女学生に注目し、女子学生服が洋装化を遂げていく過程と背景を中心にみていく。

†着物の弊害と改良服の試み――女子学生服としての袴の成立と普及

一九二〇年前後の女子学生服の洋装化をみていく前に、それ以前の日本の女性服をめぐる議論と女子学生服の実践を確認しておこう。

明治維新後、欧米の制度や技術を導入し、日本が近代国家を築いていく過程において、欧米由来の洋装は軍服や礼服、警察官（邏卒《らそつ》）や鉄道員などの職業服としてまず導入され、主に近代化を担う男性によって着用された。女性の洋装については一八八〇年代後半に導入されたものの、着用者はごく一部に限られ、一般女性の服装に大きな変化はなかった。しかし、子どもを産む女性の健康な身体が国家にとって重要であることが認識されると、女性服が抱える問題点が指摘され始める。学校衛生の創始者として知られる三島通良《みちよし》は、女性の健康のためには、身体の発育期に積極的に運動すべきと主張するとともに、日本の女性服について「我国の女子の衣服は、殆んど運動禁止《さしとめ》の命令《いいつけ》をなすに均《ひと》し」と着物の非機能性を問題視した（『婦人衛生会雑誌』二二号、一八九一年九月）。従来の女性の着物は運動をするには不向きであり、改良の必要性が為政者の間で認識されたのである。

日清戦争後には兵士の病死者数や罹患《りかん》率が問題視され、さらに国民の健康的な身体に関心が寄せられ、学校衛生や体育重視の論調が活発になる。その中で、お雇い外国人のドイツ人医師エルヴィン・フォン・ベルツは、明治三二（一八九九）年に「女子の体育」と題する講演を行い、日本の女性服に対する生理学的な問題点を指摘した（『婦人衛生会雑誌』一一五号、一八九九年六月）。その問題点とは、紐・帯による身体への圧迫と長袖・長裾による動作の妨げである。紐や帯によって胴部が圧迫されると、少食や消化不良を引き起こし、十分な栄養が取れず、さらに骨格にゆがみが生じれば、健全な発育が期待できない。また長い袖は重く、腕や肩を自由に動かすことができず、長い裾は脚部にまとわりつき、歩行を妨げる。こうした問題点を解消するために、さまざまな着物の改良案が提案されていくようになる。

明治期の改良服は医師、教育家、美術家などによって提案され、新聞・雑誌に掲載された

図1　横井玉子考案の女子改良服（『婦人衛生雑誌』141号、明治34年）

（図1）。改良服の考案に際しては、欧米や中国・朝鮮など世界各地の服装様式のほか、日本古代の服装様式も参照された。欧米以外の服装様式に目が向けられたのは、コルセットをはじめとする欧米の女性服の問題点が認識されていたことにもよる。多くは各提案者が参照した世界中もしくは歴史上の服装様式の長所を着物と折衷する方式だが、この折衷主義の改良服は広く普及するには至らなかった。

そうした中で、運動に適した女子学生服として定着したのが、女性用に考案されたスカート状の袴《はかま》である。袴は下半身全体を覆うため、脚の露出を気にすることなく、活発に動くことができた。また袴の下に締める帯に幅の狭い柔らかなものを用いることにより、胴部の圧迫が軽減でき、機能面と健康面の双方に利点が認められた。明治三二（一八九九）年に高等女学校令が公布され、女子の中等教育機関が全国に設置されると、袴は女子学生服として急速に普及していく。当時、海老茶色《えびちゃ》の袴が人気であり、女学生たちは「海老茶式部」と呼ばれ、袴は女学生のシンボルになった(図2)。

†第一次世界大戦の影響——欧米女性服の変化と日本における受容

袴の女子学生服は、第一次世界大戦を経て次第に洋装へと転換する。戦争によって欧米の女性像や女性服が変化し、それが日本で受容されたことがあげられる。総力戦となったヨーロッパやアメリカでは、出征した男性に代わり女性が社会に出て働き、積極的な国家貢献を行った。

図2　女学生の袴（お茶の水女子大学蔵）

女性の社会進出や政治参加が促されるとともに、女性服からコルセットや装飾が取り除かれていった。こうした戦争中の欧米女性の働きや女性服の変化について、日本の新聞は次のように伝える。

殊に戦争中婦人の働きは非常なものであつて、兵器弾薬の製造を初め、軍隊に要する衣服、病院の看護婦、農村に於ては農業に従事し、其他電車の車掌、自動車の運転手も婦人が之をやつて、殆ど男子と同様な働きをしたと云ふことは、戦争中に於ける著るしい現象であつた、随つて婦人などの衣服が男子のやうな風に変化して来たのである、以前は婦人の服は裾を引くやうに長かつたのが、非常に短くなり袖も詰つて来、帽子の形なども変つて来て、グツと深く冠るやうになつて来た。是は一面から言ふと、戦後成るべく物を節約する上からして衣類の尺を短くすると云ふ意味もあつたと云ふことであるが兎に角成るべく敏活に働けるやうにと云ふ意味もあつたのである。(「大戦後の欧州所見(三)」東京朝日新聞一九二一年八月二六日)

記事では、欧米の女性服が「男性のやうな風に」「成るべく敏活に働けるやうに」変化したと捉えられている。当時の欧米女性の写真をみると、職種や作業に適した服装となっており、装飾が取り除かれ、スカート丈は足元が見える長さになっている(図3)。

こうした大戦における欧米女性の活躍を受けて、日本では国家を支える女性の育成が課題となり、女子教育では体育の強化、高等教育の実施、科学の重視などが議論された。日清戦争後にも女子体育の重要性が説かれ、運動を行うための服装改良の議論が展開されたが、大戦後には女子学生服のさらなる改良が求められていくようになる。この頃になると袴は「只歩行の時に脛《すね》が見えないのが取得位《とりえ》なもの（略）運動会の時などには袴は却てうるさく、袴の裾をまくりあげて懐《ふところ》にねじ込んだり、袴を口にくはへて駆《かけ》つくらをする生徒さへあります」とより活発な運動を行う際に不便を感じるようになっていた（「理想の袴」読売新聞一九一七年六月一五日）。そこで提案されたのが、袴を中央部分で左右に分け、ズボン状にし、膝のところで縛って穿く「括《くく》り袴《ばかま》」であった。このように袴など従来の服装への改良が続けられる一方で、洋装を支持する意見や学生服として着用する女学校が現れ始める。成女《せいじょ》高等女学校長の宮田脩《しゅう》は、「洋服説」を主張した一人である。

図３　「戦場ニ於ケル英国看護婦ノ活動」（臨時軍事調査委員編纂『欧州戦と交戦各国婦人』川流堂、1917）

女学生の体育問題の中で最も関係の広い、且最も早く徹底的の解決を見なければならぬのは服装の改良である、（略）服装の事は従来も屢《しばしば》問題になり所謂改良服や、袴の間を割つて股引《ももひき》のやうなものにするとか種々考へられたが何れも中途半端な改良である、西洋の婦人服抔《など》は日本服とは較べ物にならぬ程運動に適してゐるにも拘らず更に此上にも改良を企てゝ体操服などの考案を凝らしてゐる、そんな時代に日本のやうな長いベラ〳〵した着物を用ひて女子の体育も何もあつたものではない、私は先づあらゆる中途半端な説を排して洋服説を唱道したい。（「宮田脩氏が考案した新式の女学生服」東京朝日新聞一九一九年四月八日）

宮田はこれまでの数々の服装改良の試みを「中途半端」として一蹴し、洋装を推奨している。記事の続きには、宮田がアメリカのフィジカル・カルチャー専門雑誌を研究して「軽便な女学生洋服を試作中」であることが述べられ、アメリカのスポーツウェアや身体文化の最新情報が参照されていたことが窺える。なお、宮田は大正九（一九二〇）年に結成された生活改善同盟会に設置された服装改善調査委員会のメンバーの一人であり、同委員会では大正一二（一九二三）年に『生活改善調査決定事項』を刊行し、今後の衣生活では男性・女性・子どもを問わず、洋服を採用すべきとの方向性を示した。

図4　山脇高等女学校の洋装学生服（毎日新聞社提供）

　また東京の私立山脇高等女学校（現・山脇学園）では、大正八（一九一九）年にワンピースの学生服が発表された（図4）。他に先駆けて洋装を実践した女学校の一つである。校長の山脇房《やまわきふさ》子《こ》は「女性としての美を傷けない、優美で高尚な服装を得たいと苦心を初め、再び以前失敗した改善の実を挙げたいといろいろ研究を新らしくした結果、英国女学生の服装がいかにも質素な中《うち》に高尚な古典的なものがあるので、それ等を参考にして考案し」たという（「生徒の自発に生れた制服」『婦人画報』二三一号、一九二五年一月）。改良服の試行錯誤が続く中で、この時期に参照されたのがイギリスの女学生の服装であった。

　このほかにも金城《きんじょう》女学校（現・金城女学院）や福岡女学校（現・福岡女学院）などキリスト教主義の女学校では、外国人の校長や宣教師を通じて、セーラー服が採り入れられた。このとき参照・採用された洋服は、欧米において機能面・健康面の改良が考慮されたものであり、なおかつ日本におけるこれまでの服装改良の経験をもとに理解され、選ばれたものであったといえる。

†統一の洋装と自由な洋装――服装自由に込められた教育的意図

大戦を契機として女性服の機能性向上が再認識され、女学校では洋装が採用されていくが、制服として一つの型の洋装を制定する事例が多かった。それはこの当時、洋装に対する知識や着用経験が乏しく、生徒や家庭が女子の学生服としてふさわしい洋装を選び、誂《あつら》えることがむずかしかった状況を反映している。特にこの傾向は地方の女学校で顕著であり、制服制定が洋装化の手段であった。洋装の形式や調製・入手方法が決められることにより、着用経験のない者でも迷いなく洋装を着用することができた。当時の女性服が着物中心だった中で、新しく制定された洋装制服は、女学校や女子教育の先進性を表すものとして人々の眼に新鮮に映ったことだろう。一方で事例数は少ないが、他の女学校が洋装制服を制定していく中で、あえて服装自由とした女学校もあった。ここでは服装自由の方針を掲げた女学校の事例を取り上げ、そこにどのような意図が込められていたのかをみていく。

山脇高等女学校でワンピースの学生服が制定された大正八（一九一九）年、東京女子高等師範学校附属高等女学校（現・お茶の水女子大学附属高）では、「本科一、二、三学年生徒ハ筒袖又ハ洋服」とする生徒心得が示された（『東京女子高等師範学校一覧大正八年度』）。低学年の生徒の服装について、着物の場合は筒袖《つつそで》もしくは洋服を着用する方針である。同校は一つの型を定める制服という方針を採らず、生徒や家庭に判断を委ねる服装規程とした。それは、服装を選ぶ能力の育成を期待し、一つの型の制服を定めることに反対する教育的な配慮があったためと考えられる。同校では後に五種類の標準服の選定（一九三〇年）、二種類の制服の制定（一九三二年）が行われるが、それらの措置も生徒の服装を一つの型に限定する方針とはしなかった。同校の主事を務めた齋藤文藏《ぶんぞう》によれば、「当校では、和服洋服を問はず、通学服を以て生徒の人格陶冶の一具としてゐる」と述べ、生徒服装のあり方に教育的な意味を込めていた様子が窺える（齋藤文藏「生徒の通学服に就いて」『婦人公論』一五巻三号、一九三〇年三月）。また東京女子高等師範学校の教授であった成田順は、女学校の制服について次のような弊害があると指摘している。

女子師範の和服の制服には、どうも感心出来ない点があるのであります。従来のやうな師範教育を長く受けることによつて、特別の人はさておき、一般には服装に対する選択の能力は殆んど発達せず、服装を只実用の方面のみから考へて、それに対する趣味もなければ向上もしないといふことになるのではないでせうか。

高等女学校の洋服の制服に対しても、同様のことが言はれようかと思ひます。他日一家をもち家族の服装について責任を持つ時となり、学校で習ひ覚えたことは何れも型にはまつたことばかりで、それが為今迄理論として聞いて居たことは、実際に当つて其の運用、活用がむづかしいのであります。（成田順子「学校に於ける男女の服装」『婦人公論』一五巻三号）

成田は服装について自ら考える力や試行錯誤する経験が必要と主張しており、女学校時代を「実際的修練の機会」とし、「自ら着つつ研究をつませたい」「女子の服装は是非とも自由にありたい」と教育的な観点から制服制定に反対し、服装自由を主張した（同上）。

制服制定に反対する意見は、洋装が試みられる以前の袴の時代からも教育者の間で交わされていた。着物・袴の場合、地質や色柄について選択に幅があり、華美に流れる傾向が問題視され、地質や袖丈から持ち物に至るまで細かく規制したり、和装制服を制定したりする女学校もあった。こうした指導に対し、「規則は一時的のもので（略）学生の一生涯に結びつけて教育すること」が肝要であり、「各自に自分の地位や境遇から判断して最も自分にふさはしい服装をする習慣を養はせたい」と主張する教育者も存在した（麻生正蔵「各自の自由に」『婦女新聞』八二三号）。制服の弊害や服装自由の論調は、デモクラシーの風潮や大正自由教育運動と親和的であり、洋装の時代となってからも一部の女学校では服装自由が掲げられた。大正一〇（一九二〇）年に各種学校として設立された文化学院（創立時は女子のみ募集）は制服がなく、なるべく洋装とする方針が示された。自由な洋装の着用は創立者の西村伊作《いさく》の意向が強く反映されたものであるが、その実現のために、設立者の一人である与謝野晶子らが洋服店を学校に招き、生徒の個性に合わせた洋装を一人ずつ相談して注文したという（川口仁志「西村伊作の制服論――文化学院の服装をめぐって」）。

このように当時自由な洋装を実現できたのは、ごく一部の女学校だっただろう。着物や袴とは異なり、洋装は衣服のかたち・デザインを選ばなければならず、学校生活にふさわしく、かつ個性的な洋装が何かを一人ひとりが判断することは、洋装普及の初期にはまだむずかしかった。ゆえに、一つの型の制服は服装判断能力の育成という点においては欠けるが、発育期の女子に機能的な服装をさせる上で手っ取り早い方法であり、多くの女学校では洋装を制服として導入していった。しかし数こそ少ないものの、自由な洋装というより高いレベルの洋装化が一部の女学校で目指されたことは特筆すべきであり、明治期の表層的な洋装導入とは異なる大正期の洋装理解の深まりや洋装教育の実践が確認できよう。外来の洋装を自分たちのものとして受け入れ、実生活に根付かせていく契機をみることができる。

†女子学生服の画一化――流行によるセーラー服への集中

一九二〇年前後から女子学生服は洋装へと転換していくが、その具体的なデザインは制服のある場合は学校ごとに、服装自由の場合は個人ごとに異なった。制服のある学校では、裁縫科の教員や洋装店を営む女学校の卒業生などが制服デザインを請け負うことが多く、それぞれが欧米や日本各地の女学校の制服を参考に考案した。中にはバスの女性車掌の制服と似通ったデザインと認識される場合があり、修学旅行先で「バスガール」と間違われたという卒業生の回想文が散見される。洋装普及の初期には、身分や職業によるデザインの差異がなかったためであろう。群馬県立太田高等女学校（現・群馬県立太田女子高）に昭和四（一九二九）年に入学した卒業生の回想によれば、「四年の関西旅行中に奈良一泊の折、同じ旅館に泊り合せた東京の女学生から、田舎の車掌達の旅行だと言われ、少なからず自尊心を傷つけられた感じから、一寸したトラブルを起した」という（『太田女子高校五十年史』）。同校では大正一五（一九二六）年に丸い大きな衿の上着とウエスト切り替えのジャンパースカートの制服が制定されていたが、この制服を東京の女学生に「田舎の車掌達」と揶揄《からか》われたという思い出である。その後、一九三三（昭和八）年に同校の制服はセーラー服へと改正されている。栃木県立宇都宮高等女学校（現・栃木県立宇都宮女子高）でも大正一四（一九二五）年に折衿の背広型の洋装制服が制定されたが、昭和七（一九三二）年にセーラー服へと改正された。そのいきさつについて卒業生は「当時背広型は、既に時代遅れになつてしまつて、バスガールの服装に似ていた」「東京の女学生の服装は、当時全般的にセーラー型になつてきた」ことをあげている（『八十年史』）。

このように一九三〇年代に入ると、次第にセーラー服を制服とする女学校が増え、職業婦人の洋装とは一線を画す女学生の洋装として定着していく（図5）。セーラー服は当初キリスト教主義の女学校で採用された様式であったが、欧米の流行を取り入れた洗練されたスタイルに女学生の人気が集まった。服装自由であった東京女高師附属高女では昭和五（一九三〇）年に通学服調査が行われ、洋装着用者四四二名中、半数を超える二八六名がセーラー服を着用してい

図5　女学生のセーラー服（お茶の水女子大学蔵）

た（拙著「東京女子高等師範学校附属高等女学校の標準服」）。また埼玉県立児玉高等女学校の卒業生は、「当時の女学校は殆どの学校が夏冬共にセーラー服であったので、私達は自分達の冬の制服が如何にもみすぼらしく、野暮ったく思われて、みんなセーラー服にあこがれていた」と証言している（『児玉高校五十周年誌』）。着用者である女学生の人気を集めたセーラー服の流行が、女子学生服を画一化させたといえる。その影響力は制服がない公立の小学校にも及び、女子児童の間でも自発的なセーラー服の着用がみられた。

前述した通り、一部の教育者によって服装選択能力の育成を目指す教育や個性的な洋装着用も試みられた時代であったが、女学生の心を摑んだ流行のスタイルへと画一化される結果となった。学生服に画一性をもたらすものは、国家の権威や学校の指導だけでなく、流行の力学も作用するのである。

さらに詳しく知るための参考文献

桑田直子「一九二〇—三〇年代高等女学校における洋装制服の普及過程—洋服化志向および制服化志向の学校間差異に注目して」（『日本の教育史学』三九巻、一九九六）……全国の二五二校の高等女学校における洋装制服の制定年と制定パターンを量的に調査。洋装制服の制定のピークが一九二三年から一九二八年にあることを明らかにした。
佐藤秀夫『日本の教育課題2　服装・頭髪と学校』（東京法令出版、一九九六）……明治から現代（一九九九〇年代）までの学校における服装・頭髪をめぐる服装規程や新聞雑誌記事などがまとめられた資料集。各章の冒頭で男子、女子、児童の服装規制の歴史のほか、教員の服制と頭髪の規制について概観される。学校制服を「強いられた身なり」と捉える点が特徴。

高橋一郎、萩原美代子、谷口雅子、掛水通子、角田聡美『ブルマーの社会史——女子体育へのまなざし』（青弓社、二〇〇五）……女子運動服としてのブルマーが日本に導入されてから消滅するまでの歴史的過程をジェンダーの視点から考察。第三章では、大正期の女子体育における運動熱の高まりと運動服の洋装化の進展が取り上げられている。

難波知子『学校制服の文化史——日本近代における女子生徒服装の変遷』（創元社、二〇一二）……学校制服を「身分と所属の表示」と定義し、女子学校制服の成立を一九〇〇年代（明治三〇年代）の袴と捉え、その前後の女子生徒服装の変遷（明治から昭和戦前期まで）をたどる。着用者である女学生がいかに制服を着用したかを探っている点が特徴。

難波知子『近代日本学校制服図録』（創元社、二〇一六）……明治から昭和戦前期までの男子、女子、小学生の学校制服や学生服（任意着用）を多数掲載した図録。小学生の部では、大正末より製造が盛んになる既製の学生服のカタログなどの資料も掲載。

夫馬佳代子『衣服改良運動と服装改善運動』（家政教育社、二〇〇七）……明治期の「衣服改良運動」、大正期の「服装改善運動」と呼び分け、各時代の服装改良に関する新聞雑誌記事や文献を丹念に調査し、それぞれの特徴を分析。

横川公子「女性と袴（一）男袴の受容」（『金蘭短期大学研究誌』二三号、一九九二）……一九〇〇年代に女子学校制服として成立、普及した袴は女性用に考案されたスカート状のものであったが、明治初期には男性用のズボン状の袴をそのまま着用した前史がある。本論文では、女学校で男袴が着用された経緯と反響が論じられている。

横川公子「女性と袴（二）海老茶式部の形成」（『金蘭短期大学研究誌』二四号、一九九三）……一九〇〇年代に普及した女学生の袴は当初、海老茶色が多く用いられたことから、女学生は「海老茶式部」と呼ばれた。この名称には、当時の女子教育や女学生に対するイメージが反映されており、新しい女性像を表すとともにそれへの批判や揶揄をも込められた。

第16講　「少女」文化の成立

竹田志保

†「少女」研究の現在

現在、「少女」という言葉は、単に実体としての若年の女性たちを指すだけでなく、一定のイメージや雰囲気を喚起するものとして使用されているだろう。むしろ、近年は同じ対象を指す呼称としては「女子」などの方がよく使われており、「少女」はやはりその特殊なイメージを強調する限定的な場面で使用されるものになっているかもしれない。

このようにイメージされるものとしての「少女」は、近代以降の社会において成立したものである。もちろん近代以前にも、その年頃に該当するような女子たちはつねに存在はしていたのだが、それが「少女」として見なされ、独自の規範と慣習、文化を持つ存在として、広く社会的に認知される存在として成立していくのは、明治以降の教育制度と出版文化の興隆があってのことである。本講では、そのように歴史的に成立した「少女」たちの文化について、特に明治後期から大正期の少女雑誌の動向に注目しながら考察したい。

歴史的な事象の解説の前に、現在に至るまでの「少女」研究の展開について概略しておきたい。「少女」についての研究は、八〇年代から九〇年代にかけて盛んになった経緯がある。この頃、少女漫画の人気が高まり、少女たちのあやつる独特の言葉づかいや文字、ファッションやファンシー・グッズなどの「かわいい」ものの流行など、消費社会が実現した「少女」的なものの勃興が顕著に見られるようになった。また一方には、アイドルブームなど「少女」に対する性的関心を示す言説の増加も認められる。このような現象の意味を捉えていこうとする機運があったのだろう。

「少女」研究の嚆矢《こうし》となったのは、本田和子《ますこ》の『異文化としての子ども』(紀伊國屋書店、一九八二)所収の少女論、および『女学生の系譜』(青土社、一九九〇)である。本田は、女学校の設立と「女学生」誕生の歴史を繙き、その当時、彼女たちにどのような視線が向けられていたのかを明らかにした。さらに、それまでは児童文学の文脈でわずかに言及されるのみだった少女小説、特に吉屋信子の『花物語』に着目し、そこに父権的な価値観や、〈良妻賢母〉的な女性規範から逸脱する「少女」というアイデンティティのあり方を再発見したのである。

また、本田と同様に、少女雑誌の読者欄に見られる「少女」たちの〈想像の共同体〉を指摘した、川村邦光の『オトメの祈り――近代女性イメージの誕生』(紀伊國屋書店、一九九三)などのシリーズも、この時期の「少女」論の重要な成果である。

これらの研究に共通するのは、「少女」という存在を、歴史的・社会的存在として捉え直していこうという問題意識である。しかし、そこで提示される「少女」像が、「少女」に向けられる性的関心や期待のあり方と、どれほど距離を取ることができているかには注意が必要である。これらの「少女」論は、オルタナティブな可能性をもつものとしての「少女」の意義を発見したが、「少女」に抵抗や反秩序の幻想を強め、ロマンチックに周縁化してしまうことへの批判もなされた。

近年では、「少女」文化の社会的背景がより強く意識され、少女雑誌や教育言説の分析を通じて、「少女」という存在が、社会や学校教育、メディアによってどのように方向づけられてきたのかが検討されている。そのような権力による強制と、少女たちがそれに呼応し内面化する機制、また一方で、必ずしもその枠組に収まりきらないような受容のあり方と、そこから生まれる表現とが、複雑に拮抗する場として、「少女」文化を捉えていく必要があるだろう。

†少女雑誌の登場まで

明治五(一八七二)年、「国民皆学」を掲げた「学制」によって、近代の学校教育制度が誕生する。しかし一八七九年の「教育令」によって、中等教育の男女別学化が定められた。一八八六年の「中学校令」によって男子の中等教育機関が整備され、女子については一八九九年に「高等女学校令」が施行された。これによって各県一校の女学校設置が定められ、女子の中等教育就学数は飛躍的に増大することになる。こうして女子の中等教育が制度化されていったのであるが、いうまでもなくこれは〈良妻賢母〉としての女性が、国家体制の必要のなかに位置付けられたということでもある。

教育の拡充は、教養とリテラシーを持つ児童の増加をもたらすものであり、それは雑誌というメディアの需要を拡大させる。子ども向けの雑誌としては、たとえば一八七七年に読者の作文投稿を中心とする『穎才新誌《えいさいしんし》』が創刊されているが、一八八八年には初の少年雑誌とされる少年園社『少年園』が創刊、続いて一八九五年創刊の博文館『少年世界』などが人気を博すようになった。ただし、当初の少年雑誌は、暗黙に男子を想定したものではあるものの、明確に読者のジェンダーを区別してはおらず、少数ながらも女子の読者を含み込むものであった。

そこに「少年」と「少女」の区分がもたらされたことを示すのは、一八九五年九月の『少年世界』における「少女欄」の開設である。日清戦争を背景として、少年たちには〈立身出世〉によって国家を担う存在となることが期待されるメッセージが送られていたが、少女たちにも等しくそれを読ませることは望ましいことではなかった。そこで少年とは異なる規範を説くために、少女向けの読み物を載せるページが『少年世界』のなかに設けられたのである。

それにともなって「少女小説」という呼称もはじめて登場する。久米依子《くめよりこ》の調査（『「少女小説」の生成』青弓社、二〇一三）によれば、若松賤子《しずこ》が、『少年世界』の「少女欄」第一回に掲載した「着物の生る木」が、はじめての「少女小説」と見なせる作品である。母親に言いつけられた裁縫に不満を漏らす少女のもとに謎の老人が現れ、彼女を異世界に誘う。そこでは帯や前掛けが木に実っており、少女は喜んでそれを狩り取って帰ろうとするが、老人は彼女にもう戻ることはできないと告げる。そこで少女は愕然とし、親の言いつけに背いて勝手な行動をしたことを後悔する。ファンタジックな発想で画期性のある物語であるが、同時に少女たちに親に従うこと、裁縫などの家事に取り組むことを諭す教訓的な内容となっている。

若松賤子は、開学初期のフェリス女学校で学び、のちに明治女学校の巌本善治《いわもとよしはる》と知り合って結婚、『女学雑誌』などで翻訳を手がけていた。なかでも『小公子《しょうこうし》』の翻訳（『女学雑誌』一八九〇～九二年）でよく知られている。その後『少年世界』にいくつかの少女小説を発表するが、一八九六年に三一歳の若さで死去している。

この頃の「少女小説」及び少女向け読み物は、非常に教訓性が強く、少女たちには家族に従属し、家事や家族の世話などの役割を担うことが繰り返し奨励され、また華美に装うことなどの禁止も説かれた。懲罰的で悲惨な内容のものも多く、読者にもあまり支持されずに一八九七年の誌面改組で「少女欄」は閉じられている。

†少女雑誌の興隆

しかし「高等女学校令」にともなって、少女読者のニーズは増加の一途にあり、一九〇〇年代には多くの少女雑誌が創刊されることになる。明治三五（一九〇二）年創刊の金港堂書籍『少女界』をはじめとして、博文館『少女世界』（一九〇六年創刊）、実業之日本社『少女の友』（一九〇八年創刊）、東京社『少女画報』（一九一二年創刊）などが相次いで登場した。

新しく誕生した少女雑誌では、基本的には〈良妻賢母〉規範に基づく内容が中心ではあるものの、それまでの「少女欄」の枠内にはなかったような新しい傾向の少女小説も登場している。少年向けの冒険小説で人気を博していた押川春浪《おしかわしゅんろう》は、「少女冒険譚」（『少女世界』一九〇六）で、貿易船の船長である父とともに南洋に旅立つ少女を描いた。少女規範から大きく逸脱することのないように配慮されたものであるが、勇気と機知のある少女の冒険譚は、当時の少女たちを夢中にさせるものとなった。

しかし一方では、また違ったかたちで少女たちには「少女らしさ」の規範が説かれていくようになる。久米依子は、この頃少女たちに向けられた「愛」の論理に注目している。巌谷小波《いわやさざなみ》は「愛の光」（『少女世界』一九〇六）において「女らしくすると云ふ事は、私に云はせると、取りも直さず、愛を持つと云ふ事です」と述べ、ここで少女らしくあることは、ただ受動的に服従することではなく、主体的、自発的に「愛」を発揮することとして価値化された。

さらにそれを受けた沼田笠峰《りゅうほう》の「少女教室」(『少女世界』一九〇七)では、「少女自身に、愛の心があるので、自然外からも愛らしく見える」、「どこまでも少女のやさしい、あどけない、ハキハキした心を失はずして、至るところで、愛せられるやうにならねばなりませんよ」ということが述べられた。このことは少女たちに「愛される」こと、すなわち他者の視線による判断を内面化させるものともなる。自ら選びとるものとしての「愛」の発揮に一定の解放感を感じさせつつも、そのふるまいが適切なものであるのか、他者から愛されるものであるのかを、少女たちは意識しなければならない。そこには自発性と受動性が巧妙にすり替えられた、進んで規範を受け入れていく態度を醸成させるような論理があるといえよう。

このような方向性は、少女たちの外面的な美を評価することとも繋がって、少女たちは美しく装うことを奨励されるようになっていった。少女雑誌は挿絵に描かれる華やかな少女像と合わせて、「愛される」少女のあり方を教えるものともなったのである。

†読者欄と投稿者たち

大正期には少女雑誌はさらに発行部数を伸ばし、多くの有名作家も作品を発表するようになって、その内容も多様化していった。高畠華宵《たかばたけかしょう》などの新進の挿絵画家たちも話題を博し、雑誌の人気を牽引した。永嶺重敏《ながみねしげとし》（『雑誌と読者の近代』日本エディタースクール出版部、一九九七）などの調査によれば、大正後期にかけて、都市中産層の女学生だけでなく、女工・女中などの下層にまで読者層が拡大し、次第に大衆化していったことが指摘されている。

また、明治末期から大正期にかけての少女雑誌において大いに人気を博したのは読者投稿欄である。各少女雑誌は、作文や和歌、俳句などの創作投稿のほか、編集者や読者間でのコミュニケーションのための読者欄を設けていた。少女文化の形成における読者欄の重要性を指摘したのが、前述の本田和子である。

本田が注目したのは、投稿に見られる独特の美文体と、華麗なペンネームの使用である。読者欄では、花や風景などの美しいモチーフに託して、自身の淋しさ、なつかしさといった心境があらわされ、さらにまたその美文に別の読者が呼応する。そのとき読者たちはそれぞれ「紅ばら」「白露」などと名乗って、その世界を補完する。また、「私もよ」「ですって」「おふるいあそばせ」など、山の手の女学生を中心に使用された「てよだわ言葉」も、メディアを通じて共有される。日常生活においては出会うことのない、異なる地域、異なる階層の少女たちが、雑誌というメディアを通じてネットワークを築き、同じ言葉づかいによって共感を交わすことで、少女たちは自らのアイデンティティを確認し合う。本田が読者欄に発見したのは、そのような「少女」という〈想像の共同体〉の形成である。

そして優れた投稿者のうちからは、抜擢されて作家として小説を発表する者たちも現れるようになる。まだ活躍の場の少ない女性の書き手にとって、少女雑誌は職業的に稿料を得て書くことのできる媒体としての意味もあり、そこから広く文壇に歩を進めるための登竜門としても機能していたのである。

尾《お》島《じま》菊子《きくこ》は小学校教師をしながら少女雑誌に投稿を始め、明治三八（一九〇五）年の「秋の休日」（『少女界』）以来、作家としての活動を始め、一九一一年に「父の罪」が大阪朝日新聞の懸賞に入選、以来、少女小説以外の分野にも歩を進めた。

山田（今井）邦子も早くから『少女界』や『女子文壇』に投稿を始めて注目された。縁談から逃れるようにして上京し、中央新聞社の記者となった彼女は、一九一〇年頃から星野水裏《すいり》の依頼で『少女の友』に少女小説を発表するようになる。その後は歌人として活躍している。

また尾崎翠《おさきみどり》も『文章世界』や『女子文壇』などへの投稿から創作を開始している。一九一六年『新潮』散文欄に「夏逝くころ」の掲載がかなって本格的に作家を志すが、同時期に『少女世界』で「浜豌豆が咲く頃」、「美しい貝がら」などの少女小説を多く手がけている。その後、「第七官界彷徨《だいななかんかいほうこう》」（一九三一）などのユニークなモダニズム文学を生み出した。

そしてのちに大正期を代表する少女小説の書き手となる吉屋《よしや》信子《のぶこ》も、無数の投稿少女のうちの一人だった。吉屋のはじめての投稿は一九〇八年、高等女学校に入学したてのわずか一二歳

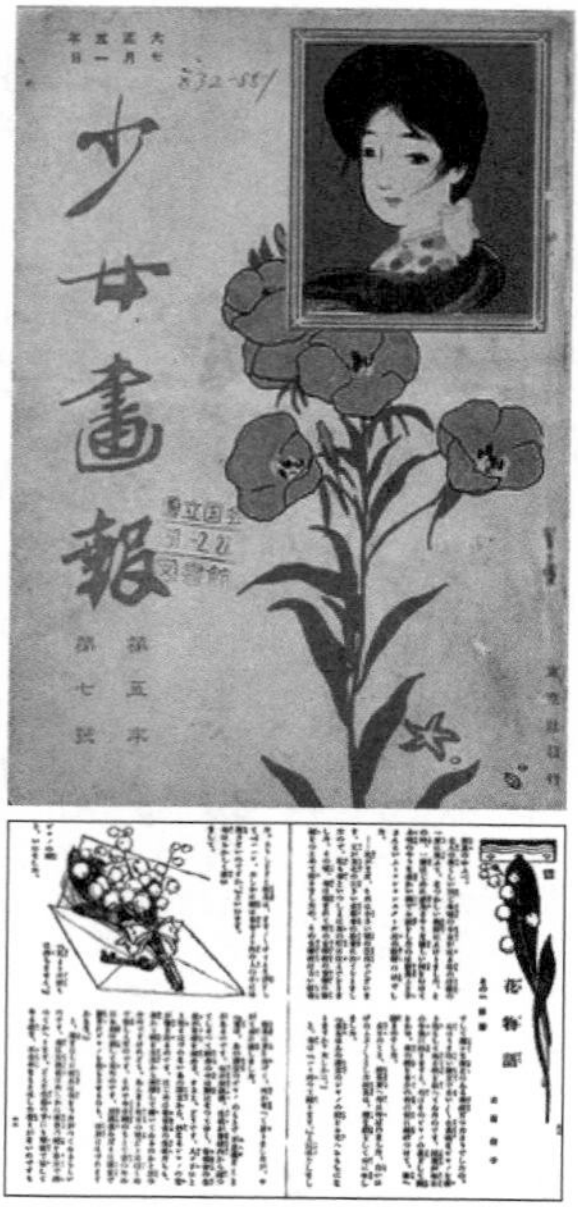

『花物語』の連載が掲載された『少女画報』

であった。一九一〇年には『少女界』に「鳴らずの太鼓」が一等当選、続いて翌年一〇月の『少女世界』では常連投稿採用者に送られる「栴檀《せんだん》賞」メダルを受賞している。一九一六年、『少女画報』に送った「鈴蘭」が採用されて、『花物語』の連載が始まる。

†吉屋信子『花物語』が描いたもの

吉屋信子『花物語』は、当初七回連載の予定で開始されたが、好評を得て継続され、途中『少女倶楽部』などに場を移しながらも、大正一三（一九二四）年までの約十年近くにわたって、花の名を題に冠した五〇編余の物語が発表された。初期の挿絵は渡辺（亀高《かめたか》）文子《ふみこ》、蕗谷《ふきや》虹児《こうじ》などが手がけている。また、昭和に入って一九三七年に『少女の友』で再連載された際には、中原淳一の挿絵によって新たな人気を獲得している。

『花物語』の特徴を抽出するならば、まずはその独特の文体が挙げられるだろう。たとえば本田和子は、「それは――月見草が淡黄《うすき》の葩《ひら》を顫《ふる》はせて、かぼそい愁《うれい》を含んだあるかなきかの匂ひを仄かにうかばせた窓によって佳きひとの襟もとに匂ふブローチのやうに、夕筒がひとつ、うす紫の窓に瞬いてゐる宵でしたの」(『花物語』「月見草」)などの表現を挙げて、「論理的な意味を超え、というより論理の介入する余地もない」、「筋立てやドラマの展開とは無関係な、装飾的な言葉の連なり」と評している。形容過多で、詠嘆調の目立つこの文体については、読者欄の投稿文との連続性もしばしば指摘される。

また、物語としては、さまざまな少女同士の強い友愛の関係が描かれることが特徴である。同じ女学校、寄宿舎で過ごす少女たち、あるいは母と娘、外国の少女など、各話ごとに異なる背景を持つものでありながら、つねに少女同士の共感や友情、さらには恋愛に近い関係性が色濃く描かれている。ただし、こうした少女友愛の物語は、すでに先行する少女小説にも見受けられるものでもある。吉屋自身ものちに、沼田笠峰や松井百合子、山田邦子、伊澤《いざわ》みゆきなどの少女友愛小説に影響を受けたことを語っている。

一九一〇年代には、こうした少女同士の強い友愛関係は「エス」(姉妹―シスターの頭文字に由来)と呼ばれる流行現象でもあった。近代の同性愛言説の展開を論じた赤枝香奈子(『近代日本における女同士の親密な関係』角川学芸出版、二〇一一)によると、明治の末年頃に起こった女学生同士の心中事件などを発端に、少女同士の強い友愛関係はしばしば議論の対象となっていった。この頃まさに移入され始めていた性科学の知識は、同性愛を「変態性欲」として病理化していく認識枠組みを強化するものであった。そこで女性同士の友愛関係は「先天的／後天的」、または「真の同性愛／仮の同性愛」などとして分節化して理解された。男性的ふるまいを伴い、また肉体的関係にまで及ぶものを危険視する一方で、女学校などに見られる「エス」については、女学校という特殊な環境下で起こるものであり、卒業によって解消される一時的なものであること、またあくまで精神的な次元で行われるものであることによって許容された。さらに、異性間交遊を禁じられた女学生にとって、少女同士でプラトニックな愛を育むことは、いずれ至るべき異性愛へのレッスンとしての意義もあった。「エス」の関係もまた、当時の家父長制のなかで異性愛規範を支えるものとして機能していたことを見落としてはいけないだろう。しかし、当時の性科学の言説は、すでに実態として多く存在してしまっている女性同士の親密な関係について、何とかそれを一般化し、安全化して説明しようとするものでもあっただろう。当事者の少女たちにとっては、必ずしもそのように分節化することのできない多様な実践として交わされていたことも改めて見直される必要がある。

もちろん、女学生の頃だけに許される一時的なものとしての少女友愛の位置づけは、『花物語』にも大きく影響している。『花物語』の少女たちの関係には、転校や卒業、あるいは死などによって必ず終わりがもたらされる。そしてそのような別れの悲しみを嘆く感傷性が『花物語』のもう一つの大きな特徴ともなっている。この感傷性は、のちに少女小説の悪しき傾向として批判されるものともなったが、その強いられた終わりを、他ならぬ「悲しみ」として感受することによって、少女たちはその定められた制度に抗っているのだともいえよう。また『花物語』に見られる少女同士の友愛関係の表現には、必ずしもプラトニックな「仮の同性愛」という枠組みに回収し得ないようなものもある。時代的な制約と、表現の意味を精緻に読み解いていくことが必要であるだろう。

†少女雑誌のその後

大正末期の大正一二（一九二三）年には大日本雄弁会『少女倶楽部』が創刊され、ボリュームのあるバラエティ豊かな誌面や、多彩な付録によって話題となる。『少女倶楽部』の登場は、それまでの少女雑誌の勢力図を一変させ、特に地方の保守的な層に広く支持された。他誌も多くはそれに追随したが、『少女の友』は当時の編集長・内山基《もとい》の方針のもと、あえて都会の山の手女学生にターゲットを絞って先端的な内容を打ち出した。昭和戦前期は『少女倶楽部』と『少女の友』の二大少女雑誌の時代となる。遠藤寛子（『少女小説名作集㈠』解説、三一書房、一九九三）は、「健康で強烈な娯楽性に富み、それゆえに通俗性と大衆性を指摘される『少女倶楽部』

派と、繊細で優雅な抒情性にすぐれ、反面軟弱と感傷過多を非難される『少女の友』派」、「『少女倶楽部』派はその素朴さゆえに地方型、『少女の友』派はその洗練において都市型となるだろう」と概括している。

昭和期の代表的な少女小説としては、『少女の友』掲載の川端康成（ただし、実質的な作者は中里恒子《なかざとつねこ》である）「乙女の港」（一九三七）、『少女倶楽部』掲載の菊池寛「心の王冠」（一九三八）などが挙げられる。「乙女の港」は、二人の魅力的な上級生の間で迷う少女を描いた、『花物語』の系譜を受け継ぐ「エス」小説である。「心の王冠」は豊かな才能を持ちながらも、貧しさゆえに苦難を強いられる少女が、心の美しさによって協力者を得て、声楽家として大成していくまでを描いた。

昭和期には多彩な少女小説、少女文化が興隆したが、一九三七年の日中戦争開始以降、徐々に戦時色を強めていくことになる。一九三八年の国家総動員法によって出版物にも様々な規制が課されていくが、少女雑誌などの児童読物も例外ではなかった。特に、「過度に感傷的なるもの、病的なるものその他小説の恋愛描写は回避」すべきと定められ、少女雑誌の描く少女像にも変化が生じてくる。一九四〇年代には、中原淳一に代表されるなよやかな美少女のイメージは批判され、健康的な少女が、家や工場で労働する表象に置き換えられる。『少女の友』の人気の読者欄であった「トモチャンクラブ」は一九四二年に「生活教室」と名前を変え、言葉づかいやペンネームの使用も見直された。物語内にも、兵隊や戦地の話題が登場し、少女たちには国家に貢献し、いずれ立派な妻・母となることがより強く求められるようになっていった。

少女雑誌は、戦後にまた新たな出発をすることになる。戦前からの伝統を引き継ぎつつも、男女共学化など、新しい社会背景のなかでその内容や関心の方向性も変化していく。漫画雑誌や、ファッション誌などの新たな媒体の登場によって、その役割を終えていったものもある。そこでは「少女」というもののあり方もまた変化していくことになるだろう。

さらに詳しく知るための参考文献

本田和子『異文化としての子ども』(紀伊國屋書店、一九八二/ちくま学芸文庫、一九九二)/同『女学生の系譜――彩色される明治』(青土社、一九九〇/青弓社〔増補版〕、二〇一四)……それまで軽視されてきた少女文化に独自の意義があることを発見し、また「少女」という存在が歴史的・社会的にどう位置づけられ、どうまなざされてきたのかを明らかにした。どちらも、少女研究の先駆的成果であり、以降の研究にも大きな影響をもつものとして必読である。

今田絵里香『「少女」の社会史』勁草書房、二〇〇七)……主に少年・少女雑誌の分析を中心として、「少女」の表象の歴史的変遷を追い、その社会的背景と、社会にもたらした機能を論じた。少女雑誌の表紙のヴィジュアル・イメージ、少女小説に描かれる少女像、読者欄の変遷などについても詳しく論じられている。同著者の『「少年」「少女」の誕生』(ミネルヴァ書房、二〇一九)と合わせて参照されたい。

渡部周子『〈少女〉像の誕生――近代日本における「少女」規範の形成』(新泉社、二〇〇七)……主に教育的言説や教科書の分析から、「少女」に課せられた「愛情」「純潔」「美的」などの規範のありようを論じている。その他、美術や文学における少女表象などについても幅広く論じられている。同著者の『つくられた「少女」――「懲罰」としての病と死』(日本評論社、二〇一七)と合わせて参照されたい。

赤枝香奈子『近代日本における女同士の親密な関係』(角川学芸出版、二〇一一)……「少女」に限定した内容ではないが、近代日本の女性同士の関係について、当時の性科学の認識や、メディアでの扱われ方などを詳しく論じている。戦前期の「エス」についての考察には不可欠な内容である。

久米依子『「少女小説」の生成――ジェンダー・ポリティクスの世紀』(青弓社、二〇一三)……少女雑誌、少女小説の成立とその変遷を、現代のライトノベルにまで至る視野で捉え、「少女」に何が求められ、またそこからどのような表現が生まれていったのか、その意義と問題も詳細に論じられている。本講の内容は、本書から多くの教示を得ている。

第17講

大衆文学の成立——通俗小説の動向を中心として

藤井淑禎

†通俗小説と家庭小説

「大衆文芸」あるいは「大衆文学」という呼称が主に時代小説を指すかたちで登場するのは大正末から昭和初めにかけてのころだが、当時は大衆向け現代小説のほうは「通俗小説」と呼ばれていた。この呼称も大正時代に入って一般化したものだが、呼称にとらわれずに作品内容だけをみていうなら、通俗小説の前身はかなり前にまで遡ることができる。

中村武羅夫《むらお》などは「江戸時代の戯作から脈を引いて、硯友社文学に発展し、引きつゞいて今日の通俗小説にまで」云々と述べているが（「通俗小説研究」『日本文学講座　第一四巻　大衆文学篇』改造社、一九三三）、そこまでではなくとも、少なくとも明治後半のいわゆる家庭小説から、さらには「金色夜叉《こんじきやしや》」（一八九七〜一九〇二）「不如帰《ほととぎす》」（一八九八〜九九）くらいにまでは遡ることが可能だ。

それらの作品をひとかたまりにしてよい根拠は二つある。ひとつは作品内容の共通性であり、もうひとつはそれらが作家の内部からというよりはどちらかというと外部からの要請で生まれたものであったという点である。前者については前掲書に収録されている加藤武雄の「家庭小説研究」という論が参考になる。この論自体は昭和初年代の通俗小説の一種としての家庭小説について述べたものだが、そのなかに「家庭小説の発生」という節があって、「不如帰」に始まり、菊池幽芳《ゆうほう》「己《おの》が罪」(一八九九〜一九〇〇)「乳姉妹《ちきょうだい》」(一九〇三)などに引き継がれたいわゆる家庭小説誕生の背景がまとめられている。それによればひとつは「従来、読書とは最も縁遠い存在であつた女性が、女子教育の振興により新しい読者層として登場し来つた」ことであり、もうひとつは「個人意識の覚醒が、実生活に於て、家庭悲劇の因となり、作者に多くの素材とヒントとを与へた」ことであった。

文学史的に見れば、二〇世紀に入る直前に始まって一〇年ほど続いたいわゆる家庭小説の時代は、自然主義の勃興と確立のあおりで呼称としては下火となり(同傾向の作品は引き続き書かれたが)、自然主義=純文学の対立項としての通俗小説という呼称が一般化してくる(中村武羅夫、加藤武雄)。加藤の「家庭小説研究」が現代の「家庭小説は、通俗小説の一種である」と書き出されているのもそうした理由による。

背景としての女性読者と個人意識の覚醒はいわゆる家庭小説から通俗小説へと続く流れにお

いても根底的なものだが、作品内容の共通性をもう少し具体的に列挙してみると、「面白さ」「興味本位」「平易」（中村武羅夫）、「家庭向き」「道徳的」「情緒的」「救い」（加藤武雄）等々があげられる。これを菊池幽芳の言う「今の一般の小説よりは、もすこし気取らない、そして趣味のある上品なもの」、「一家団欒の中で読まれて、誰にも解し易く、また顔を赤らめ合うというようなこともなく、家庭の和楽に資し、趣味を助長し得るようなもの」（高木健夫『新聞小説史明治篇』より。国書刊行会、一九七四）と比べてみても、その同質性は明らかだろう。

いっぽうこれを読者に即して捉えなおすとこのようになる。

特殊な文学的教養を持たない――文学上の素人が、文学作品に興味を寄せるのは、先づ第一にストオリイである。作品に取扱はれてゐる内容の真実性とか、人物や、事件の現実性とか、描写が巧緻で、自然であることとか、さういふことよりも、筋の発展とか、事件の波瀾とか、作中人物の境遇や運命の異常であることとか、描写のテンポとか、先づさういふ点に興味の主点が置かれる。（中村武羅夫「通俗小説研究」）

似たようなことを加藤武雄も、「文学に対する特殊教養の無いもの、文学を味ふべく、何の用意をも持たぬ謂はゞ、文学の素人《しろうと》が、これを読んでも、十分に理解し得るやうな、理解して相当の面白味を感じ得るやうな小説」、すなわち「わかり易い面白さ」を持った作品でなくてはならない、と言っている(「家庭小説研究」)。

†新聞小説と新聞拡販競争

以上の指摘からも、いわゆる家庭小説から通俗小説へと続く流れの同質性と一貫性は見て取れるが、両者はいずれも作家の内部からというよりはどちらかというと外部からの要請で生まれたという点でも共通していた。それらの多くが新聞連載小説として書かれたことからもわかるように、新聞拡販競争の切り札としての役目を担わされていたのである。「新聞小説を目玉商品とする新聞合戦」(高木健夫『新聞小説史明治篇』)という外部からの要請によってそれらの小説のほとんどは生まれていたのだから。

菊池幽芳を擁した『大阪毎日新聞』と渡辺霞亭《かてい》を擁した『大阪朝日新聞』の宿命のライバル対決は有名だが、ほかにも、『報知新聞』の村井弦斎《げんさい》、『読売新聞』の尾崎紅葉、『国民新聞』の徳冨蘆花《とくとみろか》、さらには『東京朝日新聞』(『大阪朝日新聞』)の夏目漱石まで、各新聞社間の作家・作品争奪合戦と、新聞拡販競争は熾烈をきわめた。明治時代中盤から本講の守備範囲である大正後期・昭和初期にかけて作家・作品争奪戦と拡販競争は、拡大再生産されながら続いたが、その節目となり転換点となったのは、戦争と災害であった。すなわち日清戦争(一八九四

〜九五年）と日露戦争（一九〇四〜〇五年）であり、関東大震災（一九二三年）であった。それらにおける熾烈な報道合戦が拡販競争のいっそうの激化を招いたのである。同じ戦争でも第一次大戦（一九一四〜一八年）の場合は報道合戦というよりは、後述するように空前の大戦景気による大衆雑誌創刊ラッシュがもたらした作家・作品争奪戦のほうが、通俗小説の動向への影響という点では大きな意味を持っている。

ここで新聞拡販競争がもたらした部数の変遷を簡単にまとめてみると、一貫してトップを走り続けていたのは、大阪系の『大阪毎日新聞』『大阪朝日新聞』の二紙であった。日露戦報道過熱による部数増を経た明治末の時点（一九一一年）で両紙とも三〇万部を超えていたが、その頃東京のほうは、『報知新聞』が二〇万前後、『国民新聞』『やまと新聞』『万朝報《よろずちょうほう》』が一五万から一七万という状態であった（小野秀雄『日本新聞発達史』大阪毎日新聞社・東京日日新聞社、一九二二）。

これが震災報道過熱も経た大正末（一九二四年）になると、大阪二紙がともに百万を超えたばかりでなく、東京側も『報知新聞』八〇万、大阪毎日系の『東京日日新聞』が七〇万、『東京朝日新聞』が三〇〜四〇万、『時事新報』『国民新聞』が二〇万前後、というそろっての躍進ぶりであった（『日本新聞百年史』一九六〇）。そしてその多くが報道競争とは別に流行作家による通俗小説を看板商品として掲げて拡販競争を繰り広げたのである。

†大戦景気と雑誌ブーム

通俗小説の動向に大きな影響を与えたもう一つが、前述の大衆雑誌ブームであった。第一次大戦下の好況を背景として出版界への新規参入が相継ぎ、それがコマーシャリズムという弊風を蔓延させたとはよく言われることだが、田中純の「文壇の近状を論ず」(『太陽』一九一九・一二)は、大戦景気以降の数年間の出版界をこのように振り返っている。

文壇に於ける悪コンマアシヤリズムの台頭は、文壇に対する商人の大きい投資に始まる。而して、文壇に対する商人の大きい投資は、一面に於て日本の経済界のすばらしい好景気の結果であると共に、他面に於て、一般社会の思想問題、文化問題に対する旺盛な興味に投じやうとする彼等の心理の反映である。兎に角、この二三年の間に、どれだけ沢山な、同じ種類の雑誌が出たか知れない。而も、どの雑誌も殆んど同じ体裁、同じ顔ぶれ、同じ広告によつて、その創作欄を売り物にしたのであつた。而も、創作家の数やその能力には限りがあるから、勢ひ不足勝ちな創作家の数をおぎなふべく、無暗に新作家が製造せられ、それに誇大な広告書きがつけられて、市場に出されると云ふ結果になる。

ここで言われている雑誌や作家がいわゆる純文学系を指しているのではないことは明らかだが、この一〇年後の時点でこうした流れを振り返った土岐善麿《ときぜんまろ》の『文芸の話』(『朝日常識講座第八巻』朝日新聞社、一九二九)では、出版界におけるこうした商業主義化、資本主義化の原点にあるのがアメリカの動向であることが指摘されている。社会や生活が複雑化して狭くなった経験の範囲を小説によって広げ、また日常生活の単調と多忙から解放されるために、動きが多く人間的興味が強く豊かなストーリーを求めて、恋愛小説を筆頭とする通俗小説が歓迎されたというのである。

これがそのまま日本の場合にも当てはまると土岐は指摘するのだが、日本の場合はそこに関東大震災が加わって一時は「文芸無用の実感」が広まりかけたものの、それもつかの間、「文芸家の物質生活は、文芸の通俗化、雑誌のアメリカ化、大衆文芸の発生、いはゆる円本時代の出現などによつて、意想外の変化をみせ」、「文学に貧乏はつきもの」とのかつての概念は一掃されたと説く。同書には、当時の文芸家協会が一九二八年に雑誌出版業者側と交わした最低原稿料の協定リストの原案が紹介されているが、それによれば主な雑誌の小説の四〇〇字詰め一枚の最低原稿料は次のとおりである。

『キング』=一〇円、『主婦之友』=八円、『婦女界』=七円、『婦人世界』『講談倶楽部』

『婦人倶楽部』『富士』＝六円、『現代』＝五円、『中央公論』『婦人公論』『朝日』『改造』＝四円、『文藝倶楽部』『講談雑誌』『サンデー毎日』『婦人画報』『文藝春秋』『新青年』＝三円

文学年表と突き合わせて通俗小説が多く掲載された雑誌を中心に拾ってみたが、高等文官試験に合格した公務員の初任給が七五円（『値段史年表明治・大正・昭和』朝日新聞社、一九八八）の時代であり、「円本一冊で外遊したり、婦人雑誌の連載小説で立派な住宅を新築したり、その他贅沢三昧、享楽三昧に暮してゐる作家も決して少くない」（前掲土岐著）ことの裏付けにはなるのではないだろうか。

†芥川龍之介と長田幹彦

ところで、いわゆる家庭小説から通俗小説への流れを考えるうえで、「通俗小説が進歩し出したのは、久米正雄氏の「蛍草」以来、或は更に遡れば長田幹彦氏の諸長篇が陸続出版された以来の事である」という芥川龍之介の指摘（「大正九年の文芸界」『大正十年毎日年鑑』、一九二〇）は同時代人の言として傾聴に値する。芥川はここで、文芸の多様化、文芸の社会化（社会へ働きかける、社会一般に訴えるという意味）の代表例として通俗小説の進歩をあげている。

「蛍草」は一九一八年に『時事新報』に連載された、有名な漱石の娘との恋愛・結婚問題を下

敷きとしたモデル小説だが、この作品以来通俗小説が進歩し出したという見解は、後世の文学史的把握とは必ずしも一致しない。それよりももっと後世の見方と食い違っているのは、長田《ながた》幹彦《みきひこ》への高評価である。一九一八年よりさらに遡る時期に「陸続出版された」「長田幹彦氏の諸長篇」とは、年譜等と突き合わせると、一九一三年から翌年にかけて『東京朝日新聞』に連載された「霧」以降の新聞連載小説を指すと思われるが、高木健夫《たけお》『新聞小説史大正篇』（国書刊行会、一九七六）には、「霧」から一九二〇年の「恋ごろも」（『報知新聞』）「地獄」（『万朝報』）「闇と光」（『東京朝日新聞』）「野の花」（『やまと新聞』）まで、合計一六編もの新聞小説名が挙げられている（もちろん一九二〇年の芥川の指摘以降も長田には多くの連載小説がある）。

長田幹彦といえば文学史的には大正初期の祇園での遊興に取材したいわゆる情話物が有名で、それが赤木《あかぎ》桁平《こうへい》の「「遊蕩文学」の撲滅」（『読売新聞』一九一六・八・六）に批判されてからは通俗小説への転向を余儀なくされたことになっているが、これは代々引き継がれてきた文学史のあやまりで、それ以前に「霧」のような優れた通俗小説もあれば（後述）、赤木による批判以降も『新小説』や『中央公論』といった純文芸誌への執筆は続いているのである。

代々引き継がれてきた文学史のあやまりといえば、菊池寛の「真珠夫人」（『大阪毎日新聞』『東京日日新聞』一九二〇）の場合をあげなくてはならない。文学史的にはこれこそが通俗小説に転機をもたらした作品であるかのようにみなされているが、菊池個人にとっては大きな転機であったとしても、通俗小説全体の流れを見渡した時には必ずしもそうはならない。現に芥川は、先の指摘に続けて、昨年（一九一九年）あたりから通俗小説に指を染める文壇の新人（ほんとうの新人ではなく旧文壇作家の転向を指している――藤井注）が多くなってきたと述べた後で、次のように言っている。

久米正雄氏は「不死鳥」を書き、菊池寛氏は「真珠夫人」を書き、里見弴氏は「今年竹《ことしだけ》」を書き、志賀直哉氏も亦近々この種の長篇を書かうとしてゐる。もしこの傾向が理想的に進んで行つたら、所謂通俗小説なるものは、数年の内に堂々たる芸術的長篇に変つてしまふかも知れない。

†純文学と通俗小説

ここでは「真珠夫人」が単なる点の一つに見立てられており、また、通俗小説というくくりが結局は相対的なものに過ぎないことが暴露されている。たとえば志賀の長篇とは「暗夜行路」（一九二一～三七）を指すことは明らかだが、それがここではのちの文学史的常識に反して通俗小説のグループに入れられているし、さらには、通俗小説と「堂々たる芸術的長篇」の境目も実際のところは定かでないことがほのめかされているのである（通俗性娯楽性はどの小説にもあることから分類に懐疑的な意見は古くからある）。ここで思い起こされるのは、前出の長田幹彦の「霧」が『東京朝日新聞』で前後を漱石の「行人」と「心」に挟まれて連載されていたという事実である。だから見方によっては執拗に三角関係をテーマとした漱石作品も通俗小説とみなしていいわけだが、文学史的にはそうはなっていない。

そこのところをのちに大宅《おおや》壮一《そういち》は『ジャーナリズム講話』（白揚社、一九三五）のなかで、純文学と大衆文学の境界線は、生産される作品の間にではなく生産する人間の間に引かれている（＝志賀や漱石が書けば通俗ではない）と喝破したわけだが、さらに大宅はその後のほうでは、純文学者が通俗以下の作品を書いたり、逆に通俗作家の手によって「芸術的香気の高いものや、いちじるしくすぐれた構成や、性格描写や、心理解剖を示した作品が、いくらも出てくるようになった」（『大宅壮一全集　第三巻』蒼洋社、一九八〇）と、世間的評価やレッテルにとらわれない柔軟な見方を披露している。

行人　漱石
塵労（五十二）
新小説豫告
霧　長田幹彦

漱石「行人」の連載終了と次回連載の長田幹彦「霧」が予告されている東京朝日新聞（大正２年11月14日）

†『講談倶楽部』と『新青年』

ここで少しわき道にそれるのを承知で、大きく方向転換することで通俗小説の発展に寄与した二つの雑誌を紹介しておきたい。『講談倶楽部』と『新青年』である。『講談倶楽部』が速記講談が入手できなくなったことをキッカケに新講談、書き講談へと方向転換した（一九一三年）ことは有名だが（岡田貞三郎『大衆文学夜話』青蛙房、一九七一）、これ以降同誌は、時代物の前田曙《しょ》山《ざん》、現代物の渡辺霞亭、佐藤紅緑などの著名作家の寄稿にも恵まれ、順調に発展を続けていく。岡田によれば、第一期のピークは一九一七、八年のころで、部数も四万部を超える勢いであったという。そのなかにおいて貢献の著しかった岡本綺堂、中村武羅夫、長田幹彦の三者を『講談倶楽部』の三尊《さんぞん》として、編集部内では一目置いていたという。三尊は比較的初期の功労者だが、岡田はさらに編集に従事した三〇年近くの間（一九一七～四五年）の傑作五編として、牧逸《まきいつ》馬《ま》「悲恋華」（一九三四）、村上浪六「妙法院勘八」（一九二六）、中村武羅夫「女王」（一九二四～二七）、江戸川乱歩「蜘蛛男」（一九二九～三〇）、長田幹彦「波のうへ」（一九二三～二四）をあげている。『キング』には書いても『講談倶楽部』に書くほど堕落はしないと菊池寛が言ったとされるのは昭和初年代のことだが（萱原宏一《かやはらこういち》『私の大衆文壇史』青蛙選書、一九七二）、いずれにしてもそうした逆境に抗して「体質改善」（同書）を試み、時代小説だけでなく多くの現代小説を世に送り出して通俗小説の発展に貢献したというわけである。

『新青年』の場合も方向転換を経ることで通俗小説（探偵小説）の発展に貢献したことは『講談倶楽部』の場合と同様であった。『冒険世界』を引き継いだ『新青年』が森下雨村《うそん》を編集長に迎えて発足したのは一九二〇年のことだが、当初は読者層を地方青年に想定して修養譚や海外渡航記事が中心で、海外を中心とした探偵ものは添え物的な扱いであった。創刊号の場合で言えば、「新しき青年に檄する歌」、「世界改造の第一年を迎へて」、「日露戦争の裏面に活躍せる明石将軍」、さらには特別付録である「次の戦争」特集などが硬派の記事で、そのすきまに、冒険小説、学生小説、科学小説、歴史小説、未来小説、そして探偵小説などが散りばめられていたのである。このラインアップをみても、『新青年』は従来言われている以上に、実は小説（読み物）志向が強かったことがわかる。四号目の春季増大号を早くも「探偵小説傑作号」としてアピールしていることからもそれは裏付けられよう。ただ、こうした傾向が本格化するには、やはり乱歩の「二銭銅貨」の出現（一九二三・四）を待たなくてはならない。これを契機として『新青年』は当初から内包していた文学志向、探偵小説志向、すなわち通俗小説志向を本格化させていくことになるのである。

†代表的な通俗小説

ここで冒頭の「大衆文芸」あるいは「大衆文学」という呼称問題にはなしを戻すと、白井喬《しらいきょう》二《じ》を中心とする「二十一日会」を母胎として『大衆文藝』が創刊されたのは一九二六年一月のことであった。ここには単に人脈上の理由で探偵小説の乱歩も加わっていたが、実質的には時代小説家たちの集まりであり、雑誌であった。これは、このあと平凡社から刊行された『現代大衆文学全集』全六〇巻（正続、一九二七～三二）の場合も変わらない。これに対して通俗小説は、この直後に新潮社から刊行され出した『現代長篇小説全集』全二四巻（一九二八～三〇）のほうに集成されることになった。そしてある意味でその枠を集めたのが同じく新潮社から刊行された『長篇三人全集』全二八巻だった（一九三〇～三二）。三人とは中村武羅夫、加藤武雄、三《み》上《かみ》於《お》菟《と》吉《きち》のことであり、中村・加藤に各一〇冊、三上に八冊があてがわれるというぜいたくな構成であった。

これなどを見ても、この三者が通俗小説の代表的作家とみなされていたことがわかるが、ここで、後世のとはちがって信頼がおける同時代の評価で代表的とみなされていた作家、作品をあげておくことにしよう。長田幹彦「霧」（前出）、久米正雄「蛍草」（前出）、菊池寛「真珠夫人」（前出）、加藤武雄「久遠の像」（『婦人之友』、一九二二）、三上於菟吉「白鬼」（『時事新報』、一九二四)、中村武羅夫「地霊」(『婦女界』一九二七)などが、比較的多くの作家評論家から票を集めた作家・作品だ。ついでに内容のほうも、あまり知られていないものに限って紹介しておくと、「霧」は、病が癒えたばかりなのに銀行取締役の夫から離縁を迫られる人妻が主人公。親友の兄の存在が唯一の支えだったが、夫からは彼との不義を疑われ、北海道と外国と離れ離れになる寸前で合流し、最後は北海道の雪の中で二人とも短銃で自殺するという結末。心までは夫のものではないと言い放つイプセンのノラばりの叫びが読者の心をうつ。「久遠の像」は、腹違いの姉妹が主人公。姉の夫は著名な画家で、一貫して妹をモデルに乙女像を描き続けている。姉のほうは従兄で元いいなずけの男と不義の関係にあり、小さな息子も夫ではなくその男の子だった。妹と義兄の画家はひそかに慕い合う関係。そのため同級生の兄で画家志望の男からの求愛は退けるしかなかった。義兄のほうは義妹の気持ちを知らず煩悶のあげくに、二人はひょんなことから一線を越えてしまう(妊娠)。絶望の果てに義兄は悪友にそそのかされ画業も投げ出して、海外をさまよう旅に出る。義兄が帰国したのは二〇年後であり、すでに義妹はこの世になく、二人の一粒種の少女が母そっくりに成長して父である義兄を支えた。彼にはやり残した乙女像があり、今度はその娘をモデルとして画を完成させ、息を引き取る。

「白鬼」は、「野心家で、功名栄達のためには、どんなことでもしてのけるやうな男、それから男を喰ひ物にし、血を吸つては捨て去つて、弊履の如く顧みないバンパイヤ型の女」(中村武羅夫「通俗小説研究」）を主人公とした快作。同時代の淫靡な風俗や男女の世界を背景として男と女のだましあいを描く。ふだんは誘惑したり騙す側の男が一枚上手の女に騙されてやむなく上海に高飛びするというのがラスト。「地霊」は、親友の兄と結婚寸前まで行った女性が、父から若き伯爵との結婚を迫られ、みずから相手の別荘に断りに出向くも、逆に放蕩者のその男に犯され、そのことで結婚を誓った相手からも見放される。やむなく結婚し子供をもうけたものの、夫の愛人にも子が出来たことを知り、自立を決意する。一度は見放した親友の兄も自らの非を認めたものの、もはや人生を共にする気にはなれず、女性はひとり旅立っていく。

これらの作はいずれも前掲の『現代長篇小説全集』や『長篇三人全集』、さらには春陽堂版『明治大正文学全集』などに収められているので、関心がおありの方はぜひ一読願いたいが、文学史のあやまりをいくつも指摘してきた本講を終えるにあたって最後にもう一つだけ指摘するとすれば、これらの作に対して、あからさまに弱点が目立つ、登場人物の類型化、性格描写の浅薄さ、平板で陳腐な表現、通俗的なモラルや教訓の氾濫（実際の某氏の評）、などといった評価をふりかざす文学史や研究があまりにも多いことには驚かざるをえない。いうまでもなくこれらは純文学を基準にした評価軸であり、「文学上の素人」（中村武羅夫）向けに書かれた通俗小説にはそれにふさわしい遇し方があるはずであり、その発見を待って初めて本格的な通俗小説研究は緒につくことになるにちがいない。

なお、前述のように昭和初年代の時点では時代小説と通俗小説とに分裂していた「大衆文学」だが、冒頭に紹介した一九三三年の『日本文学講座　第一四巻　大衆文学篇』においては両者は統合され、それが「大衆文学」と呼ばれるに至っている。ただ、同書においても巻末の「大衆文学名作解題百篇」（木村毅編）が時代小説のみを挙げていることからも推察されるように、その後も、そして現在に至るまで、「大衆文学」＝時代小説という見方が完全に払拭されたわけではないことは言い添えておかねばならない。

さらに詳しく知るための参考文献

小野秀雄『日本新聞発達史』（大阪毎日新聞社、一九二二）……江戸末期から大正時代までをカバーした、新聞史の研究書としては草分け的存在。発行部数なども極力厳密を期し、後世の出版物でも本書の数値に依拠しているものは多い。

『日本文学講座　第一四巻　大衆文学篇』（改造社、一九三三）……単独で大衆文学と呼ばれることも多かった時代小説と通俗小説等をひとくくりにして「大衆文学」と定義づけた意義は大きい。後世の研究は往々にしてその時代の文学観の制約を受けがちだが、本書のような同時代のものにはその恐れがなく、依るべき文献として貴重。

高木健夫『新聞小説史明治篇』（国書刊行会、一九七四）、『新聞小説史大正篇』（国書刊行会、一九七六）……新聞小説研究の決定版的存在。原資料に徹底してあたるいっぽうで膨大な量の長編新聞小説にも目を通し、バランスよく整理した好著。

『大宅壮一全集　第一巻』(蒼洋社、一九八一)／『大宅壮一全集　第三巻』(蒼洋社、一九八〇)……前者には一九二六年の「文壇ギルドの解体期」が、後者には一九三五年刊行の『ジャーナリズム講話』が収録されている。文壇や通俗文学をめぐっても創見が多くみられるが、もともとが狭い文学畑の出身ではないので社会、政治、経済、出版等にも幅広く目配りした論理展開と歯に衣着せぬ語り口が魅力的。

第18講

時代小説・時代劇映画の勃興

牧野 悠

†娯楽読物の革新期

才気あふれる作家たちが誌面で筆を競い、後世まで読み継がれる傑作が相次いで発表される。魅力的なヒーローが続々と誕生し、縦横無尽の活躍に数多の人々が手に汗握る。昭和初期の時代小説は、まさしく娯楽の王座にあった。

当時の民衆から好評を博しただけではない。主要な書き手だった長谷川伸は、若手のために小説勉強会を主催し、山岡荘八、村上元三、池波正太郎など多くの弟子を育成した。あるいは、五味康祐《ごみやすすけ》、柴田錬三郎、山田風太郎といった、読者として青春期を過ごした世代が、戦後に新たな領域を開拓し、ジャンルの人気を再燃させた。このころの作品には、佐々木味津三《みつぞう》「旗本退屈男《はたもとたいくつおとこ》」(一九二九〜一九三一)、野村胡堂《こどう》「銭形平次捕物控《ぜにがたへいじとりものひかえ》」(一九三一〜一九五七)、林不忘《ふぼう》「丹下左膳《たんげさぜん》」(一九三三〜一九三四)のように、映画やテレビドラマにかたちを変え、半世紀以上にわたり親しまれ続けた例も存在する。後続作品に継承されたストーリー展開やキャラクター類型、チャンバラの表現技法なども含めれば、影響の射程は現代のマンガ・アニメ・ゲームにも及ぶだろう。作者と読者が良好な新陳代謝を繰り返し、周期的に流行を招来したからこそ、時代小説は長きにわたり、日本の娯楽文学・文化の中央に位置し続けたのである。

大正期は、こうした繁栄をもたらす土壌の熟成期間にあたる。大衆文学史に名を残す面々が急速に台頭し、新興勢力としての認知が広まったのは一九二〇年代だった。しかし、時代小説が近代的エンターテインメントとして歩みはじめる契機は、大正初期の出版界における利権争いにまで遡る。

†『立川文庫』と忍術ブーム

時代小説のルーツは、虚実織り交ぜて歴史上の出来事を興味深く語る話芸、講談である。明治期には、速記術の普及にともない、書き起こされた講談や落語などの寄席演芸が、読物として流通していった。明治末期には大半の新聞が速記講談を掲載しており、庶民を中心とする根強い人気を覗える。

大正期に最も流行した小型講談本シリーズが、『立川《たつかわ》文庫』である。発行元の立川文明堂は、明治三七（一九〇四）年に大阪で創業した書店であり、まもなく出版業に進出した。第一編は

『諸国漫遊　一休禅師』（一九一二）だが、以降は岩見《いわみ》重太郎《じゅうたろう》や柳生十兵衛などの伝説的な豪傑・剣客の武勇伝を主軸とし、大正一五（一九二六）年までに二〇一編の出版が確認されている。廉価かつ読後は若干の料金で別の編と交換できるサービスと、縦一二・五×横九センチの携帯に適したサイズは、まず丁稚《でっち》や給仕と呼ばれる関西圏の少年労働者に歓迎された。『武士道文庫』や『怪傑文庫』といった類似の小型本も多く刊行されたが、それらを含めた代名詞として、『立川文庫』は全国に普及していく。川端康成や坂口安吾、高見順など多くの作家も、幼少期に親しんだと述懐している。

　ただし、『立川文庫』は従来の講談速記本と異なり、講談師玉田《たまだ》玉秀斎《ぎょくしゅうさい》一家を中心とする執筆者集団が創作した〈書き講談〉だった。口演の筆録ではなく、直接書き下ろすスタイルを採用したのは、速記者の手配に失敗したという事情からである。しかし、制作過程の簡略化により生産性が向上し、短期間で多くのシリーズを送り出した。

　最大のヒットが、第四〇編の『真田三勇士忍術名人　猿飛佐助』（一九一三）である。真田十勇士として著名な猿飛佐助は、近世の難波《なんば》戦記物実録に名が見えるため、『立川文庫』が起源とはいえない。しかし、天真爛漫な忍術使い（当時「忍者《にんじゃ》」の語は一般的ではなかった）を主人公とする冒険活劇は少年読者の心を鷲掴みにした。続編や亜種が多数出版され、同時期にはトリック撮影を駆使した忍術映画も増加している。これほどの忍術ブームは、文化・文政期以来だった。

だが、家内制手工業的な執筆体制での濫造がマンネリズムを招き、しだいに大手出版社の少年向け雑誌に読者を奪われていく。一九一七年ごろには新作も減り、いつしか終刊を迎えた。昭和初期まで細々と重版されていたようだが、大阪大空襲で紙型《しけい》と鉛版《えんばん》が焼失したため、全貌は現在でも明らかではない。

『立川文庫』そのものは寂しく幕を閉じたが、講談由来のキャラクター像を一般にも浸透させた功績は偉大である。また、愛読した世代が後年、お馴染みの人物を時代小説や時代劇などに登場させるサイクルも生まれ、江戸期より続く伝統的イメージは継承されていった。

†『講談倶楽部』の〈新講談〉

速記講談から〈書き講談〉への移行は、しばしば『立川文庫』の画期的な特徴として語られる。しかし、同時代の一般読者が変質を知覚するのは困難だったに違いない。作品制作の実態は公開されておらず、講談本の体裁や語り口は温存されているのだから、従来と大差なく鑑賞したと考えるのが妥当である。

話芸から文芸への転換は、娯楽雑誌『講談倶楽部』大正二(一九一三)年九月号において、「当代に有名な多くの文士諸君に依頼して、今までに無い、興味タツプリの講談を書いて貰ふことに致しました」と、高らかに宣言されている。もっとも、これは新たな娯楽を開拓しようとする野心的なアイデアではなく、存廃の危機に瀕した雑誌が、確たる成算なく打ち出した窮余の策だった。

『講談倶楽部』を発行する講談社に対し、演芸速記界を代表する今村次郎から強硬な申し入れが届いたのは、同年六月だった。第一の要求は、誌面からの浪花節排除である。当時、新興芸能である浪花節の人気が、旧派の話芸を駆逐するほどに高騰しており、講談師たちは鬱憤を募らせていた。折悪く臨時増刊号で浪花節特集を組んだのが反感を買い、浪花節を追放しなければ講談師が一斉に口演を拒否するとまで、態度を硬化させたのである。さらに今村は、演芸速記供給の独占権と、その対価として月額数百円の支払いを迫ったという。

『講談倶楽部』は創刊以来、講談だけでなく落語や浪花節も並ぶ、バラエティに富んだ誌面構成を続けていた。主幹（社長）である野間清治の戦略が功を奏し、順調に発行部数を伸ばしていた矢先に直面した死活問題である。速記原稿の多くを今村に依存しており、関係悪化で供給源を失うのは大きな痛手だった。

しかし、野間は編集方針を譲らず、交渉は決裂する。今村はライバル誌『講談世界』（文光堂）で内幕を暴露し、同時に講談師約五〇名の連署による口演拒否の誓約が掲載された。対して『講談倶楽部』誌上では、文士による新作講談を中心とする雑誌への刷新が表明されるとともに、数十万枚のビラを配布して今後の方針を広告した。さらに、臨時増刊号で特集「新講談を勃興させよ」が企画され、正宗白鳥や巌谷《いわや》小波《さざなみ》等が寄稿している。

野間が〈新講談〉を依頼したのは、他社からの注文にも応じる自由のあった、都新聞社会部の雑報記者たちである。この中には、すでに連載小説を担当した経験のある平山蘆江《ろこう》や、やがて〈股旅《またたび》物〉の小説や戯曲で一世を風靡する長谷川伸がいた。幸運にも目論見は当たり、『講談倶楽部』は部数で他を圧倒する代表的雑誌へと発展していく。

†〈捕物帳〉と〈伝奇小説〉

都新聞の記者だった中里介山《なかざとかいざん》が、時代小説の祖ともいわれる「大菩薩峠《だいぼさつとうげ》」（一九一三〜一九四一）の連載を開始したのは、一連の〈講談師問題〉と同時期である。躊躇なく人を斬る無明《むみょう》の剣客・机龍之助《つくえりゅうのすけ》を主人公とする長大な物語は、大衆文学史にそびえる孤峰であり、夥しい作品群に影響を残した。ただし、本作が膨大な数の読者を獲得したのは、大正一〇（一九二一）年に春秋社から普及版が刊行された後である。

文学的素養のある書き手たちが、娯楽読物に進出する機運は高まっていた。だが、作者の交替や創作形態の変容という現象に、〈新講談〉の名称が与えられた意義は大きい。義務教育の普及により、読書人口は急速に増加していた。拡大する出版市場を制するには、明快な新奇性が必要である。『講談倶楽部』において〈新講談〉と命名され、大々的に宣伝された結果、新たに誕生したジャンルとしての認識が広まった。それは一雑誌の売上に貢献するとともに、速記講談からの転換を期待する雰囲気を、活字メディア界全体に行きわたらせたに違いない。

例えば、劇作家の岡本綺堂《きどう》が、コナン・ドイルのホームズ物に刺激され、新しい探偵物語を着想したのは、一九一六年の春だった。現代小説では西洋の模倣に陥ると危惧した綺堂は、風俗や治安維持に関する予備知識のあった幕末期に時代を定めたという。こうして生まれた「半七捕物帳」（一九一七〜一九三七）により、時代小説と推理小説の二面性をあわせ持つ〈捕物帳〉の系譜が開かれる。

介山や綺堂のような既成作家により、従来とは一線を画す作品が送り出された一方で、〈新講談〉からさらに一歩を進めた文学運動に発展するためには、独立した個々の創作活動を一つの潮流に糾合する旗手の登場が必要だった。

その役割を担ったのが、白井《しらい》喬二《きょうじ》である。処女作「怪建築十二段返し」（一九二〇）は、一三〇枚の中篇にもかかわらず、『講談雑誌』（博文館）の新年号付録として一挙に掲載された。「江戸の文明探偵発達史」と副題された本作の特色は、精緻な考証をよそおいつつも内実は荒唐無稽という文体にある。これまでの〈新講談〉の類型的な表現から脱した新鮮さが読者の目を惹き、雑誌は製版が摩滅するまで増刷をくり返した。一九二二年から長篇「忍術己来也《こらいや》」および「神変呉《しんぺんご》越草紙《えつぞうし》」の連載を開始するが、前者は芥川龍之介が激賞し、後者は掲載誌の部数を倍加させるほど好評を博したという。奔放な想像力を駆使して壮大な虚構を展開する〈伝奇小説〉により、時代の寵児へと駆け上がっていく。

『講談雑誌』はもう一人の伝奇作家、国枝史郎《くにえだしろう》を送り出している。大学以来の旧友だった編集長の生田蝶介の奨めで書きはじめた「蔦葛木曽棧《つたかずらきそのかけはし》」（一九二二〜一九二六）で、怪奇趣味の横溢する絢爛妖美の人外境を描き出した。未完の傑作「神州纐纈城《しんしゅうこうけつじょう》」（一九二五〜一九二六）とともに、大正期を代表する伝奇ロマンとして高く評価されている。

†出没する鞍馬天狗と直木三十三

分水嶺となるのは、やはり大正一二（一九二三）年の関東大震災である。

東京帝国大学法学部を卒業後、外務省条約局の嘱託をしていた野尻清彦は、鎌倉の長谷大仏裏手の借家で被災する。分不相応に洋書を買い込む浪費家だったので、それまで博文館の『新趣味』に海外小説の抄訳を寄稿し、書籍代を補っていた。翻訳物の探偵小説を主体とするハイカラな雑誌であり、編集責任者である鈴木徳太郎は、野尻の乱読癖と語学力を厚遇した。しかし、震災で社屋と印刷所を失った博文館は雑誌の統廃合を進め、『新趣味』は『新青年』に吸収されるかたちで廃刊となる。電車が不通になったため欠勤を続けていた外務省からも退職し、収入を得る道は閉ざされた。

進退窮まった野尻は、娯楽雑誌『ポケット』の編集長に移った鈴木を頼る。試験的に書いた作品は優れており、以来、野尻は多数のペンネームを使い分け、縦横無尽に筆を揮った。時には、三百数十ページある雑誌の約半分を一人で書いたという。

生計のため売文に手を染めた野尻から、その後四〇年余り付き合うこととなる国民的ヒーローが送り出された。宗十郎頭巾《そうじゅうろうずきん》で顔を覆った勤王の怪傑・鞍馬《くらま》天狗《てんぐ》である。大佛次郎《おさらぎじろう》の筆名で発表されたシリーズ第一篇「鬼面の老女」（一九二四）を皮切りに、『少年倶楽部』（講談社）や『週刊朝日』、『報知新聞』など様々な掲載媒体を股にかけた活躍は、まさに神出鬼没であった。

新聞記者出身の介山、長谷川伸は高等教育を受けていなかったが、白井、国枝、大佛のいずれもが、大卒あるいは中退の学歴である。職業作家として自立できる収入が保証され、文学志望のインテリが原稿料目当てで参入する事例が目立ちはじめた。書き手の層が厚みを増すとともに、読者の嗜好も変質していく。

一九二四年に大阪のプラトン社が創刊した『苦楽』の「発刊御挨拶」が、当時の気分を伝えている。

> 講談はもう行き詰つた。第一卑俗にすぎる。と云つて文壇小説では肩が凝るわりに面白く無いさういふ方に「苦楽」をお奨めしたい。／在来の通俗小説もあまりに愚劣である。もう

少し文学的で、しかも興味の多い、面白くつて何か感じる物があつて欲しい、といふやうな方へ「苦楽」を御奨めします。（後略）

筆者は、直木三十三である。『文藝春秋』のゴシップ欄で、文壇諸家を撫で斬りにする鬼才だった。だが、震災後は出版事業の失敗でつくった負債を東京に残し、故郷に退避していた。初めてプラトン社に現れたとき、直木の懐には、菊池寛《きくちかん》や久米正雄《くめまさお》、里見弴《さとみとん》らの著作に関する雑誌掲載権の委任状があった。幅広い人脈を後ろ盾に入社した彼は、『苦楽』の編集と並行し、同誌に仇討《あだうち》をテーマとする小説を書きはじめる。

創刊号に発表された「槍《やり》の権三重帷子《ごんざかさねかたびら》」の冒頭には、「甚だ低級な趣味で、恐縮の次第であるが私《わたくし》は『立廻り』といふものが大好きである」とあるが、武術研究に基づく迫真の剣戟《けんげき》描写により、教養ある読者をも満足させる流行作家となるのは、筆名を直木三十五に改めた一九二六年以降である。大正末期から昭和初期にかけての直木は、依然として事業への野心が旺盛であり、牧野省三に接近し映画界への進出を企図する。一九二五年に映画プロダクション「連合映画芸術家協会」を設立したが、場当たり的な製作と資金不足がたたり、わずか二年余りで撤退に至った。借金にまみれ退路を断たれた直木は、破滅的な創作活動に陥っていく。

†最盛期の幕開け

震災後の白井喬二《しらいきょうじ》は、新たに開始した二篇の代表作「新撰組」（一九二四〜一九二五）および「富士に立つ影」（一九二四〜一九二七）により、不動の人気を築いていた。彼の提案で、娯楽小説作家の親睦会が発足する。初回が大正一四（一九二五）年七月二一日だったので、団体の名は「二十一日会」に決まった。平山蘆江《ろこう》、長谷川伸、国枝史郎、直木三十三らの時代物作家が主だった参加者だが、探偵小説の江戸川乱歩らも同人に連なっている。

『大衆文藝』創刊号表紙

会の機関誌は、白井によって『大衆文藝』と命名された。「大衆」は元来「だいしゅ」または「だいす」と読み、僧侶の集団を意味する。それほど一般的ではない二文字だったが、白井は早くから「大衆《たいしゅう》」を「民衆」の同義語として多用していた。一九二四年ごろマスメディア上に現れはじめた〈大衆文芸〉の熟語を、時勢に乗じるかたちで誌名に採用したという。一九二六年一月一日付で発行された創刊号は、同人誌では驚異的な二万六千部の売上を記録した。『大衆文藝』の好調により、〈新講談〉に替わる呼称として、〈大衆文芸〉と〈大衆文学〉が普及していく。執筆陣の大半が時代物の書き手だったため、狭義には彼等の作品を指す語と解釈された。しかし、『大衆文藝』第二号に、江戸川乱歩が「探偵小説は大衆文芸か」を寄せたように、当初から区分は曖昧だった。そこで、より限定的な〈時代(物)小説〉の使用も増加し、史実を重視する〈歴史小説〉と対をなす、虚構に重きを置いた過去を舞台とする小説ジャンルという認識が定着するのである。

新たに流通した呼称は、〈新講談〉を色あせたレッテルと化しただけでない。『大衆文藝』は、純文学と拮抗する領野の開拓を目指す勢力の牙城と見なされ、外部の既成作家たちも無視できない特異な存在感を発揮した。例えば、『中央公論』一九二六年七月号の特集「大衆文芸研究」では、文壇の垣根を越えた議論が交わされている。ここで白井と直木は、作品の質的向上を訴えるとともに、少数の読者のみを対象とする態度を痛烈に批判し、傍流に存在する広範な読者層を軽んじる姿勢に猛省を迫った。以後も両者は〈大衆文学〉の理念的支柱となり、支配的な文学観を相対化する主張を展開した。『大衆文藝』そのものは一九号で廃刊したが、巣立った作家たちは活動の幅をさらに拡げ、時代小説の黄金時代が築かれる。

彼等とは異なる流れから登場した有力な新人が、吉川英治だった。印刷所の少年工、行商、横浜船渠《ドック》の労働者、象眼細工職人など、様々な職業を経て東京毎夕新聞の記者になった苦労人である。同時に彼は、娯楽雑誌の熱心な投稿者でもあった。創刊まもない『講談倶楽部』で川柳、謎かけなどが採用されており、一九一四年には懸賞新作講談に「江の島物語」が入選した。一九二一年にも、『面白倶楽部』など講談社系の三雑誌に小説と童話が当選し、計六〇〇円の賞金を得ている。新聞記者時代に入ると連載小説を担当したが、専業作家となる意志はなかった。

しかし、震災で新聞社が焼失し、記者生活に終止符が打たれる。当座は上野の山で牛めしを売ってしのぎ、続いて浅草の焼跡に雑貨を商う露店を開いた。少々の蓄えができると、長野県の角間《かくま》温泉に籠もり小説を書きはじめた。懸賞小説の当選以来、交流が続いていた『面白倶楽部』の編集長・中島民千に激励されたためである。大佛《おさらぎ》次郎と同じく、多くの筆名を使い分けた目覚ましい書きぶりを示したが、その中の「剣魔俠菩薩《けんまきょう》」（一九二四）が野間清治の目に止まり、大日本雄弁会講談社への改称と同時に創刊された『キング』の連載陣に抜擢される。

それからの吉川は、「剣難女難」（一九二五〜一九二六）により新雑誌の躍進に貢献するとともに、社の専属作家であるかのように、『面白倶楽部』『講談倶楽部』『少年倶楽部』などにも長篇を同時連載する八面六臂《はちめんろっぴ》の奮闘を見せた。そして、多彩な登場人物が入り乱れて波瀾万丈の物語が展開する「鳴門秘帖」（一九二六〜一九二七）で、圧倒的多数の読者を獲得した。

〈新講談〉の誕生から〈大衆文学〉への変貌を促したのは、大正期を通じて発達を続けた雑誌メディアだった。吉川は、大資本によって売り出され初期キャリアを形成したともいえる。しかし、人気作家となって以降も多様な媒体の要請に応じ、万人の夢を主導する「国民作家」への道を歩みはじめる。

†映画界への波及効果

時代小説の別称が変遷したように、〈時代劇〉が定着するのも大正末期だった。松竹の野村芳亭《ほうてい》監督作品「清水の次郎長」(一九二二)や「女と海賊」(一九二三)などの広告に、「新時代劇」「新時代映画」と見えるのが古い用例である。特に「新」を冠したのは、〈旧劇〉との差異化を意図したためだろう。講談や歌舞伎の演目を撮影した〈旧劇〉の観客は、主に年少者や若年労働者だった。牧野省三監督、尾上《おのえ》松之助《まつのすけ》主演の忍術映画群がその典型だが、筋立ては単純かつ非現実的であり、芝居小屋の見世物から脱皮しきれてはいなかった。

大人の鑑賞に堪えるには、映像の改良だけでなくストーリーの充実が不可欠となる。そこで注目されたのが、震災後に勢いを増した〈大衆文学〉である。直木三十三作品を原作とする沼田紅緑《こうろく》監督「雲母坂《きららざか》」(一九二四、マキノ映画)以降、時代小説の映画化が急増する。例えば、大佛次郎「鞍馬天狗」は、原作の開始された翌年にあたる一九二五年に、早くもスクリーンに現れている。同じく大佛の「照る日くもる日」(一九二六〜一九二七)は、完結を待たず複数社で競作となった。映画会社が殺到したのは、連載の継続による宣伝効果を見込んでいたからだ。

こうした傾向はさらに加熱し、人気作品の大半が映画化された。今日でいうメディアミックスにより、小説の読者以外にも受容層が拡大し、物語とヒーロー像が浸透していく。記憶に刻印されたイメージは続篇への需要を喚起し、冒頭で例示したような長寿シリーズが数多く誕生した。文芸と映像の相乗効果が盤石とした時代小説・時代劇映画ジャンルは、その後も新風を吹き込む作家・監督・俳優が出現する好循環により、大衆娯楽の王者として長く君臨し続けたのである。

（付記　本講は、JSPS科研費18K00292による研究成果の一部である）

さらに詳しく知るための参考文献

＊取り上げた作家たちの主要な作品は、ほとんどが昭和期に発表されている。通史や評伝などを参考に、まずは代表作に触れていただきたい。

時代小説の通史

尾崎秀樹『大衆文学の歴史』上下（講談社、一九八九）……尾崎は大衆文学研究のパイオニアであり、その論業を集大成している。真鍋元之『大衆文学事典』（青蛙房、一九六七／増補版・一九七三）とともに、基礎的文献として有用である。尾崎の手がけた評伝には、『伝記吉川英治』（講談社、一九七〇／講談社文庫、一九七四）および『吉川英治　人と文学』（新有堂、一九八一）などがある。

大村彦次郎『時代小説盛衰史』（筑摩書房、二〇〇五／ちくま文庫、二〇一二）……各作家の動きを物語風に記述しており、初心者でも手に取りやすい。

時代小説作家・作品について

筒井清忠編『昭和史講義【戦前文化人篇】』(ちくま新書、二〇一九)……歴史講義シリーズでは、すでに中里介山と長谷川伸を取り上げている。

浅子逸男『御用!「半七捕物帳」』(鼎書房、二〇一九)……〈捕物帳〉の元祖を対象に、作品生成と改稿に関する問題系を分析した作品論である。

白井喬二『さらば富士に立つ影――白井喬二自伝』(六興出版、一九八三)……大衆文学の旗印であり、二十一日会の結成や円本『現代大衆文学全集』(平凡社)の出版にまつわる事情に詳しい。

福島行一『大佛次郎――一代初心』(ミネルヴァ書房〔ミネルヴァ日本評伝選〕、二〇一七)……大佛次郎研究の第一人者が、多岐にわたる文筆活動をコンパクトにまとめている。横浜の大佛次郎記念館が刊行する『おさらぎ選書』にも、充実した論攷と資料が掲載されている。

山﨑國紀『知られざる文豪　直木三十五――病魔・借金・女性に苦しんだ「畸人」』(ミネルヴァ書房、二〇一四)……文壇、出版界、映画界、軍部を股にかけた直木の多端な生涯を追い、代表作を再評価する。

吉丸雄哉・山田雄司・尾西康充編著『忍者文芸研究読本』(笠間書院、二〇一四)……小説、映画を通じて人気の高い忍者を多角的に検討しており、研究のためのガイドブックにもなる。

時代劇映画について

岩本憲児『「時代映画」の誕生――講談・小説・剣劇から時代劇へ』(吉川弘文館、二〇一六)……黎明期の時代劇映画について詳細に分析するとともに、同時代の近接ジャンルにも目配りが行き届いている。

第19講

岡本一平と大正期の漫画

宮本大人

†漫画史における大正期

本講では、大正期の漫画と漫画家について、岡本一平の仕事を中心に見ていく。日本の漫画史において大正期とはどのような時代だったか。漫画史研究における通説をまとめると次のようになる。

明治期において、『團團珍聞《まるまるちんぶん》』(一八七七=明治一〇年創刊)、『滑稽新聞』(一九〇一=明治三四年創刊)、『東京パック』(一九〇五=明治三八年創刊)など、時局諷刺雑誌を舞台に発展してきた漫画は、大逆事件を境に急速に政治諷刺の力を弱め、これらの諷刺雑誌も明治末から大正初めにかけて次々休刊していく。大正期の漫画は、新聞社に記者として雇用された漫画家たちによる社会風俗を題材にしたものが中心となり、漫画と文章を組み合わせた「漫画漫文」形式による風俗探訪エッセイや、「漫画小説」などとも呼ばれた長大な物語を語るものも生み出され、いっそうの大衆化が進んでいく。そうした流れの中で漫画、および漫画家の社会的認知・地位が向上する一方、大正末には、漫画の、民衆芸術としての性格を重視する若い漫画家たちによってプロレタリア漫画の萌芽も生まれてくる。

主たる媒体においては雑誌から新聞へ、題材においては政治諷刺から社会・風俗諷刺へ、表現形式においては大正期に現れた漫画漫文形式の流行、そして、漫画家の社会的地位向上、といった点が、漫画史における明治から大正への変化として重視されてきたと言える。このすべての点において、代表的な役割を果たしたと言えるのが岡本一平である。

†明治期における「漫画」の形成

岡本一平の仕事について見る前に、本講の議論の前提として、明治期における「漫画」の形成過程について触れておく必要がある。

幕末から明治の初めに、西洋の新聞・雑誌におけるカリカチュアが日本にも紹介された際、そうしたカリカチュアが多く掲載されていたイギリスの著名な諷刺雑誌のタイトル『PUNCH(パンチ)』を「ポンチ」と読み、これが「西洋戯画」を表す言葉とされたことなどから、明治の新聞・雑誌に掲載された諷刺画の多くが「ポンチ」または「ポンチ絵」と呼ばれていた。

これに対して、カリカチュアに相当する言葉として明治二三(一八九〇)年から「漫画」の語を用い始めたのが福沢諭吉の『時事新報』であり、そこで「漫画」を担当した諭吉の義理の甥に当たる今泉一瓢《いっぴょう》である。病弱だった一瓢に代わって北沢楽天が同紙の漫画を担当するようになり、明治三五（一九〇二）年に同紙に日曜漫画欄「時事漫画」が設けられたことが、「漫画」が「ポンチ」に代わるカリカチュアの訳語として普及・定着する上で大きな意味を持ったと考えられる。

明治前半の「ポンチ」は全般に、画面の余白に数多くの手書き、または活字の文章が書き込まれており、『團團珍聞』の場合、それらの文章は絵を描く絵師とは別に戯作者が書いていた。その文体は調子のよい七五調になっていることも多く、また、地口・駄洒落の類の言葉遊びを多く含むものであり、音読することでその面白さが十全に堪能できる種類の文体になっていた。そこでは絵の表現もまた、「国会」を黒い貝、すなわち「黒貝《こっかい》」で表現するなど、文章の方の言葉遊びを反映させたいわゆる「判じ絵」が多用されていた。要するに、当時「ポンチ」の名で呼ばれ、従来の漫画史研究において「近代漫画」とされていたものの多くは、「絵画」の一種とは言い難い、絵師と戯作者によって絵と言葉が対等に組み合わされた独特の形式を持つ諷刺表現だったと言うべきなのである。

これに対して今泉一瓢が目指したのは、西洋のカリカチュア同様、戯作者の言葉に頼らず、絵のみの力によって言わんとすることを伝える諷刺画であり、それは西洋から来た近代的な

「美術」の一種として位置づけられるべきものであった。実際、一瓢は、黒田清輝《せいき》を中心に結成された洋画新派の団体「白馬会」の展覧会に自らの「漫画」を出品するなど、「漫画」を、近世の浮世絵・戯作の延長上にあった「ポンチ」から積極的に切り離そうとしていた。その志向は、明治四〇年代に複数の「漫画」の語を含む作品集を刊行した小杉未醒《みせい》の仕事などを経て、大正三（一九一四）年に刊行された『美術辞典』に「漫画」の項が設けられ、「美術」の一分野としての認知が得られるところまで継承されている。

コマの中における文章を減らし、一行程度のタイトルのみを言葉として添え、基本的には絵だけで分かりやすく意図を伝える諷刺表現は、絵画は絵画表現のみの力によって自立すべきとする近代的な芸術観に見合ったものであった。そしてまた、より一層の速報性と、リテラシーの低い読者をも引き付ける可読性の高さが求められるようになっていく新聞・雑誌メディアにとっても、都合の良いものであった。こうして、明治三〇年代、「時事漫画」が人気を博するようになるころには、新聞・雑誌掲載の、多くの場合まだ「ポンチ」の名で呼ばれていた諷刺画も、その表現においては「時事漫画」同様の、絵だけで面白さが伝わるものになっていった。

新しいジャンル名称の創出と、それに見合う、それまでになかった表現形式の確立をもって一つのジャンルの成立の要件と考えるなら、「漫画」が一つの独立した表現ジャンルとして形成されたのは明治の半ば以降のことと考えるのが妥当であろう。

その上で、大正期において問題になってくるのは、「漫画」がその形成過程において、「美術」であろうとし、なおかつ近代的な新聞・雑誌メディアに適応した諷刺表現でもあろうとしたという点と、絵の力だけで自立することを目指して整えられた表現形式であったために、多くの情報や長い物語を伝えようとしたとき、結局文章を添えるほかなかったという点である。

前者は、新聞・雑誌ジャーナリズムをその主たる活躍の場とすることが、漫画を「芸術のための芸術」としての純粋芸術になりきれないものとしてしまうジレンマとなり、後者は、表現形式として言葉という要素を排除しきれなかったことがかえってジャンル全体の表現力を拡大していくという逆説を生むことになる。「漫画」というジャンルの〈不純さ〉、輪郭のあいまいさが、漫画家たちの抱えるジレンマとなるとともに、後につながるこのジャンルの成長力ともなっていく。このことがはっきりしてくるのが大正期なのである。

†楽天の政治性、一平の脱政治性

岡本一平は、明治一九（一八八六）年に生まれ、明治四三（一九一〇）年に東京美術学校を卒業した後、大正元（一九一二）年に東京朝日新聞社に入社し、大正期を通じて、漫画家として大きな成功を収めていく。一平の仕事の特質として、まず政治との向き合い方に触れておく。

先に述べたように、明治から大正への変化の一つとして、政治諷刺から社会・風俗諷刺へと

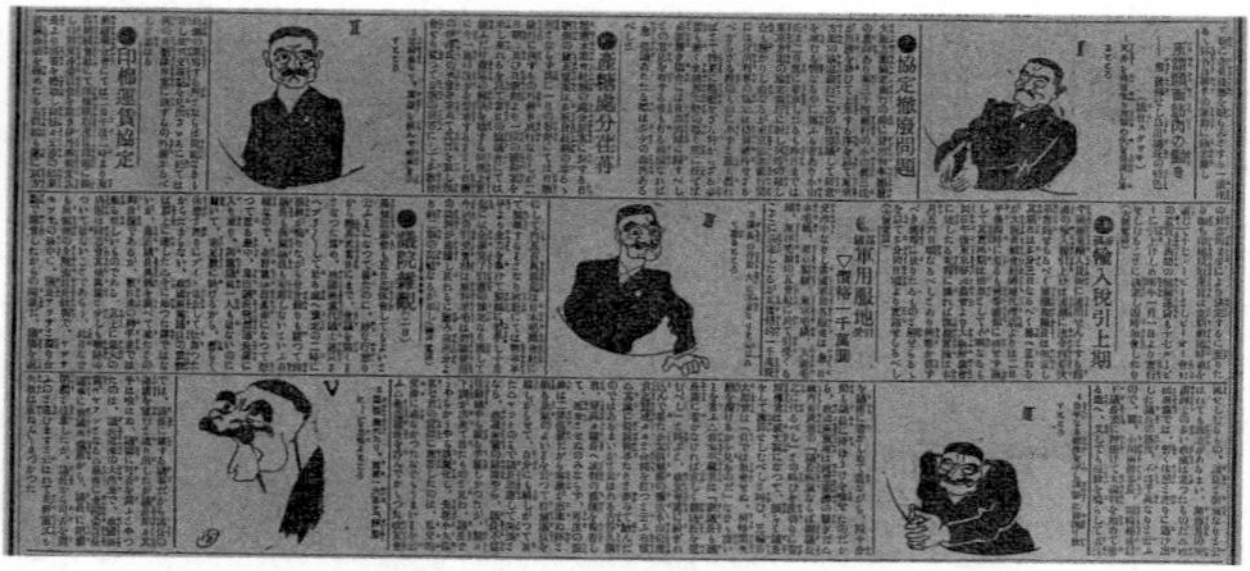

図１　岡本一平「所謂顔面筋肉の働き」（『東京朝日新聞』1915年12月4日）

いう点がある。もちろん、岡本一平を含む大正期の新聞漫画家たちが、その時々の政治状況や政治家を題材にしなかったわけではない。

だが、明治を代表する北沢楽天の政治諷刺漫画と、一平の政治諷刺漫画には大きな違いがある。楽天の場合、国際情勢、外交、内政等の時事に対して、その都度自らの立場・意見が明確にあり、その表現として諷刺漫画を描くというスタンスがはっきりしていた。主筆を務めていた雑誌『東京パック』を離れて自ら創刊した『楽天パック』の広告に「閥族覆滅《ばつぞくふくめつ》憲政擁護を主義とす！」「漫画の政治的勢力を見よ！」とあるように、楽天には自分が描く諷刺漫画によって政治に影響力を行使しようという志向があった。

これに対して一平のスタンスをよく表しているのが、図1の「所謂顔面筋肉の働き」である。「議会スケッチ」として大正四（一九一五）年一二月四日の東京朝日新聞に掲載されたこの作品は、五コマにわたって、当時の衆議院議長、島田三郎の議事進行ぶりを描いたものである。雄弁家として名高い島田が、議場からの批判に様々な応対を見せながら議事を進行させるその様子を、一平は「所謂顔面筋肉の働き」として突き放して観察する。それが一平の立つ場所である。

一平にとっては、どんなに高貴で偉大に見える政治家も、所詮はただの一人の「人間」に過ぎない。政治家であろうと、相撲取りであろうと、芸者であろうと、同じ「人間」として描く。その突き放し方は、「政治」というものから、それがごく少数の人々によってのみ可能な「お上」の仕事である、といったイメージを、剝ぎ取る力を持ち得ただろう。その意味では、楽天の仕事より、深いレベルで「民主主義」的で、大正デモクラシーの時代にふさわしいものだったとも言える。だが、ここで示されている政治に対する批判性は、一平自身の明確な政治的立場・主張に基づくものというより、あらゆる政治的立場・主張そのものを突き放して相対化するようなものであり、その意味では傍観者的で、脱政治的なものだったとも言える。

楽天のような政治諷刺漫画が退潮した(『時事新報』での楽天の仕事は、大正期を通じて一定の支持を受け続けたのではあるが)要因は複合的なものだったと考えられる。通説では、大逆事件に代表される言論弾圧によるジャーナリズムの萎縮、日清・日露戦争を経て明治期に比べれば相対的に安定した政治状況における諷刺の標的の喪失、政治的中立を掲げた大新聞のあり方に政治諷刺漫画がそぐわなくなってきたこと、などが挙げられている。これらに加えて、新聞読者の側

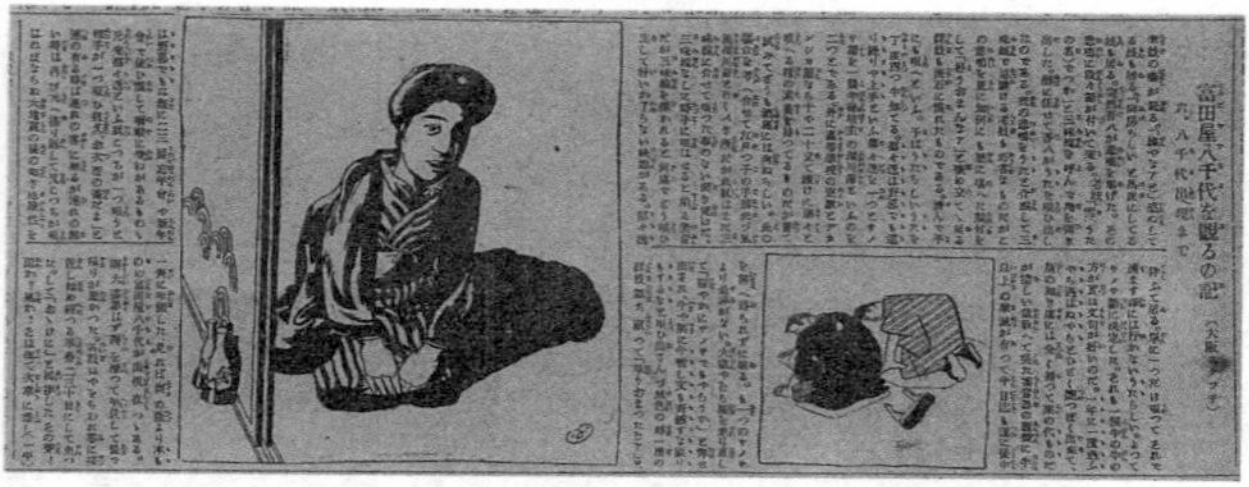

図2　岡本一平「富田屋八千代を観るの記（六）」（『東京朝日新聞』1915年3月16日）

の需要の変化も考えられるだろう。それらのどれがどの程度の重みを持っていたかなどは今後の研究課題である。

†漫画漫文形式の確立

一平の功績として広く知られるのが、「漫画漫文」という、漫画に漫画と同じかそれ以上のスペースを要する長さの文章を組み合わせた表現を確立し、大正期に流行させたことである。東京朝日新聞社に入社してすぐの時期に8回にわたって書いた「熊を尋ねて」（大正元年12月）、大阪の高名な芸妓に会えるまでを9回にわたって書いた「富田屋《とんだや》八千代を観るの記」（図2）など、風俗探訪ものによってこのスタイルは確立された。一平の最初の単著となった『探訪画趣』（一九一四＝大正三年、磯部甲陽堂）はその漫画漫文を集めたものであり、夏目漱石がその文才を称える序文を寄せていることで知られる。

漫画家が一人で絵も文も手掛けるルポ、エッセイとしての漫画漫文は、東京美術学校で一平の同級生であった『読売新聞』

図3　岡本一平「オギャアより饅頭まで（一）」（『東京朝日新聞』1921年10月17日夕刊）

の近藤浩一路《こういちろ》など、同世代の新聞漫画家たちにも普及し、磯部甲陽堂からは、「漫画双紙」シリーズとして、各紙の新聞漫画家たちの漫画漫文が単行本化されていった。

一平はさらに、この漫画漫文形式を用いて、長い物語を語ることにも挑戦した。初めは『東京朝日新聞』に「オギャアより饅頭まで」と題して始まり、その後、雑誌『婦女界』に連載された「人の一生」は、「漫画小説」として、主人公唯《ただ》野《の》人成《ひとなり》の誕生から老境に至るまでを描き、一平の代表作の一つとなった（図3）。さらに、子供雑誌『良友』にも、子供向けの物語を漫画漫文形式で語った作品を連載し、後に単行本にまとまっている（図4）。

一平が漫画漫文形式の創出において行ったのは、近代における「漫画」の成立過程において、いったん画面の中から排除された言葉・文章という要素を、もう一度、今度は画面の外に添える形で「漫画」と組み合わせたということである。言葉の排除によって端的にその意図を伝達しやすくなった分、

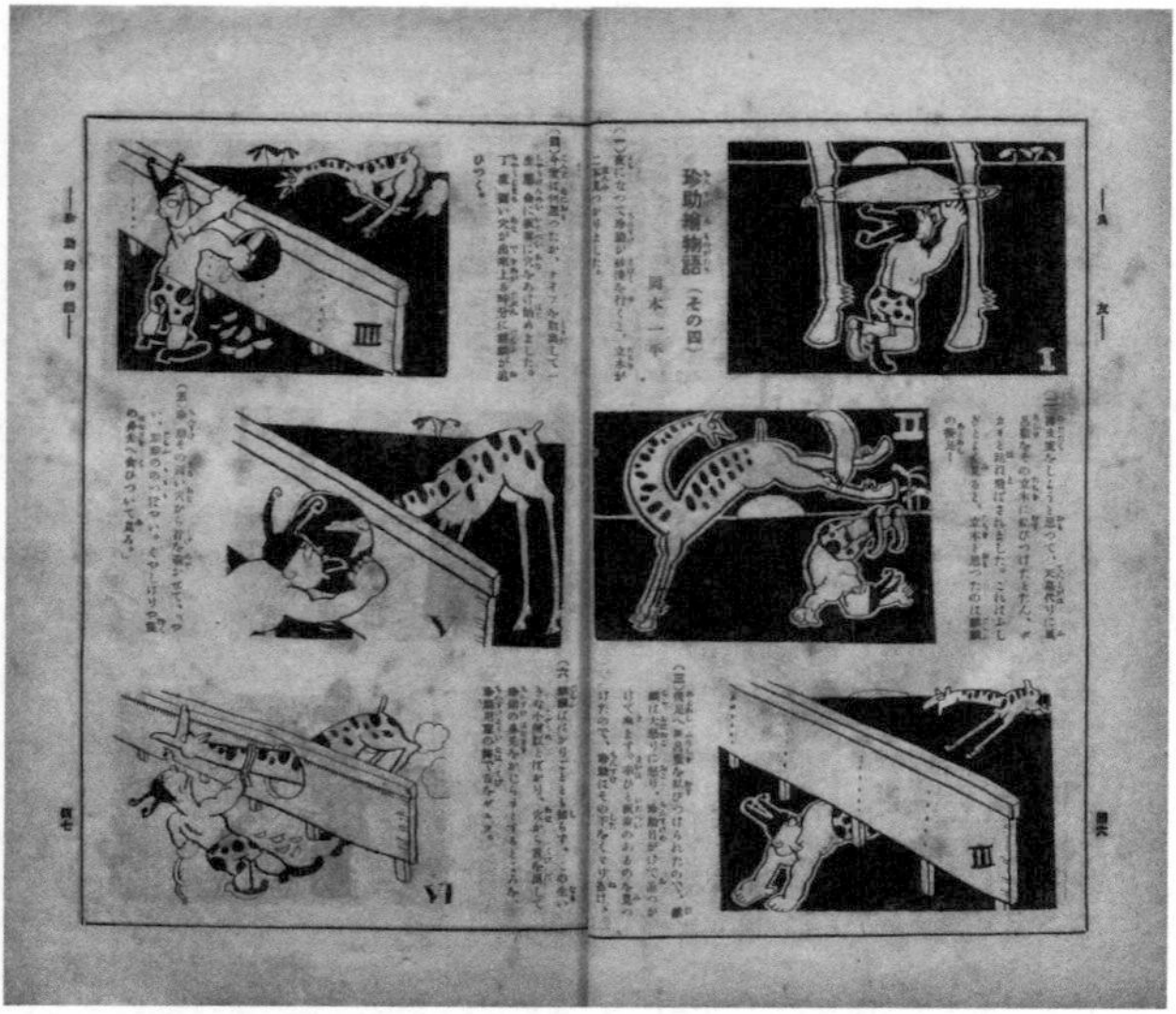

図4　岡本一平「珍助絵物語（その四）」（『良友』1巻11号、1916年）

多くの情報を詰め込むことはできなくなった漫画のわきに、漫文という文章を添えてしまうことで、ルポ、エッセイ、さらには小説のような内容まで、漫画家が自分で手掛けることができるようになったのである。

複数のコマと、その中に描き込まれた絵、そしてコマの中の登場人物のセリフを吹き出しに入れるという形で出来事の展開を見せる漫画は、すでに明治期から存在した。しかしこの形式で「人の一生」のような長い物語を語るには、膨大なコマ数、そしてページ数が必要であり、大正期にはまだそこまでの需要が漫画による物語にはなかった、あるいはそのような需要が存在し得ることを漫画家も新聞社・出版社も考えられなかった、と思われる。

その意味で漫画漫文は、昭和に入って田河水泡《すいほう》の『のらくろ』（一九三一年〜四一年）のヒットによって、コマと絵と吹き出しだけで長大な物語を語る作品が普及するまでの、過渡期的な形式だったと言えるだろう。だが一平が「漫画小説」あるいは「映画小説」とも呼んだ漫画漫文形式の物語の人気は、漫画家が語る長い物語への需要を喚起し、一平の弟子だった宮尾しげをがこの形式で子供漫画を手掛けて人気を博すことにもつながり、昭和初年代から一〇年代にかけての子供向け物語漫画のブームを準備することにもなったと言える。

†漫画家の地位向上

大正期に一平が果たした重要な役割として、漫画家の地位向上がある。漫画を描き始めてようやく雑誌から原稿の注文が入るようになったころ、ある出版社の事務室の黒板に自分のことを「画工」と書いてあったことに憤慨し、「これはいけない」「どうせ漫画を職とする以上、漫画の位と漫画の用途とを確立しなくては」と考えた一平は、社会に対する漫画の「位」と「用途」のアピールのため、北沢楽天、近藤浩一路、平福百穂《ひらふくひゃくすい》ほか、各新聞社の漫画家に声をかけて東京漫画会を結成し、年に一度の大宴会である「漫画祭」と、自分たちの漫画作品を展示する漫画展覧会を催していった。

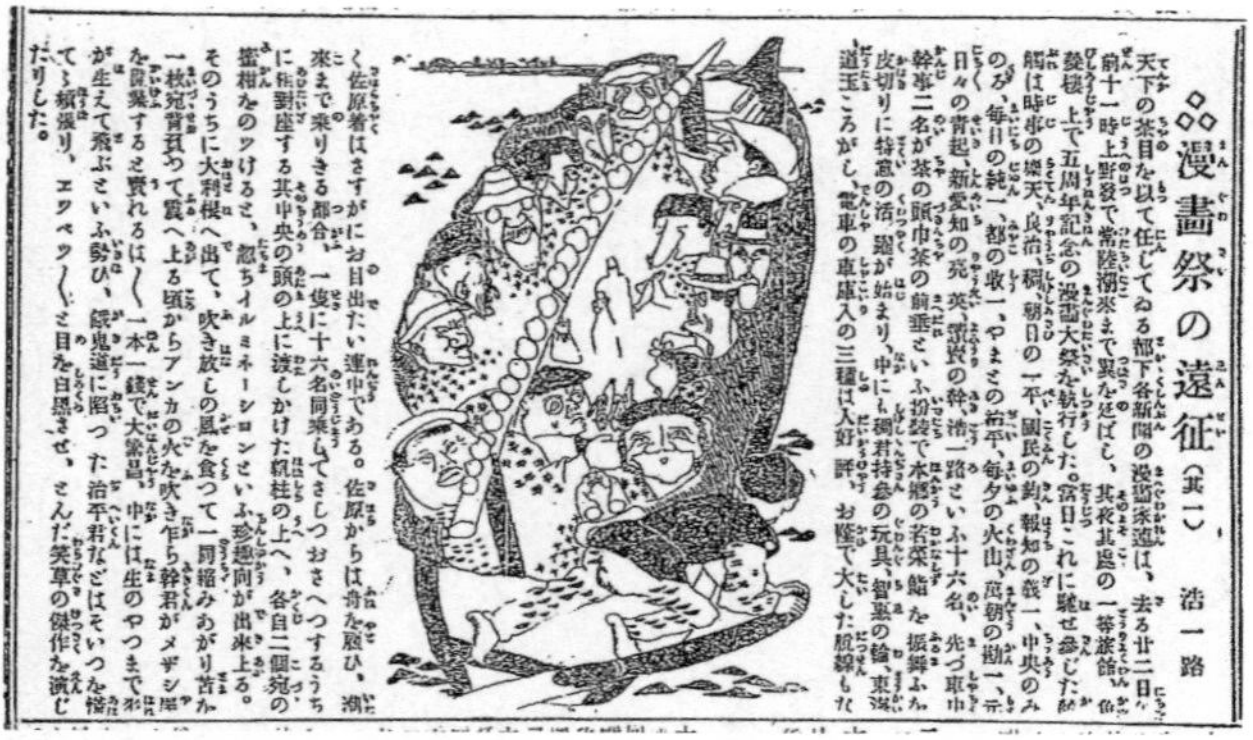

☆漫畫祭の遠征（其一）　浩一路

天下の茶目を以て任じてゐる都下各新聞の漫畫家連は、去る廿二日午前十一時上野發で常陸潮來まで翼を延ばし、其夜其處の一等旅館〇〇樓上で五周年記念の漫畫大祭を執行した。當日これに馳せ參じた顔觸は時事の樂天、良治、桐、朝日の一平、國民の莿、報知の哉一、中央のみのる、毎日の純一、都の收一、やまとの治平、毎夕の火山、萬朝の勘一、東日々の青起、新愛知の冠英、讀賣の幹、浩一路さいふ十六名、先づ車中幹事二名が茶の頭巾茶の前垂さいふ扮裝で本郷の若菜餡を振舞ふた皮切りに特意の活、謎が始まり、中にも潤君持參の玩具、智惠の輪、東湖道玉ころがし、電車の車庫入の三種は大好評、お蔭で大した脱線もなく佐原着はさすがにお目出たい連中である。佐原からは舟を雇ひ、潮來まで乘りきる都合、一隻に十六名同乘してさしつおさへつするうちに相對座する其中央の頭の上に渡しかけた帆柱の上へ、各自二個宛の蜜柑をのッけるさ、忽ちイルミネーションさいふ珍趣向が出來上る。そのうちに大利根へ出て、吹き放しの風を食つて一同縮みあがり苦かを賞翫するさ賣れるは〳〵一本一錢で大繁昌、中には生のやつまで羽が生えて飛ぶさいふ勢ひ、餓鬼道に陷つた治平君などはそいつを慌てゝ頬張り、エツペツ〳〵さ目を白黒させ、さんだ笑草の傑作を演じたりした。

図5　近藤浩一路「漫画祭の遠征（其一）」（『読売新聞』1919年3月25日）

漫画祭も漫画展覧会も、参加した漫画家たちが自分の新聞で漫画漫文で報告したほか（図5）、一般の記事としても取り上げられ、その広報効果は大きかったと見られる。その一方で、漫画展覧会に対する展覧会評には、展示作品について、「美術」としての質の低さを批判するものと、逆に一般の「美術」にない「漫画」ならではの要素の不足を批判するものの、両方があった。これはまさに「漫画」が「美術」の一分野であろうとしながら、その主たる舞台をジャーナリズム・メディアとしていたことからくるジレンマであった。

このジレンマを抱えつつ、というよりこのジレンマの故にこそ、一平は大正期を通じて懸命に漫画家の地位向上に努めたと見られる。大正一一（一九二二）年に、雑誌『婦女界』を出していた婦女界社の社長とともに世界一周旅行に出たことは新聞でも報じられ、一平自身、漫画漫文形式による報告を『東京朝日新聞』および『婦女界』に連載し、『世界一周の絵手紙』（磯部甲陽堂、一九二四＝大正一三年）としてまとめられた（図6）。このころの『婦女界』を見ると、一平は漫画や漫画漫文を連載するだけでなく、同誌が毎号巻頭に掲載していた女性と社会に関わる問題を扱った座談会に、当時の著名な学者、小説家らと並んで参加している。大正期の後半にはすでに一平は、漫画家代表として、いわゆる文化人の列に加わっていたのである。

漫畫「世界一周」　岡本一平
紐育ウォールド社の漫畫室訪問　（紐育小品）

図6　岡本一平「漫画「世界一周」紐育ウォールド社の漫画室訪問」（『東京朝日新聞』1922年9月3日）

漫画で「人間」を描くこと

一平は、昭和三（一九二八）年に出た『新漫画の描き方』で、「漫画とは世態人情を穿つ絵をいふ」とし、「普通の

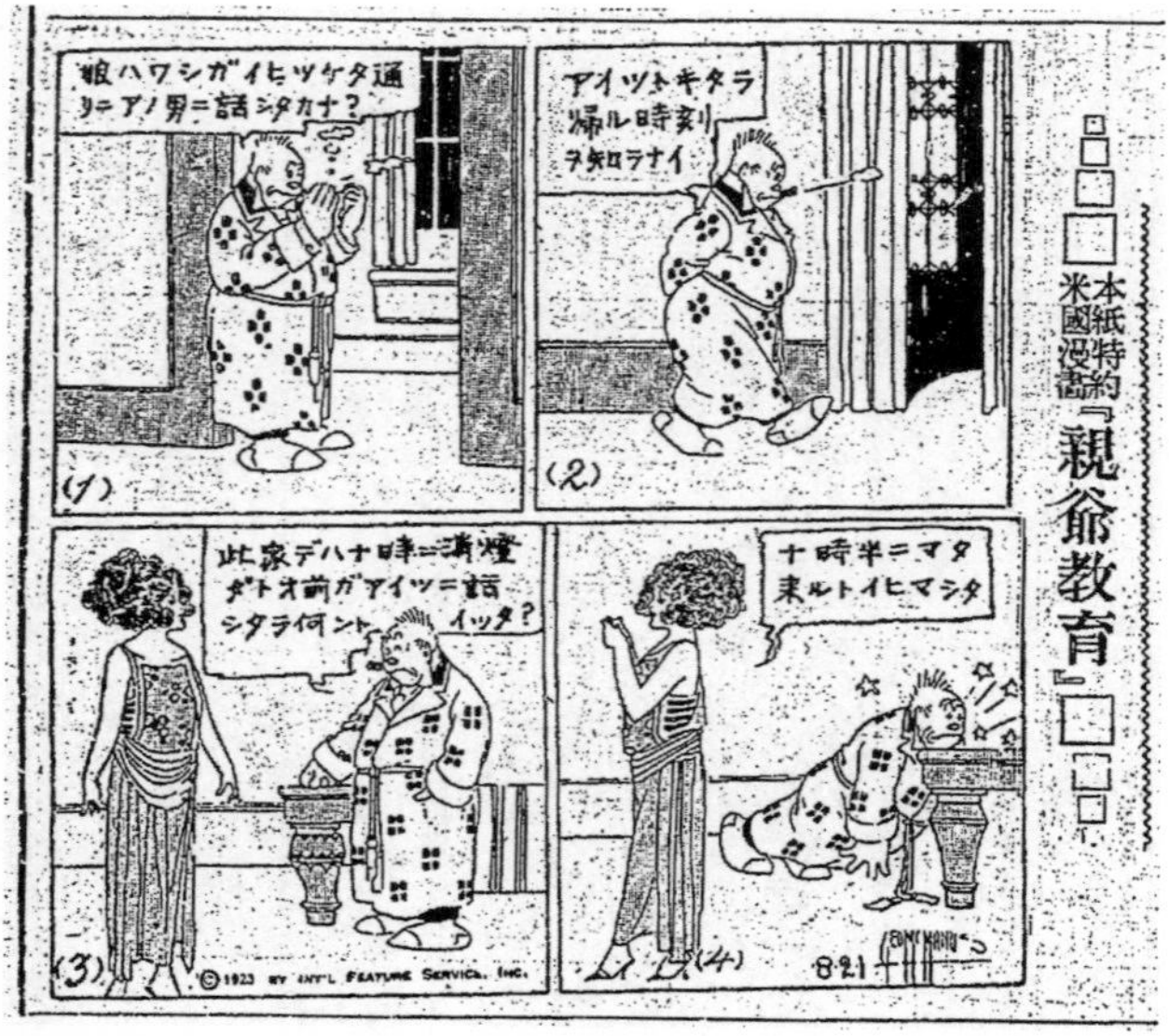

図7　ジョージ・マクマナス「親爺教育」（『東京朝日新聞』1923年10月25日夕刊）

美術画、略して本画」と漫画の違いを、前者は「美」を追求するものであり、後者は「美よりも実情を穿つといふ」「真」を追求するものであるとしている。「活きた現代の人間が活きた現代の世相を捉えてそして活きた現代の人間に話しかける。この絵画的言葉が即ち漫画である」。「人の一生」の主人公の名前を「ただのひとなり」とし、著名な政治家を描くときにはその「顔面筋肉の働き」を観察する。諷刺漫画による政治へのコミットより、「ただの人」、すなわち普通の「人間」の、「実情」を「穿つ」ことに対する一貫した関

図８　麻生豊「ノンキナトウサン」（『夕刊報知新聞』1924 年 4 月 15 日）

心が、一平の作品を特徴づけ、また一平と同世代の大正期に活躍した漫画家たちにも共通する傾向となっている。

この傾向は、漫画を、大正一三（一九二四）年に『大阪朝日新聞』『大阪毎日新聞』が相次いで発行部数百万部を達成するにいたる新聞紙の大衆化の時代にふさわしい、「ただの人」による「ただの人」のための「ただの人」についての表現として、「ただの人」すべての共感を喚起するようなものにしていった。

大正一〇（一九二一）年、『時事新報』は一九〇二年から一九〇六年まで北沢楽天が担当していた日曜漫画欄「時事漫画」を、独立した別刷付録として復活させる。米国の大衆紙が、まさにその大衆化戦略の一環として家族全員が楽しめるものとして出していた日曜付録をモデルにしたと言われている。大正一〇年代には主要な新聞紙はこぞって日曜漫画欄を設けるようになり、ジョージ・マクマナスの「親爺教育」などアメリカの人気新聞漫画の翻訳連載も盛んになる（図7）。こうして一平らがその基礎を築いてきた「活きた現代の人間に話しかける」漫画が急増していく。

その流れの中で、市井の庶民が関東大震災前後の東京で生きるさまを描く麻生豊の「ノンキナトウサン」（報知新聞、一九二三年連載開始、図8）、朝日新聞の記者であった織田小星《しょうせい》と挿絵画家だった樺島勝一《かばしまかついち》（東風人）による子供向けのファンタジー「正チャンの冒険」（『アサヒグラフ』、一九二三年連載開始、震災による同紙休刊後『東京朝日新聞』で連載再開、図9）などの大ヒット作も生まれてくる。

また、漫画家の地位向上、新聞・雑誌メディアでの漫画の需要の増大、東京漫画会（一九二三＝大正一二年に発展解消し日本漫画会となった）のような漫画家の団体活動、そして「美」よりも「真」をという志向性など、大正期を通じて醸成・発展した漫画は、「ただの人」のための表現というところからさらに進んで「民衆」の芸術、「労働者大衆」の芸術という方向を追求するプロレタリア漫画をも生み出していく。北沢楽天の弟子であった下川凹天《へこてん》、昭和期にプロレタ

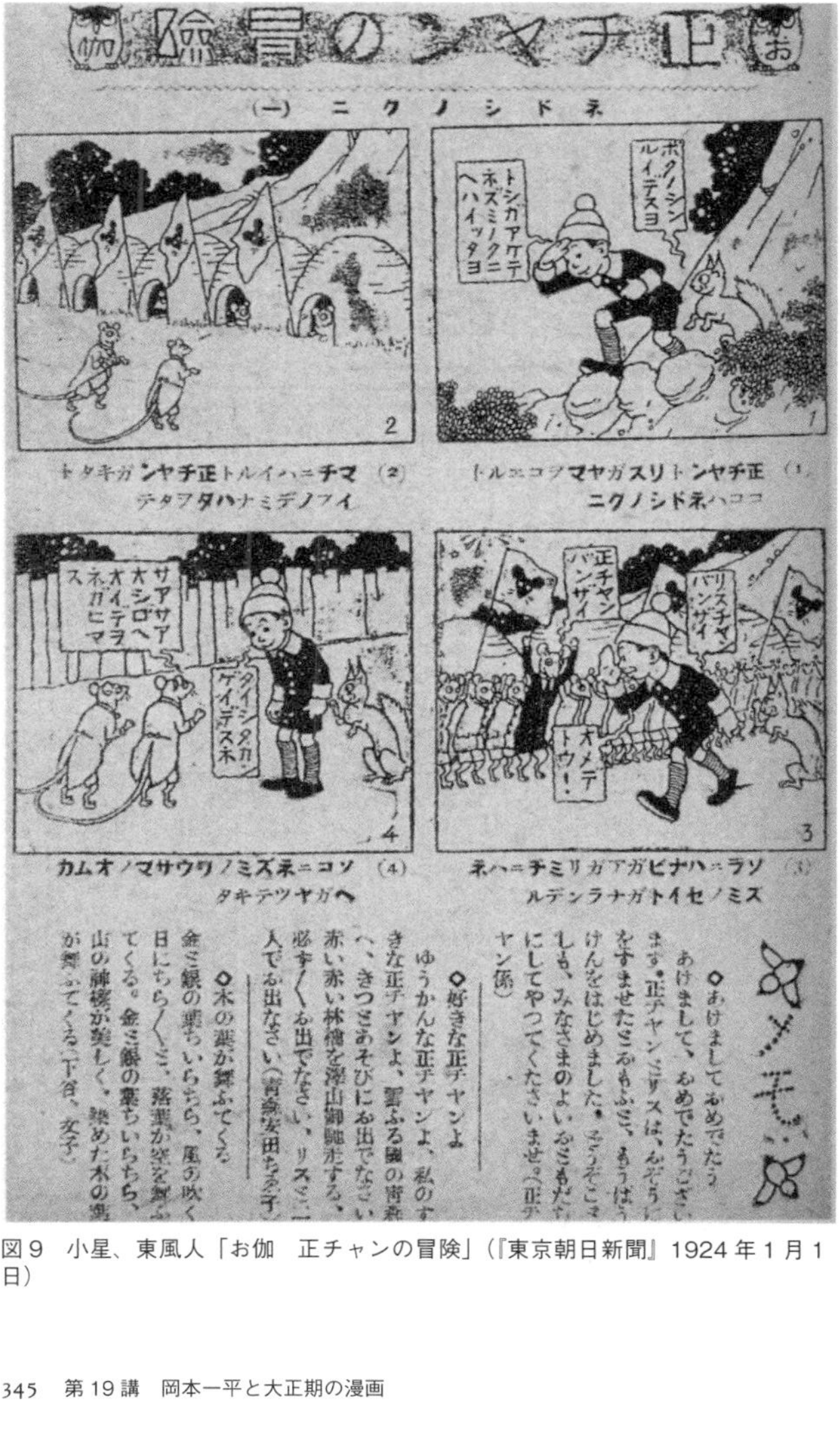

図9　小星、東風人「お伽　正チャンの冒険」(『東京朝日新聞』1924年1月1日)

リア漫画家として活躍する柳瀬正夢《まさむ》らは、大正一五（一九二六）年に日本漫画家連盟を結成し、日本漫画会とたもとを分かつことになる。

以上に見てきたように、大正期の漫画は、岡本一平の仕事に導かれる形で、美術とジャーナリズムの間に立つジレンマを抱えつつ、絵と言葉を組み合わせて多くのことを語ることのできる表現形式として、大きく成長し、社会的地位を向上させ、いっそうの大衆化を進め、また物語漫画や子供漫画、プロレタリア漫画など、昭和期に開花する多くの萌芽を生み出した時代だったということができるだろう。

さらに詳しく知るための参考文献

岡本一平『一平全集』（全二〇巻、大空社、一九九一）……一九二六年〜三〇年にかけての円本ブームに乗って、一九二九〜三〇年に先進社から出された全一五巻の全集は、一九九一年に、先進社版未収録作品を収録した増補五巻を合わせて全二〇巻で大空社から復刻された。一平の仕事をテーマごとに知ることができる。高額だが、大学図書館や公立図書館に所蔵されていることが多いので比較的アクセスしやすい。

清水勲・湯本豪一『漫画と小説のはざまで――現代漫画の父・岡本一平』（文藝春秋、一九九四）……単行本としてまとまっている唯一の評伝。清水と湯本は刊行当時、川崎市市民ミュージアムの漫画部門で、それぞれ研究員、学芸員を務めていた漫画史研究者で、先に触れた増補・復刻版『一平全集』の監修に当たった成果も活かし、作品そのものと伝記的事実に関する資料を渉猟し、その人生と仕事を丁寧にたどっている。

清水勲『マンガ誕生――大正デモクラシーからの出発』(吉川弘文館、一九九九)……漫画史研究者として数多くの著作がある清水は、「現代社会で育ってきた劇画・コミック・アニメ・アニメCMなど」を「マンガ」と総称し、「伝統的な一枚絵、コマ漫画・短いストーリー漫画など」を「漫画」と総称するという用語法を取っており、その意味での「マンガ」の始まりを、漫画漫文形式によって「人間」を描いた長編作品を手掛けた一平の仕事に見出している。本講でまとめた、一平の仕事が置かれた大正期という時代の文脈を、より多くの漫画家、漫画作品に触れながらまとめている。

日本新聞博物館編『新聞漫画の眼――人　政治　社会』(日本新聞博物館、二〇〇三)……同館が行った同題の展覧会の図録である。日本の新聞漫画の歴史を幕末から現代にいたるまでたどっている。時代ごとの傾向を、代表的な漫画家、漫画作品を取り上げながら明らかにしている。監修者の春原昭彦による新聞史研究の視点からの解説、清水勲、小野耕世、細萱敦、宮本大人による漫画史研究からの解説も収められ、充実した内容になっている。

鈴木麻記「大正期における漫画の両義性と社会的布置――漫画家集団「東京漫画会」を事例として」(『マス・コミュニケーション研究』八八号、日本マス・コミュニケーション学会、二〇一六)……大正期における漫画家の社会的地位、美術とジャーナリズムの間に置かれた彼らのジレンマを、東京漫画会の活動を通じて詳しく検討する論文。明治・大正の漫画史の研究は長らくほぼ清水勲の独壇場だったが、近年ようやく新しい世代による研究成果が出るようになってきている。本講で示した認識も近い将来更新されていくことが期待される。

第20講 ラジオ時代の国民化メディア――『キング』と円本

佐藤卓己

†ラジオ放送の開始

「放送」という言葉の公文書初出は、第一次大戦中の大正六(一九一七)年一月インド洋航行中の三島丸の報告書である。「ドイツの仮装巡洋艦に警戒せよ」との発信所不明の送りっ放し電波が傍受され、「放送を受信」と記載された。戦後の一九二〇年、世界で最初の定時放送がアメリカのKDKA局によって始められた。一九二二年にイギリス放送会社(BBC)が設立されると、逓信省はbroadcastの訳語として「放送」を採用している。ちなみに「マスメディア」という言葉自体、この時代に登場した新しい概念である。大衆massと媒介物や中間物を意味したミディウムmediumの複数形mediaを結びつけた新造語の初出として、『オックスフォード英語辞典』は一九二三年アメリカの広告業界誌『広告と販売』*Advertising & Selling*の用例を挙げている。それは雑誌・新聞・ラジオを指しており、今日的な意味での「メディア」もラジオ放送の開始と起点が重なる。

欧米で先行したラジオ放送に追いつくべく、逓信省通信局は一九二三年に「放送用私設無線電話ニ関スル議案」を提出したが、その直後に発生した関東大震災のためラジオ放送の事業化は中断された。とはいえ震災時に起こった流言蜚語《りゅうげんひご》による社会的混乱から、この新しいメディアへの期待はますます高まった。そのため第一条「無線電信及無線電話ハ政府之ヲ管掌ス」ではじまる無線電信法（一九一五年）に基づく「放送用私設無線電話規則」は、震災のわずか三カ月後に公布されている。

戦前のラジオ放送といえば国家統制メディアという印象が強いが、当初は民間営利事業として計画されていた。新聞社を中心に多くの出願が殺到したため、政府は申請を東京放送局（JOAK）、大阪放送局（JOBK）、名古屋放送局（JOCK）の公益社団法人三局にまとめた。普通選挙法成立の四日前、一九二五年三月二二日（現在は放送記念日）、東京放送局が東京芝浦の仮放送所でラジオ放送を開始した。関東大震災からまだ二年たらずであり、当日の受信許可数は三五〇〇世帯である。開局の挨拶をした東京放送局総裁・後藤新平は、放送の使命を「文化の機会均等」「家庭生活の革新」「教育の社会化」「経済機能の敏活」と表現した。そこに「報道」が欠落していた理由は、放送事業に資本参加した新聞社が競合するメディアとなることを警戒したためである。翌一九二六年八月、東京、大阪、名古屋の三局は合併され社団法人・日本放送協会が誕生するが、各新聞社からのニュース提供は一九三〇年に日本新聞聯合社（聯合）と日本電報通信社（電通）の二通信社と契約が結ばれるまで続いた。

一九二八年に札幌、熊本、仙台、広島に新局が設立され、同年一一月昭和天皇の即位の大礼の実況を契機に全国中継システムも確立していた。この御大典記念事業として開始されたのが「ラジオ体操」である。こうしたラジオ放送の画期性とは、何よりもそれが「あまねく日本全国において受信できる」（現行放送法の表現）メディアだったことである。

†「全国メディア」の成立

もっとも、ラジオ放送が名実ともに「全国メディア」へ発展するのは、満州事変でその速報力が示されて以後のことである。最初の「臨時ニュース」は一九三一年九月一九日午前六時三〇分、ラジオ体操の時間に割り込んだ事変勃発の速報だった。一九三二年に一〇〇万を突破したラジオの受信契約数は、一九三五年には二〇〇万を超えるが、同年の全国普及率一五・五％と東京の四七・八％を比較すれば明らかなように、ラジオはなお圧倒的に都会中心の高級メディアであった。

それではラジオ受信契約数が一〇〇万の大台に達する以前、つまり大正時代に「あまねく日本全国において受信できるメディア」は存在しただろうか。少なくとも大正時代に「全国紙」

はまだ存在していない。なるほどラジオ放送開始の一年前、『大阪毎日新聞』と『大阪朝日新聞』は一九二四年元旦号で一〇〇万部発行達成を宣言していた。また、一九二四年に正力松太郎《しょうりきまつたろう》が買収した『讀賣新聞』も、翌年いち早く「ラヂオ欄」を導入して部数を拡大していた。しかし、その購読者は地域的にも階層的にも限定されていた。

むしろ、距離感を抱かせないラジオ放送の開始によって、それ以前とは規模や機能を一変する「全国紙」や「国民雑誌」のイメージが具体化したというべきだろう。日本でラジオ放送が始まった一九二五年、普通選挙法公布の熱気の中で室伏高信《むろぶせこうしん》は「ラヂオ文明の原理」を『改造』一九二五年七月号に寄稿している。いうまでもなく、『改造』(一九一九～五五年)はのちに「円本《えんぽん》」を企画する山本実彦《さねひこ》が創刊した総合雑誌である。室伏によれば、新聞紙は一九世紀の地方的小社会の要求であり、二〇世紀の高度文明の原理はラジオによる知的統一である。それゆえ、世界も人間もすべてが「ラジオ化」する。だとすれば、新聞や雑誌がラジオ化するのは当然だろう。室伏はラジオ化した政治、すなわち普通選挙がもたらす大衆民主主義、それが必然化する大衆独裁の台頭を次のように予言している。

政談演説のごとき類《たぐ》ひのものと雖《いえど》もその水準は今日あるよりもはるかに以下にと引き下げられなくてはならぬ。(中略)ラヂオの前に立つものは常に斯《か》くのごとき無知なる大衆を相手

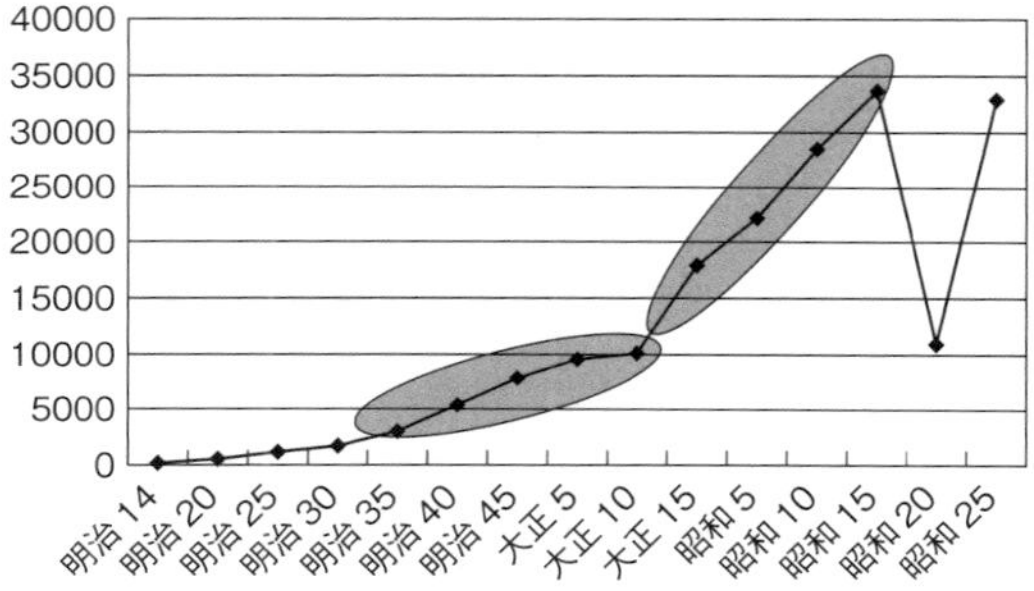

図1　出版物推定発行部数の推移（単位：万冊）
柴野が『出版販売小史』169-175 頁掲載データより作成したグラフ

とするものでなくてはならない。その標準は『キング』の読者以下である。（強調は引用者）

ラジオ聴衆の標準が『キング』の読者以下」であるなら、ラジオ受信契約よりも早く「一〇〇万」に届いた、大衆雑誌『キング』こそ、空前の「国民化メディア」と言えるだろう。

†「声の出版資本主義」と大日本雄弁会講談社

ベネディクト・アンダーソンは『想像の共同体』（一九八三）で、ナショナリズム成立の前提として出版資本主義《プリント・キャピタリズム》による「俗語」印刷物の普及、それによる「国語」の成立を挙げていた。「口語」文化の活字化が読書を大衆化し、「国民化メディア」を成立させたことは日本も例外ではない。出版大衆化の指標として、「雑誌・書籍など出版物の発行部数推移」（図1・柴野二〇〇九、四四頁）を示しておこう。

教科書や雑誌を全国に流通させる取次システムの確立において、明治三十七八年《さんじゅうしちはち》戦役、いわゆる日露戦争（一九〇四〜〇五年）の軍事輸送のために整備された鉄道網の全国展開は重要である。この結果、出版産業は明治三〇年代後半から離陸を始め、大正一二（一九二三）年の関東大震災後に急上昇に転じた。震災後の高度成長は昭和一六（一九四一）年の日米開戦まで続くが、この出版大衆化のスプリングボードとなったのが、大正一三（一九二四）年一二月の大日本雄弁会講談社による『キング』創刊である。

日本文化史では出版界の主流を「明治の博文館、大正の実業之日本社、昭和の講談社」として描くのが一般的である。博文館は『太陽』、実業之日本社は『実業之日本』、講談社は『キング』と、いずれも旗艦誌を擁する雑誌出版社であり、日本の出版界は雑誌主導で発展を遂げてきた。令和のいまも日本最大の出版社である講談社の地歩は、ラジオ時代に創刊された『キング』の成功によって固められた。

講談社の歴史は、明治四二（一九〇九）年一一月東京帝国大学書記であった野間《のま》清治《せいじ》が自宅に「大日本雄弁会」の看板を掲げたことに始まる。同月発足した東京帝国大学法科大学緑会弁論部の演説会速記録を、大日本雄弁会は翌一九一〇年二月一一日（紀元節）に創刊した『雄弁』に掲載した。当時の演説ブームの中で『雄弁』は大成功し、その勢いに乗じて野間は一九一一年一一月三日（天長節）に新たに「講談社」の看板を掲げ、大衆娯楽誌『講談倶楽部』を創刊した。

野間の出版事業の革新性は、二〇世紀的な「声の出版資本主義」を体現していたことである。『雄弁』も『講談倶楽部』も「声」を活字化した雑誌である。やがて帝大書記を退職して出版業に専念した後も、野間は雑誌の目的と対象によって大日本雄弁会発行の「為になる」教化雑誌（『雄弁』『少年倶楽部』『婦人倶楽部』『現代』『少女倶楽部』）と講談社発行の「面白い」娯楽雑誌（『講談倶楽部』『面白倶楽部』）を使い分けた。この両社を統合した「大日本雄弁会講談社」の雑誌として、「日本一おもしろい、日本一為になる、日本一安い雑誌」『キング』は創刊された。この旧社名から「大日本雄弁会」が消えるのも『キング』終刊の一九五七年である（ただし、以下の記述では略称として講談社で統一する）。そのため、昭和前期の大衆文化を「講談社文化」と呼ぶとき、その象徴は「日本初の一〇〇万部雑誌」『キング』とされてきた。

†『大正大震災大火災』の成功から

『キング』創刊は当初一九二四年新年号と予告されていたが、その誌名登記の六日後、一九二三年九月一日の関東大震災によって刊行は一年間延期された。社屋が無傷だった講談社で、『キング』創刊準備スタッフによって急遽《きゅうきょ》『大正大震災大火災』が製作された。新聞社の罹災で新聞広告ができないため、この刊行宣伝には約六〇万枚の葉書が使われた。また、「雑誌扱い」の特別配本により文具店や薬局を含む雑誌販売網にものって、同書は大ベストセラーとなった。この成功が取次店に対する講談社の信用を引き上げ、『主婦之友』の二四万部が最大であった当時において、初刷五〇万部という未曾有の創刊号が実現した。

この創刊号が準備されていた一九二四年六月、第二次護憲運動の勝利を背景に加藤高明内閣が成立し、『キング』創刊から三カ月後の第五〇議会において二五歳以上の男子を有権者とする普通選挙法案が成立している。その意味で、『キング』創刊キャンペーンは来るべき普通選挙の「宣伝時代」幕開けを先取りしていた。全国二百数十紙で展開された『キング』創刊の特大広告は空前の規模に達し、革新的なキャンペーン方法も導入された。雑誌名入りの幟旗を書店の店頭に掲げたのも、『キング』が嚆矢《こうし》とされている。「国民的大雑誌」「一家に一冊」「世のため人のため」のキャッチフレーズを大書したビラ、特大ポスターなど新聞広告以外の宣伝文書が全国に配布され、風呂屋のポスターから街頭のチンドン屋まで「キングだらけ」の状況を呈した。コマーシャルソングとして「キングの歌」（野口雨情《うじよう》作詞、水谷しきを作曲）のレコードが発売され、「キング踊」の振り付けまで用意された。

この創刊号は増刷を続けて七四万部に達した。翌年新年号で一〇〇万部を超え、明治節制定を記念した箱入別冊『明治大帝』を付けた一九二七年一一月号は一四〇万部、翌二八年一一月の御大典臨時増刊号「国民修養絵巻物」は一五〇万部に達した。この一九二八年、ついに講談

左　『キング』創刊当時の四色刷り大ポスター（『講談社の歩んだ五十年』明治・大正編、講談社、1959、621頁）
右　吉邨二郎「初放送」『明治大正昭和大絵巻』（『キング』1931年新年号付録）

社は新聞広告量でも「日本一」となった。この大衆宣伝と大量販売のシステムが雑誌化した書籍、すなわち予約制・定期刊行の「円本」を可能にしたのである。

『キング』創刊の一九二五年当時、ラジオ放送はまだ始まったばかりで鉱石ラジオによる個人聴取が多かった。この段階において家族で回し読みされる「一〇〇万雑誌」は、ほぼ唯一の「国民化メディア」と言えるだろう。趣味も専門知識も細分化する大衆社会において、個人が社会の全体性を読書によって実感することはむずかしい。しかし、『キング』という国民化メディアは、それがあたかも可能であるかのような幻想を人々に与えた。雑多な情報を盛り込んだ『キング』を読めば、だれでも「国民的教養」を共有できるような気分になれたのである。典型的な記事は『『キング』を読みこなす六歳の神童」（一九二五年八月号）である。むろん、総ルビ付き『キング』を読み上げるだけなら神童でなくても可能である。その意味で、ラジオ聴取者と『キング』読者はよく似ていた。「ラジオを聞く」とは断片的な聴取を意味するのであって、ラジオに耳を澄ますことでも、その内容を理解することでもない。つまり、思考のための聴取は持続的な注意力の集中を必要とするが、「ながら聴取」が可能なラジオでは情報への接触が目的であり、理解や学習が一義的な目的ではない。これと同じことが『キング』読書についてもいえた。試験勉強の気晴らし、通勤電車の暇つぶしなどにも利用された『キング』の内容は、注意力の持続性を必要としないレベルにとどまっていた。また、雑多で断片的な誌面構成は、どこから聞いても楽しめるラジオ番組に似ていた。すなわち、ラジオ放送も『キング』もそれに接触するだけで、大衆に「想像の共同体」、すなわち国民国家に参加している安心感と満足感を与えたのである。

『キング』が「ラジオ的雑誌」であることは、一九三一年に講談社から発売された「キングレコード」によっても説明できる。キングレコードは『キング』の記憶を今日に伝える現存レーベルだが、民間放送が認められなかった戦前の日本で『キング』の内容をレコードで「放送」しようとしたクロスメディア的な挑戦だった。雑誌とレコードは一見すると別ものだが、戦前はレコードも出版法で統制されており、どちらも「プレスされた」パッケージ・メディアである。「今月の新譜」と広告されるレコードは、発売の定期性において月刊誌を模倣していた。

†書籍の雑誌的販売――改造社『現代日本文学全集』の成功

『キング』が「ラジオ的雑誌」であるように、円本は「雑誌的書籍」と呼べるだろう。それは新聞広告で予約を募り、毎月一冊ずつ配本される大量生産の定期刊行物である。それまで数千部だった書籍の発行部数は、円本でいっきに数十万部にまで膨れ上がった。円本ブームが出版史上の画期であることはまちがいない。もちろん、「円本」という新造語は当時流行していた「円タク」に由来している。それは市内どこまで行っても料金一円均一のタクシーであり、大正一三（一九二四）年に大阪で始まり二六年から東京、ついで全国に広まった。とはいえ、東京の公立小学校教員の初任給が四〇～五五円だった当時、一円も一般大衆にとって必して安価ではなかった。

昭和改元の一月前に発表された『現代日本文学全集』全三八巻（のち六三巻に増刊）を皮切りに、一九二九年後半まで約四年間つづくブームの中で三〇〇種以上の円本が企画された。そこには『マルクス・エンゲルス全集』全二七巻（別巻ふくめ三三冊、改造社、一九二八～三三年）から『現代商業美術全集』全二四巻（アルス、一九二八～三〇年）まで、じつに多様な内容の全集が含まれている。

とはいえ、円本ブームに先立って、つまり『キング』創刊やラジオ放送開始とほぼ同時に、「全集」「体系」「講座」と銘打った予約シリーズの流行は始まっていた。原敬内閣（一九一八〜二一年）が発した大学令・高等学校令による高学歴人口の急増、関東大震災による個人蔵書の焼失などにより、教養書の新たな需要が生まれていた。たとえば、一九二五年四月から新潮社が刊行した『現代小説全集』全一五巻（入会金・月会費はそれぞれ四円五〇銭）である。ちなみに当時、日本放送協会の月額ラジオ受信料も『大阪朝日新聞』『大阪毎日新聞』朝夕刊の月極め購読料も一円だった。先にふれた講談社の『大正大震災大火災』は一円五〇銭、『キング』は五〇銭（新年号は特大附録付で一円）である。高価な『現代小説全集』の読者は富裕層に限られていた。これを八割引きの一円にまで引き下げたのが改造社の「円本」、一九二六年一〇月に予約募集が始まる『現代日本文学全集』である。

この企画は雑誌『改造』の不振で経営が悪化した山本実彦がカナダ産製紙の暴落に着目して挑んだ起死回生策だった。予約募集に先立って『東京朝日新聞』（一九二六年一〇月一八日）に以下の広告文が掲載されている。

善い本を安く読ませる！　この標語の下に我社は出版界の大革命を断行し、特権階級の芸術を全民衆の前に解放した。一家に一部宛《ずつ》を！（中略）これ我社が我国に前例なき百万部計

画の壮図を敢行して全国各家の愛読を俟《ま》つ所以だ。（強調は引用者）

『キング』の広告に「大革命」「特権階級」「解放」の文字こそないが、「百万部計画」を謳うコピーの枠組みは講談社と同じである。この広告は伝統的な読書人（改造社の用語では「特権階級」）だけでなく、普通選挙の有権者、すなわち国民大衆にも向けられていた。改造社に続いた平凡社の円本『世界美術全集』の広告はさらに直截《ちょくせつ》である。「普選の実施は政治を大衆化した、世界美術全集は美術を大衆化する」（『東京朝日新聞』一九二七年一〇月二三日）。『現代日本文学全集』の第一回配本は予約七万部、総部数は二〇万部に達し、それに続いた新潮社の『世界文学全集』全三八巻（のち五七巻に増刊）は予約四八万部でスタートした。一九二七年二月一五日『東京朝日新聞』に掲載された新潮社の広告は「ラジオ時代の読書」を象徴している。

世界文学に親しむは、朝に電車汽車を利用し夕に活動（写真）ラヂオを享楽するものの義務だ。屋根にアンテナを張つて書斎に本全集を具《そな》へないのは恥辱だ。従つて本全集の成果は日本の民衆の世界に於ける文化的レベルを表示する好箇《こうこ》のバロメータアだ。見よ、各国各時代の代表傑作を網羅して全日本に放送せんとする此《この》の一大マイクロホンの前に全民衆・全家

庭が狂喜して一円を投じつゝある事実を。是《こ》れ本全集の絶大なる成功を語るものにあらずして何であらう！（強調は引用者）

読みこなすのに一定の教養を必要とする『世界文学全集』でさえ、自らをラジオ放送に擬していた。この当時、三〇万を超えていたラジオ受信契約者の学歴や収入は、一〇〇万部を誇った『キング』の平均的読者よりは高かったはずだ。ラジオ時代に『キング』は下方から、円本全集は上方から教養の国民化を推し進めた。むろん、書斎に円本全集が飾られたとしても、それがすべて読まれたわけではない。むしろ体系的教養を大衆の手の届くパッケージ商品にしたことが重要なのである。

†円本ブームから派生した「国民的教養」メディア

つまり、円本は大量生産による教養書の低価格化、すなわち出版の民主化を実現したのである。また、予約制により出版経営の計画化が進み著作権・印税なども整備されて、作家も専業が可能になった。かくして執筆・編集・印刷・製本・広告・配本・購入など出版の全工程が近代化されることになった。

もちろん、読書人のリアルな市場規模を無視した書籍の大量流通がもたらした円本ブームの弊害が語られることも少なくない。類似の企画が競合し、在庫処分のため定価の一割を切る「円本ゾッキ」のダンピングも多発した。それは出版市場の混乱を招いたが、地方の古書店や夜店にも押し寄せた「第二の円本ブーム」（柴野京子）こそが国民的教養を「あまねく日本全国」に広めたといえなくもない。

さらに、円本ブームは意図せざる結果として、岩波文庫のような新たな体系的教養のメディアを生み出した。このブームに乗り遅れた岩波書店は円本、すなわち「大量生産予約出版」を痛烈に批判して一九二七年七月に「岩波文庫」を創刊した。その発刊の辞に曰《いわ》く、

近時大量生産予約出版の流行を見る。その広告宣伝の狂態はしばらくおくも、後代にのこすと誇称する全集がその編集に万全の用意をなしたるか。（岩波茂雄「読書子に寄す」）

しかし、同時期の第一次岩波講座『世界思潮』全一二巻（一九二八～二九年）なども毎月一円二〇銭で定期配本されており、広義には円本と呼べるものだ。岩波茂雄は「広告宣伝の狂態」として『キング』や円本を批判したが、それが生み出したラジオ時代の大量流通システムを十分に利用して自らの事業を拡大している。

敗戦後の一九四六年、用紙不足の中で岩波茂雄の女婿で支配人の小林勇《いさむ》は「出版だけに固執

していなくて、ラジオでもやろうということを岩波〔茂雄〕に計った」と回想している。岩波自身も乗り気になり、日本放送協会会長への就任要請は固辞《こじ》したものの、会長を選考する放送委員は引き受けている。岩波の没後、この放送委員を引き継いだ小林は「岩波放送局」構想を検討したが、占領下での放送進出は困難と判断して岩波映画製作所を始めている（佐藤二〇一三、第六章を参照）。ラジオ時代の国民化メディアは、大衆文化だけでなく知識人の教養文化にも多大な影響を与えていたのである。

さらに詳しく知るための参考文献

講談社社史編纂室編纂『物語講談社の一〇〇年』全一〇巻（講談社、二〇一〇）……『キング』を創刊した講談社の最新社史。「円本」の嚆矢『現代日本文学全集』の立案にも関わった木村毅が監修した『講談社の歩んだ五十年』明治・大正編／昭和編（講談社、一九五九）とともに、優れた近代日本出版史となっている。

佐藤卓己『『キング』の時代――国民大衆雑誌の公共性』（岩波現代文庫、二〇二〇）……『キング』を「ラジオ的・トーキー的雑誌」として同時代のメディア環境全体に位置づけたメディア史研究。戦時下に「国民大衆雑誌」が果たした機能を考察し、その後の講談社社史にも大きな影響を与えた。

佐藤卓己『物語　岩波書店百年史2――「教育」の時代』（岩波書店、二〇一三）……「講談社文化vs岩波文化」を岩波サイドから検証した出版史。ラジオ、映画、テレビなどメディア環境全体の中の教養論を跡づけている。円本ブームに乗り遅れた岩波書店の「岩波文庫」創刊については、紅野謙介『物語岩波書店百年史1』（同）の第九章で論じられている。

佐藤卓己『ファシスト的公共性――総力戦体制のメディア学』（岩波書店、二〇一八）……戦間期のドイツ新聞学や戦時期アメリカのマス・コミュニケーション研究を検証し、「参加＝動員」の国民的公共空間の成立プロセスを明らかにしている。戦間期のラジオ放送論については第五章「メディア論―電体主義の射程」で詳論している。

柴野京子『書棚と平台――出版流通というメディア』（弘文堂、二〇〇九）……サブタイトル「出版流通というメディア」が示すように、「円本」による日本型出版流通システムの成立をメディア史として描いている。「購書空間」とそれを可能にした取次と云う日本独自の出版流通システムの分析が見事である。

有山輝雄『近代日本のメディアと地域社会』（吉川弘文館、二〇〇九）……福島県梁川町の新聞販売店に残された購読者名簿（一九〇三〜三四年）を史料として、地域社会の新聞・雑誌・電話・ラジオの受容実態を解明した画期的なメディア実証研究。一九二〇年代の「メディアの大衆化」という通説は地方においては、なお「神話」にすぎない。

永嶺重敏「両大戦間期の大衆文化とメディア・オーディエンス――円本の誕生と「普選国民」」（吉見俊哉・土屋礼子編『叢書現代のメディアとジャーナリズム　第4巻』ミネルヴァ書房、二〇一〇）……「円本」が登場する以前に「プレ円本現象」として予約全集ブームがあったことを指摘し、「円本」の成功因を再検討している。特に、普通選挙法公布の熱気の中で主権者として求められる「体系的教養」の可視化に注目している。

竹山昭子『ラジオの時代――ラジオは茶の間の主役だった』（世界思想社、二〇〇二）……日本におけるラジオ史の第一人者の論文集。玉音放送以前の天皇報道、オリンピック放送、ラジオ体操、GHQの放送政策などが分析されている。本講との関連では、第一章「時間メディアの誕生」における「後藤総裁の放送ビジョンにみる新聞社の影」が重要。

川島真・孫安石・貴志俊彦編『増補改訂　戦争・ラジオ・記憶』(勉誠出版、二〇一五)……ラジオ草創期から日中戦争、冷戦期まで繰り広げられた電波戦争を国際関係から政治文化まで多様な視点から研究したラジオ史論文の決定版。東アジアを中心にラジオ史研究の基本文献と研究資料も詳しく紹介されている。

庄司達也・中沢弥・山岸郁子編『改造社のメディア戦略』(双文社出版、二〇一三)……文学研究者を中心とした改造社「円本」の研究論文集。改造社および社長・山本実彦に関する資料に加え、『現代日本文学全集』宣伝広告紙面や、「円本」に先行する全集企画など戦前期の「全集内容見本」一覧リストが便利である。

第21講

大衆社会とモダン文化——商都・大阪のケース

橋爪節也

†〝大大阪〟の誕生

モダニズム文化を考える上で、東京、京都とも異なる歴史を有する大阪は、美術文芸、音楽、映画演劇をはじめ、市民の日常的な生活文化に至るまで、伝統とからみあいながらも新しい文化芸術を醸成したが、大阪の都市圏におけるモダニズム文化の形成を考える前提にあるのが、いわゆる〝大大阪〟(GREATER OSAKA)の誕生である。

大正一四(一九二五)年四月一日、大阪市は、第二次市域拡張により面積・人口とも東京市を抜き、日本第一のマンモス都市に膨張した。大阪市が日本一であったのは、震災復興をとげた東京市が、昭和七(一九三二)年の市域拡張で〝大東京〟となるまでの数年間だが、首都よりも巨大な都市が出現したのである。日本最大の都市となった大阪市を、行政もマスコミも市民も〝大大阪〟と呼んだ。

昭和二年度の『大阪市統計書』によると、編入人口は、当時の京都市(一九二五年で約六八万人)や、大正一〇年に市域拡張した名古屋市(いわゆる〝大名古屋〟で、拡張時に約六二万人)に匹敵する六四万人であり、東京市の二一四万三二〇〇人を僅かに抜いて総人口二二五万九〇〇〇人を誇った。市制を保つ都市として、ニューヨークの五九七万人、ロンドンの四五五万人、ベルリンの四〇三万人、シカゴの三一〇万人、パリの二九〇万人につぐ世界第六位で、東洋一とも呼ばれた。

都市名に「大」を冠した呼称だが、大正末から昭和初期の時代、平成の大合併と同じように全国で市町村合併が進んでいる。近畿では昭和六年(一九三一)に京都市が伏見市(現・伏見区)や山科町(現・山科区)を編入して〝大京都〟となっているし、市域拡張で滋賀県大津市や大阪府岸和田市などの規模でも、新聞ほかのメディアで〝大大津〟〝大岸和田〟と呼ばれたことが確認できる。しかし〝大大阪〟が別格視されたのは、第七代大阪市長・関一《せきはじめ》(一八七三〜一九三五)を中心に進められた大胆な都市計画の成功による。

関は都市問題の専門家で、大正三(一九一四)年第六代市長・池上四郎(一八五七〜一九二九)の招きで、東京高等商業学校教授から大阪市助役となり、大正一二(一九二三)年に市長に就任した。「大阪市区改正設計」や「第一次大阪都市計画事業」による幹線道路の整備拡幅、耐震性を意識した橋梁の架けかえ、日本最初の公営地下鉄の建設、港湾の整備など、現代に至る大阪の都市基盤が築かれる。「上を向いて煙突の数を数へると同時に下を見て、下層労働者の生活状態を観察せねばならない」の名言を残すように、住みよい街造りに心血を注ぎ、社会的弱者救済の施策も実施したほか、府県からの独立をめざし、今日の政令指定都市にあたる特別市制実現のための活動も盛んに展開している。

世界大戦や関東大震災の時代を経ながら、〝大大阪〟誕生を目標に施策が練られたのが大正時代中期以降である。御堂筋《みどうすじ》の地下鉄工事も大正九（一九二〇）年に市が委嘱した高速鉄道路線網の調査報告が大正一三年に出て、昭和五（一九三〇）年に起工式が行われている。御堂筋拡幅の起工式が行われたのも大正一五（一九二六）年である。

都市基盤だけではない。文化芸術面でも動きがあり、大正九年の市議会で大阪市立美術館の建設が議決され（開館は昭和一一年）、大正一二年には、ドイツの美術学校バウハウスの教育を日本で最初にとりいれた大阪市立工芸学校（現・大阪市立工芸高校）の開校とともに、在阪の美術家たちを組織した大阪市美術協会が設立されている。

こうした美術振興策を推進したのは大阪市教育部であり、〝大大阪〟の形成史とでもいう時系列で読み直せば、展覧会施設としての美術館の建設、美術家育成機関としての工芸学校の開校、在阪美術家を組織化した美術家協会結成という三部作とも評せるプロジェクトを、市が一度に推進しようとしたことがうかがえる。そこには〝大大阪〟誕生を前に文化行政を進めようとする理事者側の意図があったのではなかったか。

モダニズム文化は本質において都市の発展を背景に展開している。日本最大の都市として〝大大阪〟が、新しい文化の発信と醸成の拠点であったことは当然であろう。そして〝大大阪〟建設のピークは、室戸台風の被害や関の死去をのりこえ、大阪市立電気科学館（現・大阪市立科学館）の開館と「都市美」を実現した土佐堀川沿いの逍遥《しょうよう》道路が完成した昭和一二年（一九三七）と見なすことができる。電気科学館は日本最初にカール・ツァイスⅡ型のプラネタリウムを導入し、少年時代の漫画家・手塚治虫（一九二八〜一九八九）の興味を宇宙へと導いた。しかし、同じ昭和一二年の盧溝橋《ろこうきょう》事件で日本は本格的に戦争に突入し、大阪は昭和二〇（一九四五）年の大空襲の破壊を迎えることになる。

†大大阪モダニズムと阪神間モダニズム

ここで問題となるのが、大阪圏のモダニズム文化を語るときに用いられる「阪神間モダニズム」という言葉である。厳密にいうならばこの言葉は字義の通り、大阪市と神戸市を除いた、兵庫県下に位置する阪神間の郊外都市、特に阪急、阪神沿線の西宮や芦屋、住吉、御影《みかげ》などの新興住宅地と、宝塚や尼崎、伊丹などを含んだ地域で展開した文化傾向を指す。

高級住宅地としての芦屋は有名だが、その西に位置する現在、神戸市東灘区である住吉や御影も、朝日新聞の村山龍平をはじめ富豪が住む豊かな町村であった。住吉や御影が神戸市に編入されるのは昭和二五（一九五〇）年であり、この両地域が「阪神間モダニズム」として語られるのは、大正末昭和初期は、神戸市外だったからである。なお、現在の阪急京都本線や千里線は、この時代、新京阪鉄道の沿線であり、むろん阪神間ではない。

「阪神間モダニズム」が全国的に有名になるのは、昭和六〇年（一九八五）の兵庫県立近代美術館（現・兵庫県立美術館）「大阪・神戸のモダニズム　一九二〇〜一九四〇展」を契機に、兵庫県下の公立美術館で地元のモダニズム文化の再検証が開始され、続いて平成六年（一九九四）の阪急沿線都市研究会編『ライフスタイルと都市文化――阪神間モダニズムの光と影』（東方出版）の刊行で、阪急沿線を主対象とする私鉄沿線の文化現象としての「阪神間モダニズム」が打ち出されたことによる。

しかしながら、この言葉は用語として一人歩きをはじめ、大阪圏のモダニズム文化を語る上での混乱が生じることとなる。都市近郊の住宅地型のモダニズムが、大阪市を中心とする従来の都市文化や新興モダニズム文化と混同されて語られるようになってきたのである。そこで最近、大阪市を核とした都市型モダニズム文化を指す「大大阪モダニズム」という言葉が立ち上げられ、展覧会や刊行物で目立つようになってきた。

「大大阪モダニズム」はどのような文化傾向を有し、「阪神間モダニズム」とは具体的にどのように異なるのだろうか。典型的事例が芝居小屋や劇場などが密集する興行街である。大阪最大の興行街は、近松門左衛門や竹田出雲《いずも》以来の伝統を継承する南地《なんち》一帯（現大阪市中央区）である。近代においても、道頓堀には五座（浪花座、中座、角座、朝日座、弁天座）が櫓《やぐら》をかかげ、千日前《せんにちまえ》には楽天地（後に新歌舞伎座）や娘義太夫の播重席、南地花月などの寄席が並んだ。清閑な高級住宅地の「阪神間モダニズム」とは異なる世界がそこには広がっていた。

明治三〇（一八九七）年にシネマトグラフによる日本初の映画興行がなされたのも難波の南地演舞場とされ、楽天地などの映画館に映画を供給するため、天然色活動写真小阪撮影所を経て大正九年、帝國キネマ演芸株式会社（帝国キネマ）の撮影所が小阪（現・東大阪市）に開設された。大正一二年にはミラノ・スカラ座をモデルにネオ・ルネッサンス様式の大阪松竹座が道頓堀に竣工し、宝塚少女歌劇団から舞踏家や作曲家を招請して、岸本水府作詞のテーマソング「桜咲く国」で知られる松竹楽劇部（後に大阪松竹歌劇団、現・OSK日本歌劇団）も旗揚げする。

音楽では、道頓堀のダンスホールでの生バンドによる西洋の軽音楽が盛んで、服部良一（一九〇七〜九三）はそれを「道頓堀ジャズ」と呼んだ。「道頓堀行進曲」の作詞者・日比繁治郎《ひびしげじろう》は次のようにレポートする。

電飾と雑音の交響楽。それに一段の近代味を加へて道頓堀は、最近、昭和時代に入るとともに、一層〝狂燥的乱舞時代〟になり〝ジャズ的狂燥曲〟が吾人の耳朶《じだ》をつんざくばかり。

（『道頓堀通《つう》』四六書院、一九三〇）

大阪のダンスホールは、大阪から東京進出する風俗店としての大規模カフェと密接だが、大正天皇崩御のクリスマスに営業して大阪府警に睨まれ、隣県の阪神国道沿いの尼崎や杭瀬へ移っていく。「大大阪モダニズム」が「阪神間モダニズム」に飛び火した例といえよう。

大丸心斎橋店の吹き抜け（『大大阪画報』昭和３年）

次に市民の消費が日常的に拡大するなか、巨大百貨店の誕生も「大大阪モダニズム」の特色である。百貨店は呉服店系とターミナルに開業した私鉄系に大別できるが、大正期の大阪には呉服店系の三越、大丸、そごう、松坂屋、白木屋があり、定款《ていかん》や営業形態を変え、近代的な百貨店へと脱皮していく。

「大大阪モダニズム」のシンボル的な建築が、ウィリアム・メレル・ヴォーリズ設計で新館建設した大丸である。享保一一(一七二六)年心斎橋筋の現在地に進出した老舗で、アールデコ調の有名な店舗は、第一期工事が大正一一(一九二二)年に完成し、テラコッタのピーコック像を玄関にかかげ、壮麗な吹き抜けのある心斎橋筋側の第二期工事が完了した同一四年には、定款をあらためて呉服店から百貨店になっている。昭和八(一九三三)年、華麗な水晶塔《クリスタルタワー》のそびえる御堂筋側の竣工で全館完成した。

大丸に隣接したそごうも、大正時代から大胆なデザインを取り入れ、心斎橋筋のショーウィンドーに新感覚のディスプレイがなされている。

何でも流行に遅れまいとする広告や図案界では、逸早く未来派式が行き渉つて殊にそれが色彩の音楽といふことを標榜するだけに人の眼を惹き易いので歓迎されて居るが、(中略)ショーウインドの意匠にも未来派が影響して来て心斎橋の十合《そごう》なぞでも特に未来派の某青年画家を意匠係に聘して美しい硝子窓の中に黒布の上に強烈な色彩で瞬間的に人を惹くやうな図案を応用してゐるが可なりの調和を見てゐるのも面白い。(「普遍化する未来派」『新日報』一九二二年一月九日)

未来派の画家とは、大正九年に未来派美術協会を設立し、大阪に定住した普門暁《ふもんぎょう》（一八九六〜一九七二）と思われ、普門は大正一二年に「未来派表現派芸術手拭」などを趣味の書店・柳屋から発売している。

商業施設や商店街の近代化は、集客や購買の意欲増進をうながす広告やディスプレイなど、商業美術の隆盛を生み出した。大正一一（一九二二）年に大阪市東区谷町（現中央区）に中山太陽堂（現クラブコスメチックス）が設立したプラトン社は、女性を読者層に文芸誌『女性』や『苦楽』を刊行する。編集は直木三十五（一八九一〜一九三四）や川口松太郎（一八九九〜一九八五）、挿絵は山六郎《やまろくろう》（一八九七〜一九八二）、山名《やまな》文夫《あやお》（一八九七〜一九八〇）、岩田専太郎（一九〇一〜一九七四）らが担当した。道頓堀松竹座を中心とした「松竹座ニュース」も同社は編集発行している。

大正一三（一九二四）年には、心斎橋筋二丁目に「健脳丸」で知られる丹平《たんぺい》製薬の「丹平ハウス」が開館する。医薬品や写真材料の販売と、一階にモダンなソーダファウンテンがある複合的文化施設で、階上に赤松麟作《りんさく》（一八七八〜一九五三）の洋画研究所と、上田備山《びざん》（一八八八〜一九八四）、安井仲治《なかじ》（一九〇三〜一九四二）が指導する丹平写真倶楽部があった。また明治三七（一九〇四）年に設立された日本最古のアマチュア写真倶楽部である浪華《なにわ》写真倶楽部は、芸術写真（ピクトリアリスム）を興隆させるとともに、商業美術で活躍した小石清（一九〇八〜一九五七）

などの写真家を出している。

さらに「大大阪モダニズム」を象徴するのが、中之島であり、鉄道ターミナルである。すでに北区中之島には日本銀行大阪支店（一九〇三年竣工）、大阪府立図書館（一九〇四年開館）や大阪市中央公会堂（一九一八年開館）が立ち並び、大正一〇（一九二一）年堂島《どうじま》浜通から大阪市役所が移転して、パリのシテ島を思わせる「都市美」を意識したシビックセンターの建設が進められた。国指定重要文化財である淀屋橋、大江橋などの橋梁もこの時期に架けかえられた。中之島には、大阪中央郵便局と向かいあって朝日新聞社があり、朝日会館（一九二六年竣工）や大阪朝日ビルディング（一九三一年竣工）、新大阪ホテル（一九三五年開館）など、情報発信や文化的拠点が建設されていく。

丹平ハウスのソーダファウンテン

一方、大阪市の「市営モンロー主義」によって私鉄各線は市内に深く入り込めず、市営交通との結節点として梅田や難波、阿部野橋《あべの》などのターミナルが発展する。これらのターミナルは鉄道系デパートとも連動してモダニズムの拠点となった。阪急や阪神以外にも、京阪、南海、大軌・大鉄（現・近鉄）の沿線に郊外型のモダニズム文化が展開し、江戸川乱歩の「黒蜥蜴《くろとかげ》」（昭和九年）の舞台となる南海沿線・浜寺《はまでら》のような高級住宅地のほか、香里園《こうりえん》、帝塚山、河内山本、藤井寺などが開かれ、勤め人であるサラリーマンを対象とした宅地開発もなされている。

「大大阪モダニズム」の視点から再検証すれば、「阪神間モダニズム」は、市域拡張で成立した〝大大阪〟が放射状に近郊へ膨張するなかで展開した鉄道沿線モダニズムの一つに位置づけることができる。阪神間に居住する富裕層は、大阪市内に父祖伝来の本宅を有して企業経営しており、大阪のベッドタウンである阪神間もまた、〝大大阪〟成立で加速的に発展した地域とみた方が理解しやすい。

「大大阪君似顔の図」

「大大阪モダニズム」は、以上にあげた都市基盤や興行街、商業施設だけではない。その多様性を示す例として、ユーモア溢れる文芸や戯画の形で〝大大阪〟そのものが表現された例をあげよう。

まず「偉大なる大大阪の市民諸君、私はこのたびこの大大阪の市長として席を汚すことになりました。私はそれを光栄に思い、また不名誉にも思うております」ではじまる賀川豊彦《かがわとよひこ》（一八八八〜一九六〇）の小説『空中征服』（改造社、一九二二）がある。市域拡張以前から「大大阪」

賀川豊彦『空中征服』より「空中の文化村」

という言葉が用いられていたことがわかるが、工業化のため都市に流入した労働者の生活環境の悪化を憤り、煤煙問題や政治家たちを批判した小説で、物語では「賀川豊彦が、大阪市長になったという号外が大阪百五十万の市民」に配られ、市長として煤煙問題を解決するため空中に都市を建設するというSF的なストーリーが展開する。

ついで誕生時の〝大大阪〟を寓意的に表したのが、大正一四年四月一日の「大大阪記念号」から大阪朝日新聞に連載された岡本一平（一八八六〜一九四八）の漫画漫文「大大阪君似顔の図」である。「大阪も四月一日から大大阪になる。その記念の顔を描いて見ないか」という依頼に一平は、「ゑげつない註文だがまた張合のある註文だ。日本の最大なる、商業都市の成長を画筆によつて其《その》寸法を計ること！」として来阪し、新しい市域の形を顔の輪郭として、鼻が通天閣、口が築港、歯が大阪城石垣、発電所の大煙突がタバコというように、全一五回の連載で描いていく（『一平全集』第九巻に収録、先進社、一九二九）。

絵の面白さに加えてこの漫画漫文は、〝大大阪〟についての興味深い視点を提示する。「大阪市に村芝居がある事」の見出しでも付近を取材しているが、ベレー帽に見える頭部は、新淀川以北に広がる大根畑を描いている。第二次市域拡張で編入された地域には、新淀川以北や長居村（現・住吉区／東住吉区）など当時、純農村とされた地域が多く含まれていた。関市長にも面談し、田園が広がる編入市域を見た内務省の局長が「一望千里」といったという有名なエピソードを聞いたり、西洋の学説として「処々にかたまつて繁栄した町を作り町と町との間には矢張り空地を置く方がよい」「専門的の言葉で之を衛星都市といふ」という説明を受けている。

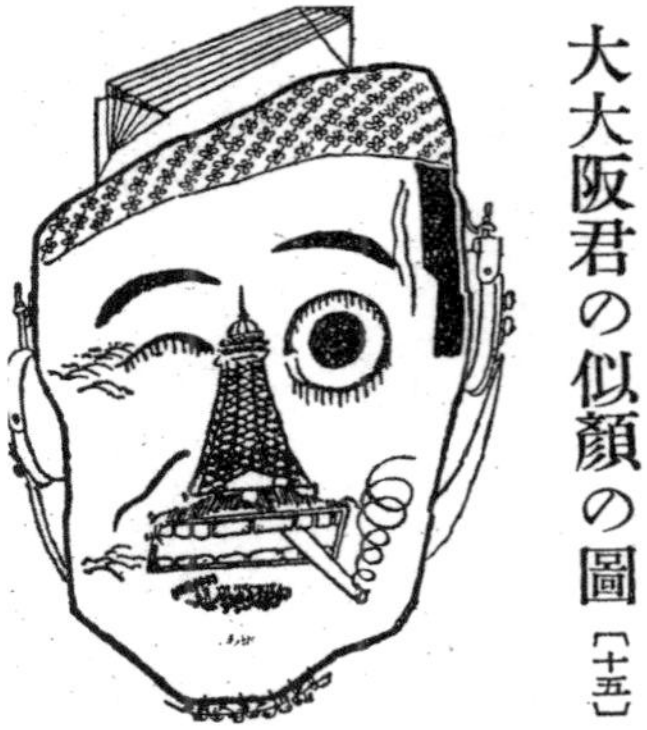

岡本一平「大大阪君の似顔の図」完成

都市化した旧市街とは異なる農村地域の編入は、当時から懸念された行政的課題であった。

また、「通天閣」を一平は文中で「エッフェル塔」と記し、完成した「大大阪君」の顔も、ベレー帽に細巻き煙草を吸い、フランス趣味の遊民か労働者を思わせて、大坂三郷《おおさかさんごう》から出発した旧大阪市のイメージとは異なるモダンな顔に仕上げている。本文も市民の平凡な日常や芸能に関する取材が多く、左右の目は「商業に夢中になつてゐる市民のはたし目」（果し目／必死の眼差しのこと）と「遊楽地で遊んでゐるうれしさうな市民の目」であり、あくまで一平は一般市民の街として〝大大阪〟をとらえようとする。

比較して興味深いのが、明治末の「東京パック」の定期増刊「贅六パック」（一九〇七年）である。大阪は「色も恋も金的主義」と皮肉り、顔が金貨になった脂ぎった若者が女性の手を握るイラストを表紙に描く。「東京パック」の感覚ならば「大大阪君」もまた、太い葉巻をくわえた資本家の姿に描かれたのではなかろうか。しかし、一平は〝大大阪〟を資本家としてはつかまえず、一般市民への共感を色濃くあらわす。連載の最終回も、味噌汁だけがメニューの一杯八銭の汁屋（心斎橋の「しる市」）に行って終わっている。

大阪は商工業都市として富や情報が蓄積され、豪壮な近代建築や贅沢な生活文化が市内に溢れていた。しかし同時にそのモダニズムは、都市に生きる一般市民の庶民的な感覚によっても支えられていたのである。

†もうひとつのベクトル——浪花情緒

最後に「大大阪モダニズム」を考える上で考慮すべき問題がある。東京では震災で江戸以来の文化や伝統からの断絶が起きたが、大阪では最新の都市計画が古い文化や伝統との間に溝を生み、それを危惧した在野の知識人のなかで、〝大大阪〟建設で失われていく古い浪花情緒への懐古と保存、顕彰の動きが起きる。端的な例が郷土研究誌の創刊である。大正一三年創刊『難波津』（近畿郷土研究会、だるまや書店発行）は、

新しい大大阪の建設は漸次に進んでゆくに反して月日の立つと共に我大阪の遺跡口碑《こうひ》など所謂浪華の面影は漸次に亡びゆきます。その懐かしい難波情調を、せめては今の中に書きとゞめて後世に残し置きたい。（『難波津』創刊号広告チラシ）

とし、「大大阪の建設」で失われていく浪花情緒（難波情調）を指摘する。
昭和二（一九二七）年には、「『大阪の貌』が、都市計画の英断で、日毎に変へられつゝある。昔の懐かしい面影が、惜気もなく打ち壊されつゝある」とする上田長太郎『大阪叢書』（大阪趣味研究会）が創刊され、昭和四（一九二九）年には木谷蓬吟《きたにほうぎん》の『郷土趣味　大阪人』、昭和六（一九三一）年には郷土研究誌の金字塔である南木芳太郎《なんきよしたろう》の『上方』が創刊される。

美術の世界でも、大正一五年、第七回帝展の《浪花天神祭》で女性画家初の帝展特選となった生田花朝《いくたかちょう》（一八八九〜一九七八）が、「郷土芸術の礼賛」という文章を記して、大阪も次第に郷土趣味を失いつつあるが、郷土色彩の消滅しないうちに一つでも大阪にちなむ作品を描きたいと述べている。大阪の画壇では、大正六年の第三回大阪美術展覧会（大展）で東京や京都の画

壇との違いを意識して「大阪の土から生まれた芸術即ち地方色《ローカルカラー》の出たもの」を描くことが主張されたが、花朝の主張は現実に進む都市改造を目の当たりにした上での言葉である。

同時にここで留意すべきは、郷土研究誌や花朝作品の傾向は、決して保守的で復古的なものでなかったことである。郷土研究誌は、学術性を意識しながらも堅苦しい刊行物ではなく、表紙や図版など凝りに凝った趣味性の強い雑誌であり、古き大阪を記録すると同時に都会的で洗練された刊行物をめざした。スピード感ある筆致で躍動的にモチーフを描く花朝の作品も、新しいモダニズム絵画に触れたものととらえることができる。

花街の総踊りも同じである。大阪には明治以降、京都の「都をどり」にならって、大阪四花街による北新地「浪花踊」、南地「芦辺踊」、堀江「木の花踊」、新町「新町浪花踊」が興行された。これらは古典芸能とともにモダニズムにもかかわり、宝塚少女歌劇とも共通する振り付けや舞台装置、美麗なプログラムや番付などに新しい近代的な造形意識が反映されている。舞台となった新町演舞場も分離派スタイルを取り入れた設計であり、古い浪花情緒のなかからモダンで新しい文化が創成されているのである。大正一〇（一九二一）年欧風の少女舞踊団である河合ダンスを設立したのも、宗右衛門町《そうえもんちよう》の御茶屋の河合であった。

市内を闊歩するモダンガールやモダンボーイが欧米文化に積極的であるのと同時に、それと矛盾することなく浪花情緒への傾斜も進められ、モダンと伝統という一見真逆にみえる二つのベクトルが干渉しあって生まれる推進力もまた、「大大阪モダニズム」の根底にはあったのである。

さらに詳しく知るための参考文献

『大大阪記念博覧会誌』（大阪毎日新聞社発行、一九二五）……大阪毎日新聞社主催で開催された博覧会の記録。新しく誕生した〝大大阪〟の姿と、歴史や文化を継承しながらも市民がそれに何を期待したかが、八六二頁にもおよぶ報告から読み解ける。

『新修大阪市史』第六・第七巻（大阪市、一九九四）……近代における大阪市の歴史と発展を、行政や経済、文化など多面的にとらえた基本文献。

橋爪節也編著『大大阪イメージ　増殖するマンモス／モダン都市の幻像』（創元社、二〇〇七）……メディアリテラシーの立場から、歴史、文学、美術、建築、芸能、音楽など異なる分野の研究者が〝大大阪〟という言葉を批判的にとらえ直した論文集。

展覧会カタログ「大大阪モダニズム　片岡安の仕事と都市の文化」（大阪くらしの今昔館、二〇一八）……初めて「大大阪モダニズム」を明快に打ち出した展覧会図録。建築家・片岡安に加え、劇場や美術、音楽、都市施設、交通などの新出資料も多数掲載する。

橋爪節也「「大大阪モダニズム」の復権――「阪神間モダニズム」と私鉄沿線モダニズムの再検証」『美術フォーラム21』（第三七号特集：「地方美術史」って何？――三つのアプローチ」醍醐書房、二〇一八）……「阪神間モダニズム」を再検証し、「大大阪モダニズム」の復権と阪神間以外の私鉄沿線のモダニズムの問題を提起する。

第22講

大衆歌謡の展開

倉田喜弘

†女性の社会進出

大正時代は女性が芸能界の各方面に進出し、花々しい活躍を始めた時期である。『東京朝日新聞』の「女学生」という記事はその一例となるので、一九一三（大正二）年二月二八日付の書出しを記す。

何物《なにもの》の干渉をも許さなかつた男の縄張《なわばり》が、近頃になつて酷《ひど》く「女」から荒され始めた。思想の上からも実世間の上からも、却々《なかなか》猛烈な迫害を被《こうむ》つてゐる。

「男の縄張」とか「猛烈な迫害」とは考えたこともない視点だが、その背景はこうだ。「現今問題の中心になつてゐるのは例の女優と、而《そう》して例の新しい女である」と記したあと、出身校の名前を添えて、グループごとに合計三六人の姓名を書き連ねる。じつに壮観な紙面だが、ここではそれぞれのグループから一、二名ずつ選び出してみる。

まず帝国劇場は、初瀬浪子（山脇高等女学校）、森律子（跡見女学校）ほか一九名。有楽座は葛城文子（東京音楽学校）ほか四名。近代劇協会は山川浦路《うらじ》（学習院女学部）、衣川孔雀（実践女学校）ほか三名。それに青鞜社は平塚明子（日本女子大学家政科）、中野初子（同大学国文科）ほか三名。記事は翌日も続く。その冒頭の一部。

女がソロソロと頭を擡《もた》げ出したとて直に以て女子の自覚だとか何とか仰山《ぎやうさん》らしく騒ぎ立《たて》るのは、チト男子たるものが泡を喰つた形である。

このように記されているが、表にないグループがある。文芸協会である。同協会所属の松井須磨子は、「女学生」上がりではないから外されたのは当然としても、知名度抜群だけにその名が見えないのは淋しい。さりとて文芸協会の名前を出せば、内部のもめ事に触れざるを得なかったに違いない。

もめ事などと穏やかでない表現をしたが、それは早稲田大学の首脳部をも巻き込み、三カ月近く経った五月の末にようやく決着がついた。まず文芸協会は、六月二六日、帝国劇場で第六回公演「ジュリアス・シーザー」を最後として、七月八日に解散する。また協会員の島村抱月は退会、松井須磨子は除名という形で収まった。

抱月と須磨子の二人は、直後に「芸術座」を立ち上げる。もちろん人手不足は、他の劇団に応援を求めたであろう。当初三回の公演を示す。

・一九一三年九月一九日〜二八日、有楽座。「モンナ・ヴァンナ」(原作、メーテルリンク)、主役は須磨子。

・同年一二月二日〜二五日。帝国劇場所属の女優劇中で一幕、「サロメ」(原作、オスカア・ワイルド。指導のローシーはイタリア人で帝劇委嘱のオペラ指導者)。サロメ(須磨子)、ヨカナアン(沢田正二郎)。

・一四年一月一七日〜三一日、有楽座、「海の夫人(原作、イプセン)、エリイダ(須磨子)、他国人(沢田正二郎)。

右の三公演とも主役は須磨子であるから、座員に苦情が起こらないわけがない。その上、一月に冷たい感じの「海」の芝居では客の入りが心配。案の定、興行は大変な不入り。さらに須磨子と沢田正二郎の間に、溝が出来たようだ。それは『中央公論』が三〇〇号を迎えた一四年正月号の読み物「女優十名家感想録」で判明する。須磨子は冒頭に掲げられた「女優の屈辱と誇」で、悩みを打ち明ける。

今度のサロメ劇の如きでも動きについてはローシー氏の指導を受けたのですが（中略）ローシー氏の心理を呑み込み得ない人が有つた時が騒ぎです。其人が自分自ら解釈を下して私を夫《それ》に従はせ様とする。そして私が夫《それ》に対して不快な顔色をしたり、従はなかつたりすると、すぐ例の生意気だといふ態度で来る。私はこんな事を思うても口惜し涙に瞼が濡れます。そして内しよでそつと涙を拭く事が有つても素早く見付けて『女の涙を持つて訴へる卑劣な奴』との丶しられる。全体男は何の果報が有つてそう勝手な事が言はれるのでせう？　女は何がためにそうまで男に迫害されなくちやならないのでせう？（中略）あきらめの早い芸術家ならスツパリと芸術を捨てるでせう。外に慰安を求めるでせう。けれど私の様に親を捨て姉妹を捨てまでしてすがつた芸術——世界のあらゆるものに代へたたつた一ツの宝で有る。其芸術にはなれるよりはむしろ死を選んだ方がましだと思ふ位です。

高圧的な男の暴言には、「言ひ知れない悲しい涙が頬を伝ります」とも記し、外国へ行った洋楽の三浦環《たまき》にも思いをはせる。そうした須磨子を支えたのは島村抱月であり、芸術座の舞台であった。なお沢田正二郎は数年後に芸術座と袂を分ち、「新国劇」を創立する。

†カチューシャの唄

芸術座はさきに記した三公演に続いて、一九一四（大正三）年三月二六日、ロシアの文豪トルストイの「復活」を帝国劇場で上演した。翻訳・脚色は抱月で、主人公のカチューシャは須磨子が演じる。

あらすじを記すと、公爵ネフリュードフに弄《もてあそ》ばれた小間使のカチューシャは、絶望と自暴自棄から転落の一途を辿り、たばこと酒におぼれてついに監獄へ。一方、改悛の情にかられるネフリュードフは、思い直してカチューシャと結婚しようと訪ねてくる。彼女は髪に赤いリボンをさし、わが身を鏡に写しながら「カチューシャ可愛いや」と歌い出す。昔の面影を、鏡の中から探り出そうとするかのように。だが彼女はネフリュードフの願いを容れず、シベリア送りの国事犯と結婚する。幕切れにも、「カチューシャの唄」で余韻を残す。

芝居は、取り立てて評判がない。三月三一日に打ち上げた後、一行は大阪の浪花座へ向かうが、昭憲皇太后（明治天皇の皇后）の崩御もあって初日は四月一六日。だが東京同様、客の入りは芳ばしくない。ところが千秋楽の二二日、京都の情報で風向きが変わった。すなわち旧制第三高等学校や京都大学の学生達は、トルストイが来ると言って待ち構えているという。その

『日出新聞』の報道どおり二四日に南座の幕が上がると、客席は連日、学生達で埋まる。

須磨子は公演の合間に、五条大宮の東洋蓄音器でレコードを吹き込んだ。「復活唱歌」と銘打った「カチューシャの唄」、その裏面には「復活」のせりふ。発売は五月八日。抱月はそのレコードを須磨子出生地の長野をはじめ、北陸各地の公演で観客に聞かせ、大成功を収めて横浜へ帰ってきた。七月一〇日付の『横浜貿易新報』は第一面の上段一杯に社告を掲げ、「復活を見ざる者は共に現代を語るべからざるなり」と、力強い言葉で一行を迎えた。もちろん興行

オリエント、新吹込盤賣出し
松井須磨子吹込
『復活』唱歌 セリフ 兩面盤
目下各都市ニ於テ開演非常ノ喝采ヲ博セシ『復活』カチウシヤノ唱歌及科白ヲ吹込ミシモノ恰モ劇中ニ在ルノ感ヲ生ズ
●全國蓄音器店ニテ發賣致居候便宜御購求アラン事ヲ願上候
尚ホ嶄新ナル種類千有餘種取揃ヘ有之候間特約希望ノ方ハ此際至急申込アリタシ
京都市五條通大宮東入（電下一六四三、下二五三八番）
東洋蓄音器株式會社
「復活」発売の新聞広告（大正３年５月８日付、京都日出新聞）

は大成功。

この年は三月下旬から、上野で大正博覧会が催されている。帰京した須磨子は七月一八日から四日間、余興への出演を依頼された。そこで「カチューシャ」を歌うが、観客は場に溢れる程の大入り。このとき、エジソン発明の新機器キネトホンが、今日と同じように姿と声を同時に収録した（当時の映画は映像だけで、声は吹替え）。続いて読売新聞社の愛読者サービスに出演するが、これも大入り。日延べ〳〵で九日間、観客は須磨子と一緒に「カチューシャ」を歌って楽しんだ。

各地で愛唱される「カチューシャの唄」、それに各学校は制限をかけはじめた。左に記すのは第五高等学校のあった熊本での報道である。

京都の三高では生徒が盛んに謡つたもので禁止令が出たが、夫《そ》れでも却々《なかなか》止まぬ。東京の一高の寄宿舎附近を通ると、健児の口から「カチューシャ可愛や別れのつらさ」と美妙の声が聞えるさうだ。（一四年六月二七日付『九州日日新聞』）

また東京の女子大学を例に、『万朝報《よろずちょうほう》』はより積極的な批判をする。

女子大学あたりでも何と思つたのか、此唄を唄ふことを禁じたさうだが、校内一歩を出づれば、矢張《やは》り「カチユーシヤ可愛い」だ。恁《こ》うした連中は総《すべ》て唄ふことを禁じるのは青年を殺すものだと言ふことを知らない。（一四年八月一一日付）

禁止の嵐は須磨子自身の歌にも及ぶ。一八年正月新譜として発売された「さすらひの唄」（北原白秋作詞、中山晋平作曲）は流行、と永井荷風は『毎月見聞録』に書き留める。

芸術座女優松井須磨子の唄ふ「さすらひの唄」といふもの以《もつ》ての外《ほか》流行するにより此の程其の筋より御禁止に相成りし由。（一八年六月二二日の条）

同じ年の一一月、須磨子は「カルメンの唄」をレコーディングする予定であったところ、痛恨事が起こった。一一月五日、抱月がスペイン風邪にかかり、牛込芸術倶楽部の一室で急逝したのだ。享年四七。須磨子をはじめ座員一同は、有楽座で正月公演「カルメン」の稽古中であったため、臨終の間に合わなかった。

年を越して一九（大正八）年一月、須磨子は兄に宛てて、「私はやつぱり先生の処へ行きます」と書き残し、五日早朝に縊死した。三二歳という若さであった。新聞各紙がその最期を悼んだ一月六日、『大阪毎日新聞』は道頓堀の劇場で、楽屋番のお茶子《ちゃこ》や下足番へのインタビュー記事を掲げた。

「先生の跡を追《おわ》はりましたンだナ、名誉だす、名が残りまんナ。死なはるだけ、彼《あ》の人は偉い」と涙ぐんで、矢鱈《やたら》に感心す。

須磨子は最後の一日、「カルメン」で歌う「一切合切《いっさいがっさい》、みな煙」を、たえず口ずさんでいたという。流行歌の元祖と目される須磨子、その他界によって女性の社会進出も、いっとき中断したかの感がする。

最後に、「カチューシャの唄」の歌詞を一番（作詞は抱月、作曲は中山晋平）記しておく。

〽カチューシャかはいや　わかれのつらさ
せめて淡雪《あわゆき》とけぬ間と　神にねがひを　ララ　かけましよか

†船頭小唄

明治の初め、新聞や雑誌の読売は大いに流行したが、風教の取締りが厳しくなったので多くは姿を消した。ただ一つ名残を留めているのが「書生節」である。このように書き出す『文芸倶楽部』第一六巻第九号（一九一〇年九月刊）は、弊衣破帽で書生袴を身につけ、書生下駄をはいた青年が、路上の片隅で真剣に歌うさまを詳述する。彼らが売る歌集、そこに印刷されているタイトルが、「松の声」とか「華厳《けごん》の嵐」、あるいは「残月一声」や「夜半《よわ》の憶出《おもいで》」など。そうした歌を一括して「書生節」という。歌い手は栃木県出身の神長瞭月《かみながりょうげつ》や大阪生まれの中村武雄だが、他の人は姓名、生年月日など明らかでない。そして歌ごえは「バスに以て非な、而《しか》もバリトンやテノールにては勿論《もちろん》あらざる鼻声」だ、そう記す『東京朝日新聞』はさらに続ける。

彼らの声は非音楽的で、ヴアイオリンの音は鋸《のこぎり》の目立《めたて》に似てゐるかも知れない。けれども歌つてゐる彼自身は、飽《あく》まで自己の芸術に信念を抱いてゐる。周囲を取り巻く民衆も静かに傾聴して居るところを見れば、その旋律とその歌謡とには、何かしら時代の底を流れてゐるものがあるだらう。（一九二四年七月二六日付）

この記事から一〇年あまりのちが、筆者の小学生時代である。唱歌の時間が終わると同級の二人がきまって、先生の弾くオルガンで発声練習をさせられた。特定の音の高さがズレるのだ。その矯正に先生は懸命。聴いている当方には違いがよく分かるが、本人たちは分からないという。声とはそういうものなのであろう。明治の話だが、洋楽の導入に力を尽くした伊沢修二も、声を矯正する話を残している。書生節のすべてがそうだとは言わないが、筆者が聴いた当時のレコードも多くはズレている。

そうした書生節の一つが「船頭小唄」である。詩人の野口雨情が、「カチューシャ」を作曲した中山晋平に依頼した曲で、晋平はのちに回想する。

楽譜を市場へ出したのがたしか大正八(一九一九)年。流行の絶頂に達したのが十一(一九二二)年だつたと思う。(一九二九年六月二日付『読売新聞』)

当時の書生節は、グループで集まる場所が東京市内に数か所あったという。雨や風の強い日にはそういった場所で休んだり、情報を交換するなど。原則として彼らは楽譜が読めないので素人の物知りが、あるいは知り合いが、そういう溜まり場で歌って聞かせることもあった。そうして仕入れた曲を持って、書生節の面々は自分の稼ぎ場所へと散って行く。たまたまレコード会社のディレクターの耳に留まると、「吹込み」という幸運が舞い込む。

この唄の第一号は「復活」を出した京都の東洋蓄音器で、一九二二年八月に「書生節」の田辺正行《まさゆき》を発売。同じ月に東京の帝国蓄音器は、「流行唄」のタイトルで鳥取春陽を。翌月には東京の国家レコードが高橋銀声の書生節。また東洋蓄へは流行唄として、大津の芸妓豆千代が吹き込む。以下は省略するが、レコード各社は男女取り混ぜての歌い手で、二種類以上のレコードを発売した。大流行である。

映画も撮影を開始する。松竹は、栗島すみ子、柳さく子、岩田祐吉ら人気俳優を揃える。脚本は伊藤大輔、監督は池田義信。題して「船頭小唄」。撮影終了から封切の二三年一月八日まで二月《ふたつき》ほどの間があるので、監督は書生節二人を傭い上げ、町中を演奏しながら歩かせた。効果はてき面。麻布・松竹館の興行は超満員。月末には京大阪や浅草でも上映して、婦女子の紅涙を絞らせた。

「船頭小唄」は全国的に流行しはじめた。遅まきながら東京蓄音器も吹き込みを始める。同時に京都の東洋蓄音器では、「船頭小唄枯れすすき劇」三枚を製作。人気絶頂の主演女優栗島すみ子の初吹き込みとも相まって、「売出し後二旬ならずして既に十万枚を突破す」(二三年七月一六日夕刊『大阪朝日新聞』)と、東洋蓄は高らかに凱歌をあげた。「カチューシャ」同様、「船頭小唄」も西からの流行になるのか。

だが当時の東京では、流行は活動写真によると思われていた。幸田露伴もそのひとり。大震災から一ヵ月後の一〇月二日から三日間、「震は亨《とお》る」という一文を『東京日日新聞』（現在の『毎日新聞』）の夕刊に寄せ、この歌にまつわる噂の一端を書き残した。

このたびの大震大火、男女多く死する前には、「おれも河原の枯れ芒《すすき》……」といふ謡《うた》が行はれて、童幼これをとなへ、特に江東には多く唄《うた》はれ、或ひはその曲を口笛などに吹くものもあつた。その歌詞曲譜、ともに卑弱哀傷、人をして厭悪《えんお》の感をいだかしめた。これは活動写真の挿曲《そうきょく》から行はれたので、原意は必ずしもこのたびの惨事を予言したものでも何でもないが、大震大火が起こつて、本所や小梅、至るところ河原の枯れ芒となつた人の多いに及んで、唄ふものはパツタリとなくなつたが、回顧するといやな感じがする。（二三年一〇月三日夕刊）

最後に、「船頭小唄」の歌詞を一番だけ記しておこう。

おれは河原の枯すすき　同じお前も枯すすき
どうせ二人は此の世では　花の咲かない枯すすき

†籠の鳥

「船頭小唄」の映画からおよそ一年半後の二四（大正一三）年八月一四日、大阪・千日前の芦《あし》辺《べ》劇場は、帝国キネマ製作の映画「籠の鳥」を封切ったところ、何日経っても客足が落ちない。三〇日目には観客が一〇万人を突破した。空前の大ヒットである。日活も松竹も、「籠の鳥」の撮影を始める。また大阪や神戸の劇場では、芝居にして上演もした。

「籠の鳥」のあらすじを記す。大阪のことだから商家であろうが、主人修造の娘お糸は番頭の豊助と許嫁であった。ところがお糸は、ふとしたことから学生の上山文雄と恋仲になる。お糸は豊助と結婚式を挙げる夜、晴着をまとうたまま、家を抜け出して死の淵に臨む。『大阪朝日新聞』（八月三〇日付）が記すあらすじは、「自由を奪はれた籠の鳥は広い世界へと旅立つ」と締めくくる。お糸が籠の鳥なのだ。そうした劇の中で女給に扮した歌川八重子が、「逢いたさ見たさにこわさを忘れ　暗い夜道をたゞひとり」と歌う。その歌が世間に広まり、若い男女の口ずさむ所となる。

親の定めた相手を嫌って、自分勝手に好きな相手を選ぶのは、当時の商家ないしは社会にあっては許されないこと。その上、映画の筋立に内務省が動き出した。というのはこれより一〇カ月ほどさかのぼるが、前年の関東大震災（一九二三年九月一日）後の一一月一〇日、「国民精神作興に関する詔書」が発布された。「籠の鳥」はその国是と相容れない歌であった。警視庁も動く。

活動写真館内で映画化された小唄集を上映し、オーケストラにつれ観衆まで一緒になつて廃頽的、刹那主義的な歌を合唱する事は、児童教育上及《およ》び一般風紀上面白くないとあつて、警視庁保安部ではこれを取締る事となり、今後は活動館内で小唄を歌ふ事は絶対に禁止する

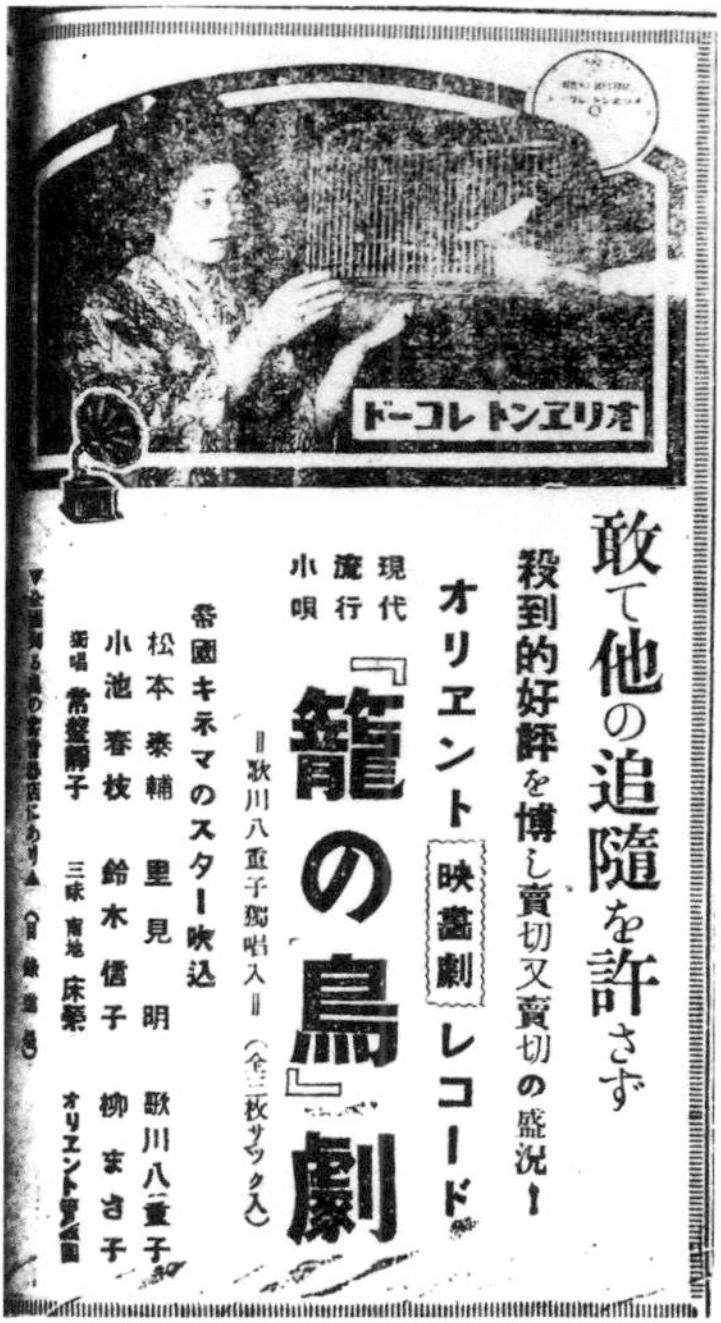

「籠の鳥」映画劇レコードの広告（大正13年9月6日付、大阪朝日新聞夕刊）

事になつた。(一一月九日付『報知新聞』夕刊)

†レコードの電気吹込

大きなラッパに口を当てて吹き込んでいたレコードの製作が、マイクロフォンを使う電気吹込に代わった。そうした新しい輸入盤が一九二七(昭和二)年、ポリドールから発売された。レコードは、シュトラウス指揮のベートーヴェン「第七シンフォニー」、ケンプの弾く「月光曲」など四五種、約七〇枚である(四月四日付『報知新聞』)。

次は米ビクターで、シューベルトの「未完成」、チャイコフスキーの「胡桃割《くるみわり》」、ともにフィラデルフィア交響楽団の演奏。それに藤原義江の「出船の港」と「出船」もある。この日本物の第一回には、近衛秀麿指揮「君が代」を東京合唱協会が、また宮城道雄の箏で「さくら変奏曲」もあり、合わせて三〇枚ほど売り出される。そう伝えるあらえびすは、「日本物のことは私にわかりません」と『報知新聞』三月一二日付で述べる。

あらえびすとは、「銭形平次捕物控」で有名な野村胡堂のペンネームである。洋楽レコードを高く評価し、日本のこともよく知っている人だが、「私にわかりません」と謙遜するのは、日本人の音楽感覚、とりわけ音のズレに触れたくないからだと推測している。すでにこの小論で触れた音のズレを、この時期に厳しく指摘したのは高村光太郎の随想「ラヂオの児童音楽」

である。『時事新報』一九三一年七月一五日付にこう記す。

世に音楽家と称せられる人々の中にさへ発声の甚だ不確実な者の多い事を知つてゐる。洋楽に関する限り、少し誇張して言へば日本人はまだ臥薪嘗胆してその基本的教養の体得に努めねばならない時である。専門家すら九十％はまだ殆ど語るに足らない様である。語るに足る専門家が多く出ないのは、逆に考へれば、日本人全体の音楽的でたらめが根本的に禍してゐるのだと思ふ。一般人に耳の無い事が悪いのだと思ふ。誠に男女学生の合唱を何処かできく。路傍で人の口ずさむ流行唄に心をとめる。応援歌などの大衆の蛮声に耳を傾ける。其処には音楽も何もない。唯ちぐはぐな音の上り下りがあるばかりだ。

当時のレコードは一枚が一円五〇銭。一般庶民には手が出ない高値である。ところがレコード屋では宣伝、景気付けのために一日中、店頭でレコードをかけている。そうした蓄音機の前にファンが足を止め、一〇分も二〇分も聞き入っている。それが歌の流行する原点である。

最後に、三十年ほど以前の話で終えたい。それは青山学院大学や慶応義塾大学で著作権の講義をした時のこと。芸術座の著作権騒動に寄せて、松井須磨子の「カチューシャの唄」のレコードを聴いてもらった。レコードをかけると話した瞬間の学生諸氏の晴れやかな顔は忘れられないが、レコードの回るにつれて全員の顔は曇りはじめ、ついに失望落胆の極に陥ったように見えた。ひとえに音のズレが原因である。それが解消するのは昭和以降になってから。「音」に関して現代は、やっと普通の時代になったといえよう。

さらに詳しく知るための参考資料

倉田喜弘『日本レコード文化史』（東京書籍、一九七九）……日本レコード協会の月報『The Record』に、一九七四年から五四回連載した内容をまとめる。のち再編集して一九九二年に「東書選書」、さらに二〇〇六年「岩波現代文庫」にも収められた。明治時代に輸入されたレコードは大正時代に国産となり、「カチューシャ」などの流行歌が日本人を楽しませた。ただ歌声には、ここで述べたような〝ズレ〟がつきまとう。またSP盤を七八回転で聞ける機器は、コンバーターのなくなったこんにち、日本コロムビア社製作の三スピード蓄音機だけではなかろうか。

山口亀之助『レコード文化発達史』（録音文献協会、一九三六）……本書以外の「レコードの書」は目につかない。

古茂田信男、島田芳文、矢沢保、横沢千秋『日本流行歌史』（社会思想社、一九七〇／のち増補版発行）……歌詞を集めた書。掲載曲は一八六八（明治元）年から一九七〇（昭和四五）年に至る約八〇〇曲。

第23講

発展する活動写真・映画の世界

岩本憲児

†活動写真時代

大正時代には「活動写真」人気が急増して、いくつもの製作会社が東京や横浜に、あるいは大阪や京都などに撮影所を設けて、大正半ばから末期にかけて呼称も徐々に「映画」へ変わっていった。人気の高まりと業界の活況、映画は民衆娯楽を代表する位置へと上っていく。

新参の興行物であった映画は、明治二九(一八九六)年にアメリカ・エジソン社のキネトスコープ(覗き方式)が神戸で、翌年フランス・リュミエール社のシネマトグラフ(映写方式)が大阪で初めて紹介され、以降、次々に場所を変えながら興行上映が続くなかで名称は多様化し、「活動写真」(moving picture)に収まった。エジソン社もヴァイタスコープによる映写方式へ転換、スクリーン映写が普及していく。到来から三年後には日本人による撮影も行われ、初の常設館「電気館」が浅草に開業した(一九〇三年)。電気関係の見世物小屋から転業、「活動小屋」

の趣きがあったものの、客にとっては安価な入場料金と気安さ、物珍しさが先にたった。明治末期までの活動写真は外国（欧米）からの輸入が多くを占めており、短編滑稽劇などもあったが、実写物も多く、とりわけ日露戦争物は実写であれ再現劇であれ、観客の関心を強く引きつけた。一九〇〇年代初頭には、個人企業が映画製作に参入して新しい作品が登場する。まだ日本製活動写真は少なく、「歌舞伎劇」とか「旧劇」とか呼ばれた時代物がわずかに製作され、横田商会から依頼された牧野省三が、『本能寺合戦』を製作したのが明治四一（一九〇八）年。翌年には尾上《おのえ》松之助《まつのすけ》を初主役に『碁盤忠信《ごばんただのぶ》』を完成、以後、松之助は大正期最大の人気スターへと昇りつめ、牧野は大正期を代表する旧劇映画の監督、そしていまのプロデューサー的役割も担うようになった。明治末期の一九一一年には、日本興行株式会社が設立され「文明的娯楽機関」というふれこみの富士館が浅草に誕生した。

大正元（一九一二）年九月、日本活動写真株式会社が設立された。「日活」という名で世に知られていくこの会社は、先行する明治期の四つの競合会社——吉沢商店（東京・大阪）、横田商会（京都）、M《エム》・パテー（東京）、福宝堂（東京）——が懐疑論や反対意見の渦巻くなかで、やっと合併して誕生した。そのせいもあり、独立派が何人も現れて、その後の小社乱立を許した。たとえば、翌年に、小林喜三郎《きさぶろう》の常盤商会（東京日暮里）、山川吉太郎《きちたろう》の東洋商会（大阪小阪）、一三年に小松商会（東京戸山ヶ原）、弥満登《やまと》音影（日暮里）、日本キネトホン（東京日比谷公園脇）、敷島商会（大阪）、一四年に天然色活動写真株式会社（天活、東京・大阪）、東京シネマ（ニュース映画）、一六年に小林商会（東京）などであり、急ごしらえで小規模、貧弱なスタジオも多かった。なかで日活は各社の先頭に立ち、天活が日活に対抗した。

大正期の作品数を概観すると、明治維新より前を題材にした時代物が過半数を超えており、とりわけ関西に拠点を置く撮影所は時代物中心だった。

†新派映画と女形

日活は大都市の主要映画館をいくつも抱え、配給作品（外国作品を含む）の保有数も大きかったが、資金繰りには苦労していた。そこで製作のめどを立てるため、照明に太陽光を利用するグラス・ステージを向島に建てた。経営をめぐって内紛が続き、最終的に元横田商会の横田永《えい》之助《のすけ》が実権を握り、東京と京都、双方の撮影所から新作を送り出すことになる。東京では新派映画、京都では旧劇の時代物という分担、後者では松之助の忍術物や豪傑物が人気を集めた。

向島撮影所では『カチューシャ』（一九一四年一〇月）が大当たりをとり、続く『後のカチューシャ』『復活』で三部作として、いずれも好収益を上げた。すでに同年三月には、映画より先に、トルストイ原作の舞台劇、芸術座の『復活』（島村抱月演出）が松井須磨子をカチューシャ役に、劇中歌「カチューシャの唄」を歌わせ、歌はレコード化されて流行歌になる人気ぶり。舞台、

日活映画「カチューシャ」立花貞二郎（女形、左）、関根達発（右）1914年
（筈見恒夫編『写真　映画百年史』第1巻、鱒書房、1954）

レコード（歌）、そして映画と、表現媒体を替えつつ、同じ題材が人気を得る映画製作はこれ以降、各社競作の類似作を生み出していく。

映画版『カチューシャ』（細山喜代松《きよまつ》監督、フィルムは現存せず）のカチューシャ役は女形の立花貞二郎《ていじろう》であり、和製洋劇の新派風活動写真という、いまでは珍奇に見えるかもしれないが、当時では歌舞伎同様、映画の女形は一般に受け入れられた人気役者だった。明治期に「歌舞伎劇」「旧劇」などと呼ばれた時代物の活動写真は、もともと歌舞伎を旧劇と呼んだ明治演劇界の呼称であり、対抗して生まれた新たな舞台劇を「新派」と呼んだ。ただし、明治以降の題材を扱う現代劇でありながらその「新派」も女形を受け継ぎ、芸風には旧劇の流れを持つ要素が大きかった。とはいえ、活動写真ファンはもう「女形」ではなく、本物の女性が演じる「女優」を待ち望んでいた。すでに多くの輸入欧米映画には、女優たちが活躍していたからである。舞台でも、女優が演じる新劇が喝采を受けており、松井須磨子による数々の出演作はその先駆でもあった。その須磨子も、急逝した抱月の後を追って自死した（一九一九年一月）。

俳優や監督たちにも外国映画を模範に研究する人たちが現れ、その一人が俳優の井上正夫である。彼はドイツ映画からの翻案『大尉の娘』（小林商会、一九一七年）に主演し、監督も担当した。ただし娘役、悲劇のヒロインはまだ女形（木下吉之助《きちのすけ》）だった。井上正夫は映画的工夫も凝らしていき、同年の出演で、三社競作となった『毒草』（小林商会）でも評価を高めた。日活向島でも、自然の風景、屋内調度の本物らしさ、演技・カメラ・編集の工夫など、映画らしさを進めるべく田中栄三が『生ける屍』（一九一八年三月）を監督、これもトルストイ原作からの翻案で、ヒロインは立花貞二郎、ほかにも衣笠貞之助《きぬがさていのすけ》、東猛夫《あずまたけお》ら女形が出演した。この種の映画は「革新映画」とも呼ばれたが、女優はいなかったのである。旧劇映画にしろ新派映画にしろ、女性が全く出演しなかったわけではないが、女主人公（ヒロイン）はもちろんのこと、主要な役柄は男の女形が演じていた。ところで、大正半ばから数年間、舞台劇と映画を連結した連鎖劇が流行したこともあった。

†純映画劇運動と女優の誕生

歌舞伎はともかく、映画の女形の不自然さを嫌ったのが帰山教正《かえりやまのりまさ》である。学生時代に『フィルム・レコード』（のち『キネマ・レコード』へ改題）創刊に携わった帰山（筆名、夏渓山人《かけいさんじん》ほか）は欧米映画をよく研究して、日本映画の欠点を指摘していた。彼は日本キネトホンを経て天活へ入社、『活動写真劇の創作と撮影法』（一九一七年七月）を上梓、この書で正しい撮影技術の習得を呼びかけ、シナリオや本読みの重要性を説き、旧劇や新派ではない活動写真、欧米映画の水準に並ぶ「純活動写真劇」を目指した。自らの信念を実現すべく世に問うたのが『生の輝き』（天活、一九一八年七月完成）であり、続く『深山の乙女』ほかの作品（公開はいずれも翌年）。俳優たちには、新劇青年・村田実の劇団「踏路社《とうろしゃ》」の面々が出演。女優は芸術座にいた花柳《はなやなぎ》はるみ。彼女は重要な役を担う最初の現代映画の女優となったが、数年後には新劇の舞台へ戻った。これらの作品には賛否両論があったものの、新派、旧劇（時代物）を問わず製作側に刺激をもたらし、「映画劇」論が各誌に現れた。なお、「純活動写真劇」という呼称は再版（一九二一年＝大正一〇）のおり、「映画劇」または「純映画劇」と改められ、以降、この種の映画製作をめざす動きは広く「純映画劇運動」と呼ばれるようになる。

アメリカ式と言えば、関西芝居の興行界を手中に収めた大谷竹次《たけじ》郎《ろう》が、弟の白井信太郎らをアメリカ視察に向かわせたのも、東京で本格的な映画製作を始めるためだった。松竹キネマの創立は一九二〇年一月、撮影所は東京蒲田に定まり、同年六月から製作を開始。準備段階では映画のための俳優学校が設立され、小山内薫《おさないかおる》が校長となり、男女俳優の募集が行われた。小山内薫の下で現代劇『路上の霊魂』（フィルムは現存）を製作、これも純映画劇の系譜にある作品で、若い映画ファンたちには熱い賞賛の辞を贈る者もあったが、他方にはこれを「洋臭派」として嫌う者たちもいた。『路上の霊魂』は冒頭にゴーリキーの言葉を引用しながら父（小山内薫）と息子（東郷是也《これや》、のち鈴木伝明《でんめい》）の不和と和解の物語を展開する。若い娘役の英《はなぶさ》百合子はアメリカ娘のような活発さを見せており、監督は村田実、のちに、現代劇映画の代表的監督になり、映画監督協会の初代理事長にもなった。脚本はこのあと蒲田青春映画の監督として次々に話題作を発表していく牛原虚彦《うしはらきよひこ》、彼は大正期後半から昭和初期のモダニズムを牽引した一人である。

蒲田映画の第一作は中編の現代劇『島の女』（木村錦花《きんか》監督、ヘンリー小谷撮影、同年一一月）。川田芳子が主演、芸者出身の彼女はすでに新派劇や新劇の舞台経験豊かな二五歳の女優だった。彼女は天活の花柳はるみに次ぐ映画女優となり、新派映画に数多く出演した。女優としては蒲田開所の二年目に栗島すみ子が入社、ヘンリー小谷監督の現代劇『虞美人草《ぐびじんそう》』（一九二一年四月）に抜擢されて主演、初々しい一九歳の娘はたちまち人気スターとなった。栗島すみ子は蒲田映画初期を代表するスター女優だが、蒲田では次々に若い女優を採用していった。

†映画劇への模索

松竹キネマが創設された年、横浜に大活(大正活映株式会社)が設立され、映画に興味津々の谷崎潤一郎が文芸顧問に加わった。青春喜劇『アマチュア倶楽部』(一九二〇年一一月)が第一作で、監督は栗原トーマス。彼はハリウッドで早川雪洲《せっしゅう》らといくつもの映画に出演していた俳優経験者である。シナリオや撮影技法にアメリカ式を取り入れて、谷崎は栗原に教わりながらシナリオを書き、これを栗原が詳細なコンティニュイティ(撮影用台本)に改めた。フィルムは現存しないが、撮影用シナリオは現存しており、読んでいくと、映画の展開が画面の技法とともによくわかる。ヒロイン役には女優、葉山三千子が演じ、俳優たちはほとんどが養成所出身の新人たち。旧劇にも新しい流れを入れようと、上田秋成作・谷崎潤一郎脚色で『蛇性《じゃせい》の婬《いん》』(栗原トーマス監督、一九二一年九月)などを製作したものの、資金力が弱く、まもなく松竹に吸収された。

この年には大活だけでなく、天活を吸収した国活(国際活映株式会社)が設立され、東京市外に撮影所を設けて『寒椿』(畑中蓼坡《りょうは》監督、一九二一年四月)を製作した。監督はアメリカで演劇経験を経て帰国、新劇の演出家・俳優として活躍中の人物、主役は映画研究に熱心な井上正夫、娘役は匿名の新人で、のちに水谷八重子として新派舞台の大女優になる、当時まだ女学校在学の少女だった。物語は悲劇に終わるが好評を博した。このフィルムは現存しており、無声映画の大半が消失したいま、『路上の霊魂』と並ぶ貴重な一本である。

同年の設立順に、松竹、国活、帝キネ（帝国キネマ演芸株式会社）、そして時代物人気のマキノキネマを吸収する東亜キネマとなる。

大活映画「アマチュア倶楽部」新人女優、葉山三千子、1920年（筈見恒夫編『写真　映画百年史』第1巻、鱒書房、1954）

帝キネは天活から独立、大阪市外小阪の天活あとを撮影所にした。ここは女形だけで女優がいなかった。女優が出る革新映画を試みたのが、芸者あがりの小田照葉《てるは》主演の現代劇『愛の扉』（中川紫郎監督、一九二三年三月）で、これは成功した。小田照葉は当時の有名芸者で、のち瀬戸内寂聴が小説『女徳』のモデルとした女性。帝キネは芦屋にも事務所を設けて、現代映画製作に力を入れることにしたが、各地の撮影所は開設と閉鎖を繰り返し、別の社名へと変遷したものもある。ただし、無声映画史に残る大ヒット作『籠の鳥』（松本英一監督、一九二四年八月）を送り出した。沢蘭子《らんこ》主演の悲劇で、流行歌「籠の鳥」のわびしい歌詞とメロディーが伴奏に流れ、あるいはスクリーン脇で歌われ、観客の涙を誘ったという。もっとも、流行歌を取り入れた「小唄映画」は『船頭小唄』（松竹、一九二三年一月）がはしりだろうか。帝キネはもう一つのヒット作『何が彼女をそうさせたか』（一九三〇年六月）も製作しており、これは昭和初期の傾向映画（左翼的に傾いた映画）を代表する一本になった（フィルムは一部欠損あるものの現存）。

新派映画の現代化が少しずつ進んだのは、菊池幽芳《ゆうほう》ら原作の家庭小説に、女学生の生活・キリスト教の自由な個人観・恋愛観などが描写されていたことにもよる。この傾向は菊池寛らの「通俗小説」へと移りながら、女性読者を獲得し、また映画化もされた。一方、大正期は時代物の人気が高く、男性および少年たちが観客の多数を占めており、講談・歌舞伎・読物からの脚色・借用も多く考証などいいかげんだった。その旧劇も関東大震災前後には題材や技法を更新して「映画劇」へ近づこうとした。大正末期には時代小説中心の『大衆文藝』が創刊され、この頃になると逆に、小説が時代映画から影響を受けたりしたので、のちに三田村鳶魚《えんぎょ》が批判している。同じくこの頃、「旧劇」の呼称が「時代劇」または「時代映画」へと変わっている。

†欧米映画の影響

草創期の日本映画界は国産の作品数が乏しく魅力にも欠けていたので、多くの作品を欧米から輸入した。滑稽劇をはじめ、フランス、ドイツ、イギリスなどの舞台劇の要約版や文芸物など、短編が大半だったなかで、大正期には壮大なスペクタクル長編のイタリア映画が次々に公開され、弁士の熱弁もあって観客を魅了した。たとえば『クオ・ヴァディス』『ポンペイ最後の日』『アントニーとクレオパトラ』『カビリア』などのほか、新たな息吹と情緒を持った『アッスンタ・スピーナ』『さらば青春』など。後者の作品はまだ若いころの飯島正が強い感銘を受け、後に『イタリア映画史』(一九五三年)を著した。アメリカ映画では『マスターキー』『名金』などの連続活劇物が大人気、これら活劇のスピード感と謎解きのスリルは日本の時代活劇にも応用された。アメリカ映画では反戦思想を説く『シヴィリゼーション』、あるいは怪奇性で観客を魅惑したドイツ映画『プラーグの大学生』や『ゴーレム』など。

第一次世界大戦が終わると、映画の世界的人気はアメリカ映画に移り、超大作『イントレランス』が日本では遅れて一九一九年三月、高額料金で公開され話題となった。監督は『国民の創生』(日本ではこれも公開が遅れて一九二四年四月)と同じ、「アメリカ映画の父」と称されたD・W・グリフィス、続く哀話『散り行く花』(リリアン・ギッシュ主演)も観客に感銘を与えた。チャップリン映画は世界中から歓迎され、『犬の生活』『担へ銃』『キッド』、そして彼が出演しないメロドラマ『巴里の女性』を経て、『黄金狂時代』へと、大正期後半はファンが増大、昭和期に入っても人気は増すばかり。アメリカ映画は活劇の『奇傑ゾロ』『三銃士』、西部劇『幌馬車』『アイアン・ホース』、メロドラマ『嵐の孤児』『第七天国』『熱砂の舞』、大人向きの洒落たコメディ『結婚哲学』、ロイドやキートンらのスラップスティック・コメディ（ドタバタ喜劇）など多彩であった。

ドイツ映画は大戦中からの美術や演劇における表現主義が映画にも現れ、『朝から夜中まで』『カリガリ博士』（谷崎潤一郎、竹久夢二、江戸川乱歩らに影響を与える）や、暗い小市民悲劇、怪奇と幻想の『吸血鬼ノスフェラトゥ』、フリッツ・ラングの大作『ニーベルンゲン』二部作やSF大作『メトロポリス』など大正末期から昭和初期にかけて独自の題材と技法を駆使、特異な映画的世界を示した。スウェーデンの『波高き日』『不滅の霊魂』も洋画ファンに感銘を与え、これら欧米映画の魅力は映画ファンにとどまらず、若い小説家、詩人、画家たちを惹きつけ、彼らの創作意欲を刺激した。衣笠貞之助監督『狂った一頁』（一九二六年九月）は、川端康成ほかの脚本協力を得て、前衛映画の古典となりいまに残っている。もっとも、洋画ファンは都会に多く、全国的には邦画ファン、とくに時代劇ファンが多数を占めていた。

広い影響力はアメリカ映画にあり、都市生活者を中心に風俗全般にモダニズムの軽快さと浮薄さがモガ（モダンガール）やモボ（モダンボーイ）の姿に現れた。モダニズム映画は日活現代劇でも製作、『カリガリ博士』の影響明らかな『血と霊』（溝口健二監督、一九二三年）ほか、ハリウッドから帰国した阿部豊（当初はジャック阿部）監督の『陸の人魚』（二六年）『足にさわった女』（同年）『彼をめぐる五人の女』（二七年）など昭和初期、若き岡田時彦や夏川静江らがスターになった。

†民衆娯楽の先頭に立つ

関東大震災の被害は映画業界でも大きく、東京の映画製作各社は関西へ一時避難する騒ぎになり、逆に関西の業界は活況を呈した。『東京市統計図表』（一九二八年三月）を参考に、映画館（活動写真館）と観客数の増減を見てみよう（表参照）。

大震災の年に数は落ち込み、翌年から回復、とくに映画観客数の伸びが著しく、大正末期には、映画館がダントツで観客を集めるようになる。別の資料（『日本映画年鑑　大正一三・四年』）では、二〇年代半ばの全国の常設映画館数は九八〇、映画上映も行う劇場を含めるともっと多くなり、一方アメリカの映画館数は一万四〇〇〇。数

年	劇場	演芸場	活動写真館
1922(大正11)	23(486万人)	84(286万人)	63(1055万人)
1923*(大正12)	9(7万人)	34(33万人)	34(58万人)
1924(大正13)	28(330万人)	107(233万人)	90(1200万人)
1925(大正14)	29(512万人)	101(245万人)	90(1420万人)

映画館（活動写真館）と観客数の増減
観客数は（　）内に概算で記入、＊は関東大震災の年。
出典：『東京市統計図表』1928年3月

字は昭和期に入ると、さらに増大する。製作本数（検閲数）を二四年度の主要会社で見ると、松竹三七二、日活二八三、東亜一二八、帝キネ九二、計八七五。輸入外国映画はこの合計数字を上回った。

映画館の増加とともに、活動写真弁士（映画説明者）と音楽の伴奏者たちも増えた。とくに日本的現象としてきわだつのは、弁士の人気ぶり。とはいえ、彼らの教養にはばらつきがあり、観客から間違いを指摘される弁士もいた。声色弁士では土屋松濤《しょうとう》、説明弁士では染井三郎、生《い》駒雷遊《こまらいゆう》、徳川無声らが名声を高めた。チャンバラ映画や西洋活劇・滑稽劇などは子供たちが大勢客席にいて、弁士をまぜっかえし、声をあげる騒々しさもあった。無声映画時代の映画館は一種のライブ会場に近かったと言える。

映画雑誌の創刊も相次ぎ、大正二（一九一三）年に『活動之友』『フィルム・レコード』（のち『キネマ・レコード』）、一五年に『活動写真雑誌』（最初は映画専門誌ではない）、一六年に『活動之世界』『キネマ』、一七年に『活動画報』『フィルム画報』、一八年に『活動評論』、一九年に『ムービー・ニュース』『キネマ画報』『キネマ旬報』『活動倶楽部』など、続々と出ている。大正末期には『映画往来』や『映画評論』など批評や理論重視の雑誌も登場。雑誌創刊は昭和期も続くが、大正期創刊誌では、『キネマ旬報』のみが戦中戦後の中断をはさみ、現在まで残った。二六年七月、文藝春秋社は『映画時代』を創刊、まさに昭和の映画時代を告げる誌名であった。

このような新しい娯楽の活力、増大する観客数に、社会学者の権田保之助《ごんだやすのすけ》が注目した。彼は東京や大阪の盛り場を調査して、活動写真は「美的概念の改造、生活価値の創作、新文明の誕生」に寄与すると、民衆娯楽論を展開した（『活動写真の原理及応用』一九一四年）。また、警視庁検閲課の橘《たちばな》高広は『民衆娯楽の研究』（一九二〇）ほかを、そして立花高四郎《こうしろう》の筆名で『活動狂の手帖』（一九二四）ほかを著した。映画は官民いずれからも大きな関心を寄せられた。芝居や見世物の取締りは明治期から大正初期まで管轄の警察署ごとに行われ、全国不統一。一九一七年八月施行の「活動写真興行取締規則」へ移り、二五年七月から「活動写真「フィルム」検閲規則」が施行され、映画検閲の全国統一化がなされた。検閲はその後、左翼的傾向の取締りや、戦時体制へ向かって厳しさをましていくが、映画は娯楽の王様の地位にまで上りつめていった。

さらに詳しく知るための参考文献

田中純一郎『日本映画発達史』（全五巻、中公文庫、一九七五〜七六）……日本映画史の基礎的文献。大正期は第一巻「活動写真時代」と第二巻「無声からトーキーへ」を参照。

岩本憲児・佐伯知紀編『聞書き　キネマの青春』（リブロポート、一九八八）……大正期から昭和戦前期、映画界の多様な領域で活躍した人々へのインタビュー。

岩本憲児編『日本映画とモダニズム　1920-1930』リブロポート、一九九一）……大正後期から昭和初期、日本現代映画の諸相を探る、図版も多数。

岩本憲児『「時代映画」の誕生　講談・小説・剣劇から時代劇へ』（吉川弘文館、二〇一六）……映画草創期から昭和期戦前まで、時代劇の変遷を詳細にたどる。

大阪府立大学／関西大学／大阪府／新なにわ塾共編『大阪に東洋1の撮影所があった頃』（ブレーンセンター、二〇一三）……大正期から昭和初期まで、大阪の映画文化を分担執筆。

小林貞弘『新聞に見る初期日本映画史――名古屋という地域性を巡って』（学術出版会、二〇一三）名古屋における映画の受容を調査、草創期にふれるが時代の中心は大正時代。

笹川慶子『近代アジアの映画産業』（青弓社、二〇一八）……大阪映画産業の誕生をアジア諸国との関係で調べ、とくに帝国キネマ演芸を中心に展開した力作。

佐藤忠男『日本映画史』（増補版、全四巻、二〇〇六～〇七、岩波書店）……第一巻が一八九六年から一九四〇年まで、すなわち映画草創期から戦時下までを論じている。

御園京平『活辯時代』（岩波同時代ライブラリー、一九九〇）……著者のコレクション図版を多数使い、弁士の時代を楽しく活写。

山本喜久男『日本映画における外国映画の影響』（早稲田大学出版部、一九八三）……日本映画草創期から戦前まで、外国映画から受けた影響の具体例を丹念に調査比較した労作。
＊他に明治大正期雑誌の復刻版をいくつか挙げる。
『日本映画初期資料集成』（『活動写真雑誌』『活動之世界』『活動画報』『活動評論』『活動倶楽部』の創刊年一年分のみ。三一書房、一九九〇～九二）／『活動寫眞界』『フィルム・レコード』『キネマ・レコード』（国書刊行会、一九九九～二〇〇〇）／『キネマ旬報』（全四巻、雄松堂出版、一九九三～九六）大正八年の創刊号から大正末の二四八号までを復刻。

第24講

百貨店と消費文化の展開

神野由紀

†日本における初期百貨店とその転換

日本で欧米型の百貨店が誕生した明治末、その顧客となったのは、都市部で増大しつつあった会社員を中心とする新しい中間層であった。黎明期の日本の百貨店は、前身であった呉服店からの老舗イメージを継承しつつ、都市部の中間層の西洋文化への憧れを商品に反映させ、高級な和洋折衷型のブランドイメージを駆使しながら近代的百貨店へと転身した。三越呉服店、高島屋、白木屋といった老舗呉服店は、その資本力を利用し、積極的な経営改革と、商品開発を伴う新たな市場作りを行った。初期百貨店で扱ったのは、主に日常生活には必要のない贅沢品であった。国内産業の発展は化粧品や洋酒、文具、洋家具など、高級な輸入品の国産化を促進した。国産品が増加することにより、こうした贅沢品が中間層にも手の届く商品として百貨店で大量に販売されることになった。生きるためには特に必要ではない贅沢品をいかにして購入させるか、初期百貨店で何より重視されたのは、消費の欲望を人々に喚起させるということであった。ポスターや新聞・雑誌などの広告、商品陳列という新しい消費のスタイルの導入や、呉服柄に始まる流行操作の試み、さらには豪華な店舗空間や店内の文化的なイベントなどは、多くの人々を余剰の消費に向かわせるために効果を発揮したといえる。

その後の大正時代の百貨店を中心とする消費文化は、初期の高級路線から大衆化へと変質していく時代であったといえる。一九〇三年専門学校令、一九一八年大学令など相次ぐ高等教育機関の整備により、上京して大学や専門学校などで高等教育を受ける人数は増大し続けた。第一次大戦後、物価高騰が続く日本では、増大した都市部の会社員の社会的地位は、相対的に低下していく。彼らの多くは単身で都市に定住し家族を持ったが、物価高騰に会社員の賃金上昇が追い付かない中、次第に生活が苦しくなっていった。大正期の百貨店に足を運んだ多くが、こうした「庶民化」し始めた会社員とその家族であった。

都市部の中間層の上昇志向を巧みに取り込みつつ、憧れの生活を手軽に購入できる「手の届く高級店」であった百貨店は、その後大正半ばまでには変質を余儀なくされた。三越呉服店では一九一九年に開催された「大阪・さかえ日」「東京・木綿デー」などを境に、綿織物や日用雑貨、食品など日用品の大売り出しを始め、人気を博した（図1）。また一九二二年には白木屋が常設売り場として呉服、雑貨の格安品売り場を設けている。こうした百貨店の大衆化は関東

図1　大阪三越「さかえ日」（実用品奉仕場の混雑）1919年（『三越のあゆみ』1954、株式会社三越伊勢丹所蔵）

大震災以降、さらに加速した。多くの百貨店が震災により店舗を焼失する中、「マーケット」「出張店」といった仮設店舗を分散して開設し、日用品を大量に安く提供し、人々の需要に応えた。震災復興が進む中で本店の百貨店は復活していくが、安売り品の販売は続けられ、百貨店の路線そのものにおいて初期の高級路線からの脱却が顕著となった。

†ターミナル・デパートの出現と郊外住宅地の発展

会社員の生活苦が社会問題になる中、一九二〇年に結成された文部省の外郭団体・生活改善同盟の目的は、衣食住から社交、生活習慣にいたる日常生活全体の合理化、改善であった。この中の「住宅改善調査委員会」で一九二四年に出された調査報告「住宅改善の方針」では、住宅とその起居様式の洋風化、合理化を提唱しているが、その報告の最後に記されたのが「大都市では地域の状況に依り共同住宅（アパートメント）並に田園都市の施設を奨励すること」であった。

大正期になると、私鉄の鉄道網の発展に伴い東京、大阪のような大都市部では中間層の新たな住まいとして、郊外住宅地開発が本格化した。関西では小林一三による箕面《みのお》有馬電気軌道（現・阪急）沿線の住宅地開発がその嚆矢とされ、一九一〇年に始まった池田室町《むろまち》の開発以降、沿線の開発が行われた。間もなく小林の開発手法は関東にも及び、大正後半には渋沢栄一による田園都市株式会社が目黒蒲田電鉄の経営と併せて玉川台（現・田園調布）など住宅地開発を本格化していく。分譲された郊外住宅地には「文化住宅」と呼ばれる小型洋風住宅が立ち並び、中間層の憧れの住まいとなった。その多くが谷崎潤一郎の『痴人の愛』で主人公がナオミと暮らす家のように安普請の和洋折衷住宅であったが、封建的な在来和風住宅とは異なる洋風の生活様式は、まさしく同時代に流行した「文化」「モダン」といった語を象徴するものであった。

郊外から都心への人の流れをつくった阪急の小林一三《いちぞう》は、梅田駅直結の百貨店という構想に着手する。一九二〇年に竣工した阪急梅田ビルにおいて、一九二五年には食料品や生活雑貨を扱う阪急マーケットを開店させ、一九二九年には阪急百貨店へと発展した（図2）。旧来の商業地にあった老舗呉服店を起源とする百貨店が徹底して高級路線を展開していたのに対して、郊外住宅地の住民をターゲットとしたターミナル・デパートが目指したのは、食品や日用品を充実させた庶民的な店であった。梅田の阪急百貨店は「どこよりもよい品物を、どこよりも安く売りたい」という小林の意志が反映され、最上階の大食堂では低価格で提供されるライスカレーが評判となった。

図2　1929年の阪急百貨店（阪急阪神百貨店 HP「沿革」（https://www.hankyu-hanshin-dept.co.jp/founder.html）

ターミナル・デパートは私鉄資本による郊外開発を背景に生み出された、日本特有の百貨店のスタイルであるといえる。私鉄各社は電鉄経営を基盤とし住宅地開発と、都心への終着駅にはターミナル・デパート、そして郊外の終着駅付近にはレジャー施設をつくり、沿線住民の消費生活すべてを包含する複合的な戦略をとった。阪急の宝塚新温泉の開発はよく知られているが、このほか二子玉川園玉川遊園地（一九〇九）、多摩川園（一九二五）など、私鉄による沿線の娯楽施設の整備が進んだ。こうした遊園地をはじめとするレジャー施設はどこも家族のための「健全な娯楽」を提供すべく、猥雑《わいざつ》な見世物小屋の並んだ庭園由来の遊園地とは一線を画した。同時に、後述するようにターミナル・デパートの屋上にも遊園地や動物園が備えられ、家族のための文化的な休日を提供する場となっていった。

†銀座の震災復興と盛り場の再編

明治初年に外国人技師T・ウォートルスの設計で建設された銀座煉瓦街《れんががい》（一八七七年に全街区完成）は、車道と歩道の分離、街灯と並木のある大通り、煉瓦造りのアーケード型不燃建築などが話題となった。明治二〇年代には洋服店、時計・宝飾店、薬屋、洋食店、新聞社などが立ち並ぶ、文明開化を代表するハイカラな街として知られるようになっていった。初期の銀座は高級な舶来品店が集積した、上流階級や文化人のための商店街であり、銀座を通して人々は西洋の文化を享受した。しかし大正前半までの実際の東京の商業の中心は依然として江戸から続く日本橋室町周辺であり、百貨店が集まる最大の商業エリアであった。この状況を一変させたのが関東大震災であった。震災以降、銀座には大衆化したカフェーが次々と開店し、また同時に老舗百貨店の銀座への進出が加速した。一九二四年松坂屋、一九二五年松屋、一九三〇年三越（再進出）というように、尾張町《おわりちょう》交差点（銀座四丁目交差点）近くに三店の百貨店が競合し、これが銀座の本格的発展につながった。進出した百貨店は銀座の光景のひとつに組み込まれ、消費の場が点から面へと拡大していったのが、大正期の銀座であった。

銀座の近代的な歩道とショーウィンドウのある店舗は、都市の「遊歩者」を生み出したといえる。ショーウィンドウの商品を眺めながら、目的もなくふらふらするという、近代都市の新しい楽しみ方「銀ブラ」が人気となった。銀ブラの語源は諸説あるが、銀座をぶらぶら歩くだけでなく、「カフェパウリスタでブラジルコーヒーを飲む」ことだったともいわれている。遊歩する都市の休息所であり、様々な文化の情報が行き交う場として、銀座にはパウリスタやカフェ・プランタンをはじめ、ソーダ・ファウンテンやパーラー、ビヤホールなどが開店した。中でもカフェ・ライオンのようなアルコール提供を主とした店が次第に多くなり、この傾向は震災後になるとより鮮明になった。カフェー・タイガー（一九二四）、カフェ・クロネコ（一九二七）など、アルコールと女給のサービスが主となる風俗営業店が増え、永井荷風らの小説の舞台となり、盛り場の大衆化が進んでいった。

東京駅の完成により、大正後半になると日本橋、京橋エリアから丸の内へオフィスの移転が増加し、銀座は丸の内に通勤する会社員が昼休みや仕事帰りに立ち寄る場として人気を集めていく。初期百貨店に足を運んだのは、主に会社に通勤する成人男性であった。百貨店に実際に訪れるのは自身の紳士用品、家族への土産の菓子類など買い求める男性が多く、女性が自由に外出できる環境は整っていなかった。しかし大正末になると、百貨店のポスターには子ども連れの女性が多く描かれるようになっていく（図3）。女性が消費の場に足を運ぶことを後押ししたのが銀座の百貨店であった。一九二七年の地下鉄銀座線の開通により、女性や学生なども含

図３　杉浦非水ポスター　三越本店西館修築落成、新宿分館落成（1925年、株式会社三越伊勢丹所蔵）

め、渋谷など開発され始めた郊外に住む人びとが気軽に行ける場所となったのである。

百貨店とカフェーに代表されるように、大正末以降の銀座は歓楽と消費の場が混ざり合う新たな盛り場として多くの人を集めた。そして最先端のモダン風俗の男女「モダン・ボーイ」「モダン・ガール」が登場し、昭和に入ると大衆化の流れが本格化していくことになる。

†家族と消費生活

大正時代の消費文化は、デモクラシーの思潮を反映し家族本位、特に子どもを中心的存在とする家族が消費の単位となった。阪急の小林一三は、中間層の家庭のための健全な生活文化を提供することを目標に掲げた。近代家族観が西洋からもたらされる中で、明治二〇年代に堺利《さかいとし》彦《ひこ》らが提唱した「家庭」という語は明治末頃までには都市部の中間層には広まっていったが、それと同時に子どもの存在が大人とは区別され、独自の世界を持つものであると認識されるようになる。この中で封建的家族制度は否定され、親密な「家庭」とその団欒の形成が重視された。この考えが大正期の童心主義につながっていくことになるが、近代子ども観をいち早く利用したのは百貨店のような消費の場であった。

すでに明治末には、子ども用品という有望な市場に着目した三越では教育熱心な中間層の親に向けて、様々な子ども用品を販売するようになった。子どもの教育に役立つ教育玩具の販売、さらには子ども服や文具、子ども用家具、食器など、百貨店では、大人と区別した「子ども用」の商品を積極的に売り出した。三越呉服店で一九〇九年から一九二一年まで開催された児童博覧会では、子どもそのものではなく、子どものための商品を展示することで、子どもや親たちの物欲を掻き立て、「正しい環境で教育されるべき児童」という新しい概念を広める役割を果たした。こうした百貨店の試みによる子ども用品の消費文化は、子どもの生育環境に関心を持つ大正期の家庭に根付くことになる。

初期の百貨店ではかなり大々的に子ども用品が売り出された。七五三や雛祭りは、晴れ着や雛人形を売り出す格好の機会であり、明治維新後しばらく衰退していたこれらの習俗を明治末に復活させたのが、百貨店であった。これら古くからの年中行事に加えて百貨店が子ども用品売り出しの好機と考えたのが、新入学・新学期のシーズンであった。教育制度の普及とともに、

子どもは　明治末に初等教育の就学率が九割を超えた。ノートや鉛筆、筆箱といった学習用具は親たちが新学期に買い揃えるべき用品であるとともに、子どもの入学祝いなどに適切な贈答品として「文具セット」が売り出された。さらに大正時代になると通学のための用品は、安定した需要の見込める大きな市場として着目されていく。文具のほかにも通学カバンや通学用靴、通学服、さらには子ども用学習机が、二月頃から大々的に紹介されるようになる。

百貨店は子ども用品市場を開拓していくと同時に、子ども連れの家族が休日を過ごす娯楽の場を積極的につくりだした。百貨店各店が鉄筋コンクリート造の店舗に改装する中で屋上を設けるようになると、そこには子どものための動物園や遊園地がつくられるようになった。一九二六年、銀座松坂屋では屋上動物園が設置され、ライオンやヒョウなどの猛獣が飼育展示され話題となった。その後各店の屋上で遊戯機械の導入が進んでいくことになる。大正期の百貨店は、休日の家族団らんのための、皆が楽しめる場となった。大正から昭和初期にかけて、子どもの双六《すごろく》にも百貨店を題材にしたものが登場するようになる。川端龍子《りゅうし》の画による『少女の友』一九一四年一月号付録「買ひ物双六　一名デパートメントストア」では百貨店の断面図が描かれ、入り口から各階を巡り、最後に屋上で「上がり」となっている。双六は初期において百貨店とはいかなるところか、ということを視覚的に案内する役割を果たしており、大人向けにも同様の案内が見られた。しかし大正期に百貨店が家族で訪れる楽しい場所になっていくことで、例えば一九二八年の「三越雙六」では、正月の凧揚げに始まり、雛祭りや夏祭り、ピクニック、クリスマスといった子どもが楽しむ行事を経て、最後は「家族で百貨店に行く」ことがゴールとなっている。すなわちこの時点で、百貨店は未知の商業空間ではなく、子どもが楽しみにしている家族の娯楽として認知されるようになっていたのである。

†趣味の創出と流行操作

百貨店が誕生する前後には、消費の欲望を喚起する様々な資本側の工夫があった。子ども用品や洋家具など、新しい市場を開拓することも新たな消費を促す試みであったが、それとともに重要であるのが、流行と「良い趣味のモデル」の人為的な操作であった。一九世紀ヴィクトリア朝をはじめとする近代社会において、中産階級が新たな消費者となる中、その趣味の悪さが度々指摘されるようになる。一九世紀末のイギリスで起こったエステティック運動は、中産階級の低俗な趣味を改善する目的もあった。日本でも坪内逍遥が雑誌『趣味』で唱導した趣味普及運動など同様の動きが見られた。しかし趣味教養を身につけることよりも、人々が実際に向かったのは、百貨店で提供する良い趣味の商品を手軽に購入するという行為であった。初期の百貨店で次々に提案される流行の呉服や住まいの風流な調度品、贋作《がんさく》の恐れのない現存作家による保証付きで手軽な掛け軸などを購入することこそが、良い趣味を得るための近道であった。こうした良い趣味を得ることへの欲望を背景に、様々な商品の流行が生み出されていくことになった。

呉服柄に流行を操作する試みは、百貨店に転身する過程で三越（当時・三井呉服店）の高橋義雄が日清・日露戦争を契機として仕掛けた伊達《だて》模様や元禄模様のような事例が知られているが、特に明治末頃からは各百貨店で常態化していった。三越だけでなく高島屋や白木屋など各店で流行創出のための研究会が設けられ、文人や画家、学者など、多くの知識人がアドバイザーとして招かれ、外部からの意見を商品企画に反映させた。

大正期に入ると、こうした流行操作は呉服だけでなく、子ども用品など様々な商品に及んでいく。例えば雛人形なども「今年の流行の型」が毎年発表され、七五三の晴れ着も今年の流行の色、柄、小物類などが詳細に紹介され、呉服だけでなく洋服も「パリの最新流行の子供服」として紹介された。特に明治末から大正前半にかけて「西洋から到着した最新の商品」という舶来品は、最新流行の商品と同義として捉えられることが多く、子ども用品でも玩具や洋服など、多方面で用いられた。

また、都市部の中間層の洋風生活への憧れを背景に、明治末から各百貨店で家具装飾部門を設け、国産の既製家具を販売するようになる。大正後半頃から各店で精力的に流行発信するようになる中、特に一九二〇年前後から増えていくのが「家具陳列会」という新作家具をモデルルーム形式で展示する試みであった。モダンデザイン風、アール・デコ風など、毎年流行のスタイルが更新され、昭和に入り国粋的な文化が称揚されると「新日本調」あるいは「国風」といった和洋折衷型のデザインの大流行を生んだ。当然のことながら、そうした豪華で斬新なインテリアを手に入れることが実際にできるのは、百貨店の顧客のほんの一握りにすぎず、多くの人々が買い求めたのは、百貨店で安価で提供されていた籐椅子であった。しかし来店者はこうした展示会を美術展覧会のように楽しみ、家具装飾における流行の存在を意識するようになった。

流行操作が百貨店のあらゆる商品で用いられていくことを裏付けるように、大正一〇年代になると、流行商品に関する出版物が目立つようになっている。たとえば泉俊秀『現代流行商品変遷の研究』(一九二二)では、流行とは何かを論じる中で単に趣味の流行にとどまらず国民生活の中に適応させていくことが重要と述べたうえで、呉服だけでなく洋服、雑貨や化粧品、玩具、家具など幅広い流行を紹介している。蘆川《あしかわ》忠雄の『流行と商品』(一九二四)でも、呉服や髪型、雑貨類など短い周期で流行が変わる商品だけでなく、石鹸やビールなど、ある程度世間に定着した商品さえも流行品として扱っている。明治後半に三井呉服店の高橋義雄が流行を広めようとした際に、流行を浮薄な現象として軽視する風潮をどう克服するかが課題となっていた。大正期になると、消費文化の拡大とともに、もはや流行の存在は、その是非はともかく無視できないほど大きなものとなっていたといえるだろう。

泉や蘆川は、こうした流行商品は売る側が専門的知識をもって発信すべきとし、製造販売業者の社会的責任を指摘している。特に蘆川は資本力のある百貨店の影響の大きさを指摘し、専門家による流行商品開発の成功例として、高島屋の百選会を挙げている。こうした生活のあらゆる商品に流行を設け、消費を促進させていく手法は百貨店が独占する形となり、その後昭和に入ると批判的に語られることにもつながった。

†おわりに――消費の欲望喚起装置としての百貨店

一九二五年の「東京銀座街風俗記録」で考現学採集を始めた今和次郎《こんわじろう》は、その後も一九二八年に三越日本橋本店を調査対象とした「デパート風俗社会学」「銀座流行店散兵線」などを実施している。その後一九三一年頃から民家研究へと向かう今であるが、大正末頃の関心は百貨店や銀座といった都市の消費文化にあり、人々の中での流行の「断片」を切り取り収集することであった。大正期における百貨店の変質によって、多くの人々の目に留まるような大衆的なレベルで、流行が顕在化していったといえる。

大正時代の消費文化は、明治期の高級趣味から脱却し、関東大震災後に顕著となった文化の大衆化に向かう、過渡期であった。そしてその転換は、戦前期の消費文化の中心であった百貨店の変質において、顕著に示されていた。百貨店では大衆の憧れとしての上流のくらし、西洋の生活文化を獲得したい欲望は活かしつつ、大量生産による市場の拡大によって目指すべきモデルを庶民レベルに近づけ、流行操作を様々な分野で仕掛けた。大正期の教養主義・近代合理主義に裏付けられ、新しい洋風のライフスタイルは単に贅沢ではなく、近代人に相応しい生活として人々に提示された。しかしながら、実際の消費文化はそうした近代性＝合理性を表面にまといつつも、「モダン」という名の下で流行の商品の更新とその消費というスタイルを加速させていった。こうした転換の起こった大正時代は、その後の本格的な大衆消費文化の素地を準備する時代であったといえるだろう。

さらに詳しく知るための参考文献

『考現学　今和次郎集　第一巻』（ドメス出版、一九七一）……考現学を提唱した今和次郎の最初の考現学採集である銀座の調査をはじめ、百貨店の調査など、大正から昭和初期の風俗と消費文化を知る貴重な調査資料。

和田敦彦編（和田博文監修）『コレクション・モダン都市文化　第8巻　デパート』（ゆまに書房、二〇〇五）……百貨店経営史や百貨店を舞台とした小説、記事など、百貨店に関する大正・昭和初期の資料を採録。百貨店小説の描写を通して、同時代の消費文化を知ることができる。

山本武利・西沢保編『百貨店の文化史』（世界思想社、一九九九）……日本で百貨店研究が注目され始めた一九九〇年の社会学、デザイン学、経営学など様々な分野の研究者による研究成果。百貨店経営、広告、商品開発、文化活動など様々な視点で初期の百貨店文化について概観できる。

津金澤聰廣『宝塚戦略——小林一三の生活文化論』（講談社現代新書、一九九一）……阪急創始者・小林一三が、電鉄経営とレジャーランド、ターミナルデパートを併せて経営を拡大し、沿線のホワイトカラー層に相応しい、家庭のための、健全な文化を提供していく戦略が理解できる。

谷内正往『戦前　大阪の鉄道とデパート』（東方出版、二〇一四）……阪急をはじめ、京阪、近鉄など関西の電鉄が展開した、大正・昭和初期のターミナルデパートの歴史が詳述されている。

藤岡里圭『百貨店の生成過程』（有斐閣、二〇〇六）……初期の百貨店研究は主に三越呉服店が対象となっていたが、本書では高島屋や松坂屋の百貨店に至る過程を詳しく紹介しており、三越関連の研究書と併せて目を通すべき文献。

和田博文『三越　誕生！』（筑摩選書、二〇二〇）……大正初め頃までに三越が百貨店化を遂げていく状況を、様々な活動、商品を通して詳述した、最新の百貨店関連書籍。

神野由紀『子どもをめぐるデザインと近代』（世界思想社、二〇一一）……玩具、文具、子ども服、菓子など様々な商品を例に。子どもに関心が向けられた大正期、百貨店を中心に子どものためのデザインが大人と差異化して新たな市場がつくられていく様子を知ることができる。

神野由紀『百貨店で〈趣味〉を買う』（吉川弘文館、二〇一六）……人形玩具や風流道具など、明治末から大正初めまで、良い趣味のモデルであった好事家たちの嗜好が百貨店を介して中間層に商品として広められていく。初期消費社会の中で起こった趣味の大衆化を具体的事例から紹介している。

第25講

阪急電鉄と小林一三——都市型第三次産業の成立

老川慶喜

†大衆消費社会の誕生

明治維新以来、日本は「富国強兵」「殖産興業」の掛け声のもと、製糸業や紡績業、石炭鉱業などを中心とする諸産業を発展させ、急激な工業化を推進してきた。しかし、第一次世界大戦前後にはこうした産業革命期とは明らかに異なる段階に達し、重化学工業化、都市化が進展し、全国各地で電源開発が進んだ。フォードシステムにみられるような本格的なマスプロダクションの時代が到来したとはいえないが、日本にもようやく大量生産・大量消費社会の萌芽が現れ、人びとの社会生活も大きく変容した。

東京や大阪などの大都市では、官公庁や銀行・会社に勤務し、俸給を受け取る俸給生活者（サラリーマン）が現れた。また、工場の職工（女工）として働くだけでなく、電話交換手、タイピスト、バスガイド、教師、看護師などとして働く女性が現れ、「職業婦人」と呼ばれた。これらのサラリーマンや職業婦人は「新中間層」と呼ばれる知識階級で、都市で独立の家庭を築き、合理的で文化的な生活を愛好し、余暇を楽しみ、教育にも熱心であった。また、大都市には百貨店がそびえたち、洋服から石鹼にいたる大量の消費物資が正札付きで陳列され、市民たちの購買欲を刺激するようになった。

米騒動後の一九一八年九月に成立した原敬内閣は、積極財政を掲げ、軍備の充実、鉄道建設の促進、教育の充実を政策に掲げた。また、普通選挙法の成立を求める普選運動が盛んになり、吉野作造が「民本主義」を唱えるなど、大正デモクラシー的状況が生まれた。小林一三は、こうしたなかで箕面有馬電気鉄道（のち箕面有馬電気軌道、阪急電鉄と改称）を創業し、沿線での住宅地・家屋の販売、電灯・電力の供給、さらには宝塚での新温泉や宝塚歌劇場など娯楽施設の開設、ターミナル梅田駅での百貨店経営など、いわゆる都市型第三次産業を展開した。

†箕面有馬電気鉄道の創業

小林一三は、一八七三年一月三日、山梨県北巨摩《きたこま》郡韮崎《にらさき》町（現・韮崎市）に生まれた。小林が生まれたのは別家であったが、本家は「布屋」という屋号の富商で、酒造業や絹問屋を営み、のちには製糸業にも進出した。生後間もなく母と死別し、婿養子であった父も実家に帰ったので、小林は本家の大叔父夫妻に育てられた。地元の韮崎学校で学んだあと、東八代《やつしろ》郡南八代村

（現・笛吹市）の加賀美嘉兵衛《かがみかへえ》の私塾・成器舎で学び、一八八八年二月に東京三田の慶應義塾に入学した。

慶應義塾では、「角帯型の義塾青年層でなく、硯友社風のキザな青二才」（小林一三『逸翁自叙伝』）として、芝居を見たり、小説を執筆したりしてすごした。卒業後は都《みやこ》新聞（のちの東京新聞）への入社を希望していたがかなわず、三井銀行に入行した。当時、三井銀行では中上川彦次郎による改革が行われており、慶應義塾の出身者が多数採用されていたが、小林の人事もその一環であった。

小林一三

小林はのちに、三井銀行時代を「食ふに困らないと言ふだけで、何等希望も野心も持てない不愉快の時代」「一生の中、私の一番不遇時代」「耐えがたき憂鬱の時代」と振り返っているが（前掲『逸翁自叙伝』）、この時期に銀行業務に精通したばかりでなく、岩下清周《きよちか》、平賀敏《さとし》、池田成彬《しげあき》などとの交流を深め、幅広い人脈を形成した。小林は、東京本店調査課への左遷を機に、一九〇七年一月に三井銀行を退職するが、三井銀行時代の経験はのちの事業の糧となったものと思われる。

小林は三井銀行退職後、大阪で岩下清周とともに証券会社を設立するはずであったが、日露戦争後の反動恐慌に遭遇して計画が頓挫してしまった。岩下は、小林が三井銀行の大阪支店に勤務していたときの支店長で、銀行は利鞘《りざや》を稼ぐだけの「商業金融」から「産業金融」に転換し、産業の育成に傾注すべきであるという独特の考えをもっていた。小林は、この岩下から大きな影響を受けていた。

失業の身となった小林は、一九〇七年四月に大阪と福知山を結ぶ阪鶴《はんかく》鉄道の監査役に就任した。同鉄道は八月に国有化されるので、小林はその清算事務を担うことになったが、それだけではなかった。阪鶴鉄道は大阪～池田間の鉄道敷設免許を取得していたので、社長の田艇吉《でんていきち》をはじめ関係者は、一九〇六年一月に箕面有馬電気鉄道の創立発起人会を結成し、四月には大阪から箕面を経て有馬にいたる鉄道と、その途中の宝塚から西宮にいたる鉄道の敷設を申請し、同年一二月に特許を得た。小林は、この箕面有馬電鉄の設立事務も担うことになった。

箕面有馬電鉄の計画線は、梅田～池田～宝塚～有馬間、池田～箕面間および宝塚～西宮間で、資本金は五五〇万円であった。しかし、大阪株式取引所の株価は一九〇七年一月に最高値を付けたのち暴落したので、箕面有馬電鉄の株主のなかからは証拠金の二円五〇銭を捨てても一株一二円五〇銭の払込みに応じないという者が続出し、一一万株のうち五万四一〇四株が未引受となってしまった。

こうして箕面有馬電鉄の設立は危ぶまれ、解散の瀬戸際まで追い込まれた。有馬温泉や箕面公園に電車を敷設しても見込みがない、というのが大方の見方であった。そうしたときに小林は、箕面有馬電鉄の沿線を歩きながら考えた。沿線には理想的な住宅地があり、しかも地価が安い。沿線で住宅地の販売を手がければ、電車で儲からなくても利益が出て、株主を安心させることができるのではないか。そして、未引受の五万四〇〇〇株のうち一万株を佐竹作太郎、根津《ねづ》嘉《か》一郎《いちろう》、小野金六《きんろく》ら、故郷の甲州系財界人に引き受けてもらったが、残りの四万株は岩下清周の北浜銀行が引き受けた。また、鉄道建設に必要な機械や資材を、岩下に斡旋を依頼して、三井物産から開業後二年以内の支払いという条件で購入した。

箕面有馬電鉄は、一九〇七年六月に社名を箕面有馬電気軌道と改めた。一〇月に大阪商業会議所で創立総会を開催し、井上保次郎《やすじろう》、松方幸次郎、志方勢七《しかたせいしち》、藤本清兵衛《せいべえ》、小林一三が取締役に選任され、小林が専務取締役となった。社長は空席とし、いずれ岩下を迎えようと考えていた。なお、監査役には野田卯太郎《うたろう》、平賀敏、速水《はやみ》太郎が就任した。

†北浜銀行事件と神戸線の開業

箕面有馬電気軌道は、一九一〇年三月、第一期線の梅田～池田～宝塚間および箕面支線を開業するが、その後一九一四年四月、大阪日日新聞という夕刊紙が、大阪電気軌道（現・近鉄奈良線）の計画は無謀であるとして、社長の広岡恵三と重役の一人であった岩下清周への攻撃を開始した。大阪と奈良を結ぶ大阪電気軌道の本線には生駒山脈があり、そこを貫くトンネル工事が思わぬ難工事となり、工事費もかさんだ。岩下の北浜銀行が工事費をすべて融通していたのであるが、大阪日日新聞の警告を受けて社長の広岡は辞任した。岩下が後任社長となったが、大阪日日新聞の攻撃は止まず、北浜銀行は大打撃を受け、岩下は責任をとって頭取を辞任した。

箕面有馬電軌は、創業当初から北浜銀行の助力を受けてきたので、同行が破綻すれば致命的な打撃を受けるといわれていた。事実、一九一三年上期と一四年上期の営業収入を比較すると、三八万七三三四円から三〇万五一六九円へと八万二一六五円（二一・二パーセント）も減少し、株価は払込額の半分に下落した（平賀敏「箕面有馬電気軌道株式会社ノ真相ニツキ株主諸君ニ告グ」）。小林はこれを機に、北浜銀行の所有する箕面有馬電軌の株式を引き受けて同行から自立しようと考え、北浜銀行から箕面有馬電軌の株式を処分したいという申し入れがあると、「身分不相応の借金」を背負って大株主となった（前掲『逸翁自叙伝』）。また、箕面有馬電軌は、一九〇九年三月に梅田と京阪電鉄の野江駅を結ぶ野江線の敷設免許を獲得していたが、北浜銀行の所有していた箕面有馬電軌の株式を買い受けたため、敷設権を放棄せざるを得なくなった。

ところで、箕面有馬電軌は、灘《なだ》循環電気軌道の計画線西宮〜神戸間に連絡し、大阪〜神戸間の直通電車を走らせるため、宝塚線の十三《じゅうそう》から伊丹を経て西宮線の門戸《もんど》厄神《やくじん》にいたる路線の敷設を出願し、一九一三年二月に認可を得ていた。灘循環電軌の株式の多くは北浜銀行が所有していたので、北浜銀行が破綻すると、その株式をどう処分するかが問題となった。

北浜銀行の新頭取高倉藤平は、阪神電気鉄道に灘循環電軌の買収を働きかけた。阪神電鉄が灘循環電軌を買収すれば、箕面有馬電軌の大阪〜神戸間の電車直通計画は崩れるので、箕面有馬電軌にとっては死活の問題であった。そこで小林は阪神電鉄と交渉し、阪神電鉄から箕面有馬電軌が灘循環電軌を買収しても異議はないという回答を引き出した。箕面有馬電軌は阪神間直通線の建設計画を立て、一九一六年四月に臨時株主総会を開いて灘循環電軌の合併を申請した。

箕面有馬電軌は一九一八年二月に社名を阪神急行電鉄と社名を変え、二〇年七月に大阪〜神戸間の神戸線を開業した。神戸線の開通は、阪急電鉄が田舎電車から都市間電車に脱皮する契機となった（小林一三「此の会社の前途はどうなるのか？」吉原政義編『阪神急行電鉄二十五年史』）。

†住宅地・家屋の販売と電灯電力の供給

小林は、箕面有馬電軌の経営は電鉄業だけでは成り立たないと考え、沿線で住宅地・家屋の販売、電灯・電力の供給、動物園・新温泉などの娯楽施設や阪急百貨店の開設など兼営事業を展開した。池田室町の住宅地や家屋を販売するため、一九〇八年一〇月に三七頁からなる『最も有望なる電車』というパンフレットを作成し、一万部も発行した。そこでは、箕面有馬電軌の建設予算や建設工事の説明、収支の見込み、住宅地の経営、遊覧鉄道の真価などについて述べられていた。また、三井物産の仲介・金融を得ていること、格安な費用で建設が可能なことなどを長所として取り上げ、株主には開業までは五パーセント、開業後は八パーセントの配当を約束し、計画どおり進捗すれば一〇パーセント配当も夢ではないと宣伝した。その根拠は、住宅地経営の有望性にあった。

池田室町の住宅地

続けて小林は「如何なる家屋に住むべきか」というパンフレットを執筆した。それによれば、箕面有馬電軌が販売する郊外住宅は、「富豪の別荘」のような大邸宅ではなく、毎日大阪に通勤し家庭に慰安を求める人々のための住宅で、一九一〇年六月に池田室町で二万七〇〇〇坪の土地を分譲した。池田室町で売り出された住宅は、一区画一〇〇坪、二階建て五～六室の文化住宅で、和風と洋風の二種類であった。価格は二五〇〇円ほどであったが、二割を頭金とし、残額を一〇カ年賦とした。したがって、五〇〇円の頭金を用意すれば、ひと月の支払いは二〇円にも満たなかったのである。当時の銀行員の初任給は四〇〜七〇円だったので、年収の五倍程度で郊外住宅地を手に入れることができた。また、割賦販売方式も歓迎され、池田室町での住宅販売が完了すると、ついで豊中、桜井、岡本、千里山などでも同様の手法で販売を進めた。

箕面有馬電軌は一九一〇年二月には大阪電燈と電力供給契約を交わし、七月からは箕面公園とその周辺に電灯供給を開始した。一九一〇年下期には、「営業電灯ノ成蹟ハ未ダ良好ナラズト雖漸次供給区域ヲ増加シ工事ノ難易ヲ斟酌シ緩急ヲ計リ益々事業ノ拡張ニ強メツ、アルヲ以テ逐次良好ノ成蹟ヲ収メ得ベシ」と、電灯供給事業の将来に大きな期待を寄せていた（箕面有馬電軌『第七回営業報告書』）。一九一一年九月からは大阪電気軌道への電力供給も開始し、電灯・電力供給事業を拡大していった。

†箕面動物園と宝塚新温泉

小林は、箕面有馬電軌の乗客を増やすには「沿線を住宅地として発展させるよりほかに方法がない」と考えていたが、「住宅経営は、短日月に成功することはむずかしい」ので、それまで「やむをえず何らかの遊覧設備をつくって多数の乗客を誘引する必要」があった（小林一三『宝塚漫筆』）。そのため開設されたのが、箕面の動物園と宝塚の新温泉であった。

箕面動物園は一九一〇年一一月一日に開園した。当時、近畿地方には京都以外に動物園がなかったので多くの入園者を集めた。それにともない、箕面有馬電軌の「運輸収入ニ対シ多大ノ影響ヲ与ヘ両々相俟《あいまつ》テ既ニ本期間中相当ノ利益ヲ挙ゲ得ルニ至」った（前掲『第七回営業報告書』）。小林のねらいは的中したといえる。

しかし、一九一二年下期から入園者が急激に減少した。米価騰貴・金利の暴騰などによる景気の冷え込み、天皇の逝去による自粛ムードが影響したと思われるが、その後も入園者は回復しなかった。一九一五年一月に天王寺公園に大阪市立動物園が開設されると、そうした傾向は決定的となった。こうしたなかで小林は箕面動物園を一九一六年三月に閉鎖し、娯楽施設を宝塚に集め、宝塚を一大娯楽センターに仕上げていくことにした。

宝塚は武庫川《むこがわ》の早瀬に沿った「すこぶる風光明媚な形勝の地」（前掲『宝塚漫筆』）で、古くから宝塚温泉があった。小林はこの旧温泉を開発しようとしたがうまくいかず、一九一一年五月に宝塚新温泉を開業した。宝塚新温泉の浴客数は、開業早々の一九一一年上期に早くも二四万九六三二人に達し、「電車収入ノ激増ヲ来タ」す要因となった（前掲『第九回営業報告書』）。一九一二年七月には「パラダイス」と呼ばれる娯楽場（三階建ての洋風建築）をオープンさせ、室内水泳場を設けた。水泳場は人気を呼ばず、失敗であったが、小林はプールの水槽を観客席、脱衣場を舞台、舞台の下を楽屋、二階を桟敷に変更し、少女歌劇を温泉の余興として演じさせた。

ここに宝塚唱歌隊（今日の宝塚歌劇団）が誕生したのである。

箕面有馬電軌は、一九一八年二月に阪神急行電鉄と社名を変更した。そして、一九二一年九月に西宮～宝塚間の西宝線（現・阪急今津線）を開業すると、宝塚南口駅が宝塚新温泉への玄関口となった。駅前には、一九二六年五月に洋館五階建ての宝塚ホテル、二九年一〇月には六甲山ホテルが開業した。こうして宝塚には温泉旅館が立ち並び、東洋一の歌劇場、温泉、ダンスホール、ホテル、大運動場、ゴルフ場などが整備され、「阪神間唯一の歓楽境となり、その盛隆日に月に進み四季を通じての娯楽機関の完備せる事恐らくは他に比類なき地」となった（「小浜村誌稿」『宝塚市史』第六巻）。

†阪急百貨店の開業

阪急電鉄は、神戸線開業後の一九二〇年一一月、梅田駅構内に赤煉瓦造り五階建ての阪急電鉄本社ビルを建設した。三階から五階までは本社事務所として使用し、二階で阪急電鉄直営の食堂を開業したが、一階では白木屋百貨店と賃貸契約を結び、食料品や日用雑貨などを扱う売店を開業させた。白木屋は三越と同じく江戸期の呉服商に起源をもち、一九〇三年一〇月に百貨店に転換し、大阪の堺筋備後《びんご》町にビルディングを建設していたので、梅田への出張店の開設をねらっていた。

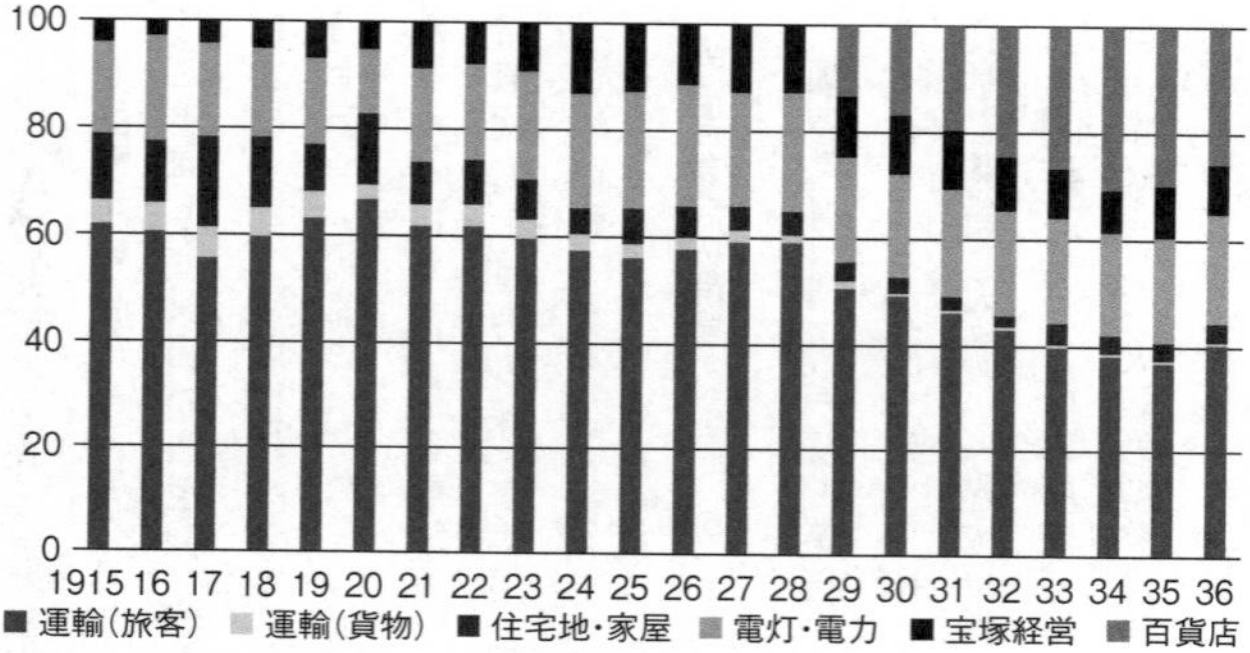

阪急電鉄（箕面有馬電軌）の部門別営業収入の割合（%）
出典：阪急電鉄（箕面有馬電気軌道）『営業報告書』各期。

一方、小林は、次のように考えていた。梅田駅には一日に十数万人の乗降客がある。ここに百貨店をつくれば、電車の利用者がそのまま顧客になる。したがって、集客コストがかからないのでその分廉価販売が可能となる。小林は、自らのターミナル・デパート構想を確実なものとするため、白木屋に百貨店を経営させてどのくらいの売行きがあるのか、いわば市場調査を試みたのである。

その結果がよいとわかると、小林は一九二五年二月に阪急マーケット準備委員会を組織し、直営マーケット開設の準備に取りかかった。一九二五年四月に白木屋との賃貸契約の期限が満了となると、六月一日に阪急マーケットを開業した。大阪日日新聞社の建物を買収して本社事務所を移し、本社ビルの二・三階を直営マーケットとしたのである。一階には停車場への出入口や待合室が設けられ、二階にあった食堂は四階と五階で営業を続けた。売場面積は各階とも八〇坪で、二階は菓子類、缶詰、瓶詰、佃煮、乾物、果物、書籍、雑誌、煙草、玩具、その他一般食料品の売り場となり、三階では化粧品、洋品、台所用品、その他一般家庭用品が扱われ、現像焼付も行われた。営業時間は午前九時から午後九時までの一二時間で、店員の数は一三三名であった（阪急百貨店社史編集委員会編『株式会社阪急百貨店二十五年史』）。

阪急マーケットは、一九二九年三月に御堂筋の梅田郵便局跡地に建築面積三二八坪、地下二階、地上八階の新館を建設し、四月に旧館を移転させて阪急百貨店として開業した。一階には梅田駅のコンコースがあり、二階から六階までが日用品や雑貨類を扱う直営の百貨店となった。そして、七、八階には直営の食堂が入った。小林は一九二七年三月に社長に就任し、「どこよりも良い品物を、どこよりも安く売りたい」を経営方針とした。

†芋蔓式経営と大衆本位の事業

小林一三は、電鉄業の経営に土地・家屋の分譲、電灯・電力の供給、宝塚での娯楽事業、さらにはターミナル・デパートなど、沿線での諸事業を組み合わせるという独創的な経営を展開した。阪急電鉄の事業部門別営業収入の推移を百分比でみるとグラフのようで、当初は全収入の六〇パーセント以上を占めていた運輸収入の比率が次第に低下し、その他の付帯事業の比率が高くなっている。

阪急電鉄の付帯事業としては土地・家屋の分譲がよく知られているが、全収入に占める比率はそれほど高くはない。宝塚の娯楽部門も一〇パーセントを超えることはあまりなかった。これに対して、電灯・電力供給事業はほぼ一〇パーセント台後半を維持しており、安定した兼業部門となっている。阪急百貨店の開業は一九二九年であったが、三〇年代に入ってからは二〇パーセント台後半を記録し、付帯事業のなかではもっとも収入の多い部門となっている。

しかし、土地・家屋の分譲や宝塚経営の比率が高くはないからといって、重要でないというわけではない。沿線に多数の人々が居住することによって運輸収入や電灯電力収入は増加し、宝塚の新温泉やパラダイスへの行楽客が増えれば運輸収入は増えるからである。一九一三年に投資家向けの経済雑誌『ダイヤモンド』を創刊し、財界を独自の視点から観察してきた石山賢吉は、小林のこのような経営手法を「芋蔓式経営」と呼んだ。小林の一連の事業は、「一見、別個の観を呈して居るが、元をたゞだせば、一つ事業に、枝から枝が生じて、別個の事業になった」というのである(石山賢吉『事業と其人の型』)。

また、小林の事業はいずれも「大衆本位の事業」であった。興行や食堂など、大衆相手の事業は「水商売」と呼ばれ、堅実な実業家からは危険視されていた。しかし、小林によれば「大衆本位の事業ほど危険のない商売はない」のであった。毎日現金をもらって商売をするので、貸し倒れが発生する心配はない。利回りは低いが、それは「公債の利子が安いのと同じやうに、電鉄にしても、デパートにしても、また興行にしても、さううまい遺利をねらふのは間違つてゐる」というのである（小林一三『私の行き方』）。

箕面有馬電軌（阪急電鉄）の事業は、いずれも日露戦争後から第一次世界大戦期にかけて成長してきたいわゆる「新中間層」という「大衆」を射程に置いた事業であった。小林は、こうした「大衆」の成長をとらえ、これまで「水商売」として危険視されてきた「大衆本位の事業」を都市型第三次産業として確立させたといえる。

さらに詳しく知るための参考文献

津金澤聰廣『宝塚戦略――小林一三の生活文化論』（講談社現代新書、一九九一／吉川弘文館〈読み直す日本史〉、二〇一八）……小林一三は、梅田～宝塚間、石橋～箕面間で電鉄経営を営むとともに、沿線で住宅地・家屋の販売、新温泉や劇場、さらには百貨店の経営など多角的事業を展開した。こうした小林の事業はのちの電鉄経営の原型となっただけでなく、日本人の生活文化や都市娯楽のあり方を一変させた。本書は、このような小林の事業を宝塚戦略と呼び、そこに阪神間モダニズムの形成をみてとっている。小林の事業活動を学ぶさいに、まず参考にすべき著書である。

竹村民郎『笑楽の系譜――都市と余暇文化』（同文館、一九九六／『阪神間モダニズム再考』〈竹村民郎著作集Ⅲ〉三元社、二〇一二にも収録）……本書の第四章「機械文明の受容と〝交通文化圏〟の成立――小林一三と宝塚少女歌劇」において、交通システムや通信・情報システムの発展が余暇空間のあり方を決定的に転換するという観点から阪急「交通文化圏」の形成を検討している。小林一三が、阪急電鉄を軸に沿線で都市型第三次産業と呼ばれる諸事業を展開し、新中間層の生活文化圏を形成していく状況が興味深く描かれている。

吉原政義編『阪神急行電鉄二十五年史』(阪神急行電鉄株式会社、一九三二)……阪神急行電鉄の会社史である。小林の都市型第三次産業の展開の概略を把握するうえで参考になる。とくに、本書に収録されている小林一三「此の会社の前途はどうなるのか?」は、小林の阪急電鉄に対する考えがよく表れている。

『小林一三全集』全七巻(ダイヤモンド社、一九六一~六二)……小林一三は、若いころに小説家をめざしていたこともあって、多くの著作を残している。この全集には、『逸翁自叙伝』『私の行き方』『宝塚漫筆』をはじめ、小林の著作がほぼすべて収録されている。小林の事業活動を理解するうえでの必読文献といえる。

『小林一三日記』全三巻(阪急電鉄、一九九一)……小林一三の日記である。第一巻は、「当用日記」(一八九八年、一九〇〇年、一九〇二~〇四年、一九〇六年)、「日々是好日」(一九三五~三六年)、「朝鮮・中国北部を覗く」(一九三七年)、訪伊使節日記(一九四〇年)、「蘭印使節」(一九四〇年)からなる。第二巻、第三巻は「我国の運命」と題して、戦後一九四五年から五五年までの日記が記されている。小林のものの見方や時代認識がよく表れており、小林の経営者としての冷徹で合理的な思考をうかがうことができる。

老川慶喜『小林一三――都市型第三次産業の先駆的創造者』(PHP研究所、二〇一七)……小林一三の事業活動は、阪急沿線での事業だけでなく、東京電灯、東宝劇場、第一ホテルなどと広がりを見せている。さらには、戦時中に商工大臣を務めるなどその活躍の範囲はきわめて広い。そうした小林の事業活動の全貌を描いている。

奥須磨子・羽田博昭編『都市と娯楽――開港期～一九三〇年代』（日本経済評論社、二〇〇四）……都市形成にとって「娯楽」と何か。「都市型第三次産業」としてくくられる諸事業が、都市の形成にどのような意味を持つのかを東京とその郊外を事例に考察した論文集。百貨店、演劇、競馬、遊園地、行楽などが取り上げられており、いずれも小林の生きた時代を考えるうえで参考になるが、とくに第三章「娯楽・百貨店事業と渋谷の開発――目蒲電鉄・東横電鉄と五島慶太」（松本和明）は、五島慶太による目蒲電鉄や東横電鉄の多角化戦略を検討の俎上に載せているので、小林の阪急電鉄の経営と比較しながら読んでほしい。

由井常彦編『堤康次郎』（エスピーエイチ、一九九六）……小林一三は「都市型第三次産業」の創造者と呼ばれるが、同じような事業を展開してきた経営者として、一代で西武コンツェルンを築いた堤康次郎を挙げることができる。ただし、小林の事業の出発点は電鉄経営であったが、堤は土地会社（不動産業）を事業の出発点としていた。本書を小林の事業活動と対比しながら読むことによって、小林の事業活動の特徴がより明確になると思われる。

第26講

宝塚と小林一三

伊井春樹

†箕面有馬電気軌道鉄道の頓挫からの発足

宝塚歌劇を語る前提として、小林一三の電鉄事業は避けることはできなく、不可分の関係にある。電鉄に直接関与することによって、小林は未踏の分野を次々と開拓していく。

小林が三井銀行に勤めるようになったのは、明治二六(一八九三)年四月の二〇歳であった。北浜銀行を創立した岩下清周から、証券会社を設立するため支配人になってほしいと乞われ、銀行を退職し、家財道具も売り払って家族とともに東京から大阪に移り住んだのは、明治四〇年一月の三四歳であった。ところが日露戦争後の好景気から、一転して日本経済は大不況に陥り、支配人の話も消え去り、小林はたちどころに無職になってしまう。

大阪から舞鶴に向かう阪鶴鉄道の大株主が三井物産だったこともあり、小林は監査役として採用されるが、ほどなく国有化され、清算人として働くことになる。前年の一月に、好景気の余韻のまま、箕面有馬電気軌道株式会社が設立され、七人の発起人によって事業計画が進められていた。ここに小林は追加発起人として加えられることになる。ただ、不景気にもなっただけに、山の手を走る路線計画は採算がとれるはずがなく、発起人会は連日のように解散の手続きが話し合われ、いずれも負担から逃れようとする。

大阪から神戸へは、人家の多い海岸沿いの阪神電鉄と中央部の国鉄とが競合していた。そこに、田畑や山間部を走り、しかも難工事が予想される有馬温泉までの路線計画は、無謀でしかない。人々が身を引こうとする中、小林は池田から梅田までの路線敷地を二度ばかり歩きながら将来像を描いたという。紅葉と滝で知られる箕面、名湯とされる有馬温泉へ行く客だけでは、とても成り立つはずがない。むしろ沿線を住宅地として開発し、人が住むようになれば、大阪市内への通勤客が増えるとの算段である。

小林は詳細な計画を立て、融資を受け、借財して資金集めをし、会社の責任を一人で負うことにした。発起人たちは、むしろ難を避けることができたと、すべての権利を放棄して小林に付託する。それとともに、小林は沿線の土地を安いうちに買い集め、日本では初めての田園都市構想を描く。

†箕面、宝塚での集客策

紆余曲折《うよきよくせつ》を経ながら、三年後の明治四三年三月に、梅田から箕面・宝塚まで電車は開通する。有馬温泉までの延伸は第二次の開発の予定とし、ひとまず途中駅の宝塚止まりとなる。その前に「最も有望なる電車」とする三七ページものパンフレットを作成し、企業の発足から今後の活動にいたる内容を図入りで解説し、沿線の名所案内、郊外生活のすばらしさを推奨する。さらに「月拾弐円《じゆうに》で買へる土地家屋　理想的郊外生活」のパンフレットも配布し、煤煙で環境も悪く狭隘《きようあい》な住宅に住むのではなく、快適な郊外生活によって大阪市内へ通勤するというスタイルを唱え、これまた日本では最初の住宅ローン方式で家や宅地を売り出す。このあたりから、一四年の銀行員時代とは異なる、電車の走るレールを武器にし、そこから広がる新しい生活文化のアイデアを次々と展開していく。

開業時の終点は、石橋から分岐した先の箕面駅である。当時の箕面の人口は三〇〇〇人ばかりの農村だけに、通勤客などいなく、沿線に住宅地を開発するといっても、即効性はない。そのための仕掛けが、子供の楽しめる遊興施設を造り、家族連れで梅田から箕面までの乗客を増やす方法であった。

箕面駅前はラケット型の広場にし、電車は周回して石橋駅へ向かう趣向を凝らし、内側は子供の遊具を設置する。背後の小高い山には自然動物園を作り、ライオン、虎、象、熊、猿などと、坂道をめぐりながら動物を見て歩く。上の広場には翠香殿《すいこうでん》という演劇舞台を置き、子供による御伽芝居から落語、曲芸、奇術などが公演される。駅前広場の一角には箕面公会堂を建て、博覧会、地方物産会が開かれ、舞台では川上音二郎《おとじろう》や貞奴《さだやっこ》の演劇、巌谷小波《いわやさざなみ》の講演などと、さまざまな催しによって人集めをする。川端康成も箕面に心引かれた一人で、『少年』という作品で小学校六年の折に箕面の滝や動物園を訪れた回想を記す。

箕面有馬電鉄の開業に合わせて、駅名と名所を読み込んだ「箕面電車唱歌」を作り、大阪市内や沿線の小学校すべてに配って歌ってもらい、「箕面動物園唱歌」などの歌もできあがる。いずれも小林一三の作詞だとされる。子供が親しみを持ち、家族で箕面を訪れると、それだけ電車の乗客が増加することになる。電車がたんに人を運ぶ乗物ではなく、町を生み、文化を創造していく、現代にも通用するツールとして機能していく。

有馬温泉までの延長計画は、大正二年に断念され、途中駅の存在だった宝塚は終点駅となる。これによって宝塚の本格的な開発となり、山間部の箕面から、徐々に活動を移していく。動物園も大正五年には閉鎖されるなど、箕面におけるすべての遊戯施設は廃止となり、電鉄開業からの試みは、宝塚で新たな展開となっていく。

宝塚は鄙《ひな》びた湯治場として知られていたが、阪鶴鉄道（現在のJR福知山線）が通るようになり、さらに箕面有馬電鉄の誕生によって、温泉客で賑《にぎ》わってくる。小林はその客を取り込もうと考えたのであろう、「三十万円の一大温泉場」「浴場の全部は大理石」と謳《うた》った宝塚新温泉の営業を開始する。大正元年七月には、娯楽場としての鉄筋三階建てのパラダイスができ、一階は水泳プールを兼ねた多目的なホールとし、天井は二階まで高くしてガラス張りにし、屋上は納涼台にする。二階はカタログ・ポスター・娯楽用の図書を備えた図書館とし、三階は小展覧会やレコード鑑賞用の部屋として用いる。温泉に訪れた客が、さまざまな施設を用いて楽しめるようにと工夫する。

パラダイス完工の前に報じた「大阪朝日新聞」（大正元年六月三日）の記事によると、夏は「屋内水泳場」として用い、冬は底に板を敷いて客席とし、「脱衣場に舞台を組みて、劇場と公会堂と混合のものに、早替りする設計」とする。すぐさま七月と八月はプールとして開放するが、地下水だけに、五分と泳げないほどの冷たさだったと、評判はよくなかった。

季節が過ぎると、「婦人博覧会」を催し、婦人問題の講演会から、各地の婚礼衣装、髪型、結婚式と並び、女性解放の風潮とも重なって大変な人気となる。温泉客ともあいまって、人々は宝塚へと繰り出し、それだけ大阪から宝塚への電車の乗客が増大することになり、小林の狙いはまさに的中する。

†宝塚少女歌劇団の発足

小林自身は失敗だったと述べるものの、大正二年の七月、八月の二カ月もプールとして用いる。近代的な温水プールが誕生するのは大正一〇年になってからなので、室内水泳場の存在そのものはきわめて先進的な試みであった。一年目の反省から、小林はすぐさま新しい企画を立てる。前の年から準備を進めていたのであろう、大正二年七月には宝塚唱歌隊（後に少女歌劇、さらに歌劇団と改称）を結成し、御伽劇団などをしていた振付の久松一声《いっせい》、東京音楽学校卒の安藤弘は作曲、妻の智恵子は声楽、高木和夫はピアノを担当するスタッフとして招き入れる。

一二歳から一七歳の二〇人の少女たちが、大阪からは遠く離れた辺鄙《へんぴ》な地に集められ、楽器、ダンス、唱歌などに励むことになる。一部の親には人身売買をするのではないかと、不安な思いをする向きもあったという。有能な指導者を集め、徹底したプロの集団に育てていく。舞台に立つには親しまれる芸名が必要と、人々も口ずさむ『百人一首』の「わたの原漕ぎ出でて見ればひさかたの雲井にまがふ沖つ白波」からは雲井浪子とするなど、全員にそれぞれ和歌の典拠を持たせる。文学好きの小林ならではのアイデアであろう。

急ごしらえの劇団ながら、初舞台は大正三年四月一日だった。この日から宝塚新温泉の会場では「婚礼博覧会」が催され、婚礼の風俗習慣から調度品、儀式、装飾等の展示がなされ、その余興として少女歌劇の公演が添えられる。あくまでも温泉客を呼び込むのが目的で、結果として大阪から終点の宝塚までの電車の乗客増へとつながってくる。温泉客は、無料で博覧会や少女歌劇が楽しめることになる。箕面動物園に入ると、無料で翠香殿の御伽劇や演芸が楽しめ

宝塚少女歌劇第１回公演「ドンブラコ」

たという手法の踏襲であった。

「青鞜《せいとう》」の創刊号（明治四四年九月）に、平塚らいてうが「元始、女性は太陽であった」と書き、婦人問題を提唱して以来、大正期は女性の社会的な進出はめざましく、陸続と活動家が生まれてもくる。小林はそのような社会的な雰囲気をつかみ、前年の「婦人博覧会」に続いての催しで、「一万円の婚儀用品」という豪華なセット販売もするなど、沿線の住宅販売とともに、新生活の理想的な姿を披瀝《ひれき》してみせる。新聞にも紹介されるなど人々の関心は高く、家族連れで訪れる客も多く、とりわけ少女歌劇はたちまち評判になる。新聞広告では「婚礼博覧会」の傍らに小さく書かれていた宝塚少女歌劇だが、ほどなく記載は逆転し、中央に大きく示されてくる。

第一回の舞台は歌劇「ドンブラコ」、御伽噺の桃太郎で、一二歳から一六歳の少女達が、それぞれ桃太郎、爺さん、婆さん、猿、犬、雉に扮しての、歌とセリフと踊りの熱演に、温泉客たちは魅了されてしまう。続いて喜歌劇「浮《うか》れ達磨《だるま》」、ダンス「胡蝶《こちょう》」であった。無料というだけではなく、斬新《ざんしん》な演劇に客は押し寄せ、入場もできないほどだった。

日本の演劇は、国民劇としての歌舞伎が存し、それを起点としてさまざまな演劇改良運動が派生し、多くの演劇人が出現する。川上音二郎・貞奴は正劇を唱え、川上座を立ち上げたのは明治二九年、坪内逍遥から離れた島村抱月《ほうげつ》・松井須磨子の芸術座は大正二年、そこから大正六年に独立したのが沢田正二郎の新国劇だった。このような時代の中に、歌舞伎のオペラ化をめざした少女歌劇団が生まれたのである。

†松竹と宝塚少女歌劇との競合

第一回の少女歌劇の公演は、四月一日から五月三〇日まで、小林一三は「素人の劇団」と謙《けん》遜《そん》するものの、人気はますます高まるばかりで、連日人が押し寄せてくる。温泉客の余興として無料で公開していたのだが、少女歌劇を目的として訪れる客も増えてくる。第二回目は八月一日から三一日まで、歌劇「浦島太郎」、ダンス「故郷の空」の舞台となり、不評であれば夏は再びプールに戻すことも考えたのだろうが、その必要はなくなってくる。

後年に小林は、プールの水が冷たくて失敗し、舞台に転用して宝塚歌劇が誕生したと、面白そうに話をし、それを随筆などにもしばしば書いている。「プールから生まれた宝塚歌劇」は、今日でも独創的な発想と、なかば伝説的に語られるが、事実はそうでなかった。その後は、劇場専用として公演が続けられる。

宝塚少女歌劇にとって大きな転機となったのが、「大阪毎日新聞」の主催による、大阪市内での公演だった。一〇月から一一月末まで第三回の公演の後、一二月一一日から三日間、北浜の帝国座で一等席一円、二等席五〇銭の入場料を徴収するが、連日の大入り満員となる。ちなみに当時の東京の帝国劇場は、特等席四円、一等三円一〇銭、二等二円五〇銭であった。少女達の可憐な歌や演技に人気は沸騰し、新聞には毎日写真入りで報道される。その後、神戸や岡山、広島にも公演に出かけるなど、認知度が徐々に広がり、宝塚に足を運ぶ人が増えてもくる。

翌大正四年も、一二月に北浜の帝国座での三日間の公演、これまた連日の満員で著名な評論家たちは「家族で楽しめる独自の演劇」と評するほどであった。翌五年は劇場街の中心地道頓堀の浪花座で、一二月一六・一七日と両日の公演となり、「空前の盛況」と新聞で書き立てられるほどの人気ぶりとなる。

大正期の演劇界は、松竹が圧倒的な存在として勢力を占めていた。もとは京都の発生で、養子に入った白井松次郎と弟の大谷竹次郎による劇場経営である。京都の五座を持ち、大正五年までには大阪の道頓堀五座とされた朝日座、角座、浪花座、弁天座、中座のすべてを手中にする。大正二年には東京歌舞伎座を獲得し、所属する歌舞伎俳優も抱え、さらに浅草にも進出していく。このような松竹にとって、大阪からも離れた田舎の宝塚で誕生した演劇など、問題にするほどでもなかった。ただ集客の多さに、年末の二日くらい松竹として実害はないと、少女歌劇に貸すことにする。ところが「大入り満員札止め」となり、切符が取れないと騒がれるありさまだった。

大正六年も一二月に二日間少女歌劇団の公演が催され、家族連れによる連日の満員のにぎわいに、「芝居小屋が一杯になつたといふ事は、道頓堀あつて以来の出来事」と、松竹の職員が驚嘆するありさまだった。翌七年からは、大阪市中央公会堂で開催されるようになるのは、松竹が断ったためなのかどうかは判然としない。

浪花座は中村鴈治郎《がんじろう》が座付きの芝居小屋で、家族連れで客席が満席になるようなことはかつてなかった。松竹は驚きとともに、将来への危機意識を持ったのか、大正九年には女優養成に乗り出し、一〇年には松竹少女歌劇団の前身を結成し、宝塚少女歌劇団の中心メンバーだった作曲家や振付師を引き抜くことになる。その後続く、松竹と宝塚（後の東宝）との長い対立の発端ともなる。

宝塚少女歌劇の人気ぶりは、松竹だけではなく、各地にさまざまな少女歌劇団が生まれ、実数は明らかではないが三十余団は存在したであろうか。松竹歌劇団（ＳＫＤ）が長く活躍した以外は、いずれも盛衰を繰り返して消え去ってしまう。

†宝塚少女歌劇団の東京進出

宝塚少女歌劇は温泉客の余興として無料の公演を続けてきたが、プールを改造した三〇〇人の劇場では押しかける客に対応できなくなる。しかも、温泉とは関係なく、少女歌劇を見るために訪れる客が多くなってしまう。大正八年には、箕面の公会堂を移築して本格的な劇場を造り、大正一〇年には、団員も花組と月組に分け、二つの劇場で公演し、入場料も取るようになる。大正一二年一月に火災によって両劇場は焼失するが、二カ月後には宝塚中劇場、翌年七月に四〇〇〇人収容という大劇場が竣工《しゅんこう》し、パラダイスも再建し、大中小の三つの劇場が出現する。宝塚の地では、温泉とともに演劇、音楽、映画などを催すという、小林一三の夢であるアミューズメントセンター構想の実現であった。

小林とも懇意だった福沢捨次郎《すてじろう》（諭吉の次男）から、宝塚少女歌劇の評判を聞いた松本幸四郎（七代目）は、帝国劇場主任の伊坂梅雪を誘って大正四年に宝塚を訪れる。さまざまな経緯があったが、翌五年に帝国劇場での宝塚少女歌劇の公演という話で決着する。それでも、余興にすぎない地方の少女歌劇に強く反対する意見もあり、実現したのは七年五月二六日からの五日間であった。帝国劇場では、公演のない月末を貸与することにしたのが実情であった。

四月から前売りを始めると驚くほどの人気ぶりで、特等以下すべての座席が埋まってしまう。

坪内逍遥などは、手に入らなくてすごすごと帰るしかなかったという。新聞では写真入りで報道され、雑誌はグラビア特集を組むありさまだった。帝国劇場の規定により、入場料は大阪と異なりかなりの高額であったにもかかわらず、すぐに売り切れてしまうありさまである。東京での公演の成功は、宝塚少女歌劇が温泉客への余興として発足した地方劇団から、新しい演劇集団として広く知られてくるようになる。

宝塚少女歌劇養成会で学んだ少女達が舞台に立ち、結婚すると退団するというシステムは、発足時から堅持されていた。大正八年には宝塚音楽歌劇学校として設立され、現在の宝塚音楽学校として継承される。大正一三年に大劇場が完工し、中劇場との二つの劇場、それに地方公演もあるため、この年に雪組を結成し、三組で総勢二〇〇人余の体制となる。

帝国劇場での公演は大正一二年まで継続されるが、一三年は前年の関東大震災のため中止となる。一四年からは市村座で二〇日間公演を年五回、翌年は邦楽座では二回の公演となる。一回の公演日数は、帝国劇場の五日間とは異なり長期間となり、それを年に四五回も公演するというのは、宝塚少女歌劇が東京にすっかり定着したことを意味する。帝国劇場では規制のあった料金も、他の劇場では半額以下になり、それだけ多くの観客は斬新な歌劇に入場者も増えていく。

小林一三の手腕が見込まれ、昭和二（一九二七）年七月には経営の危機に陥っていた東京電燈の取締役に乞われ、阪急電鉄の社長を兼ねながら東京での生活に重点が置かれるようになる。すぐさま敏腕を発揮し、余剰電力を用いた昭和肥料（後の昭和電工）を設立し、昭和金融恐慌の中他の電力会社を吸収するなど、再建に努める。昭和三年には副社長、八年には社長に就任する。経営再建の中、東京電燈の所有していた日比谷の土地を売却することにし、設定した金額ではどこも買い手がつかなかったが、小林は自ら購入を決意する。

宝塚少女歌劇団は、毎年上京して二〇日間の公演を複数回継続していた。少女達の滞在費、舞台装置から衣装の輸送、職員の費用などを考えると、東京にも拠点を置こうと小林は考える。東京での演劇は浅草が中心だったが、日比谷に土地を得たことから、この一帯をアミューズメントセンターにしようとの構想をめぐらす。このようにして、昭和九年一月二日に、東京宝塚劇場（東宝）が開場するにいたったのである。

昭和の時代になるが、東宝劇団の創設、日比谷映画劇場、有楽座を建設し、東京宝塚劇場の五階に五〇〇席の東宝小劇場を設け、長唄、琵琶、講談、落語等の演芸を提供する。その後小林は、帝国劇場、日本劇場（日劇）を取得し、映画界にも乗り出し、今日の東宝へと展開するなど、電車から始まった事業は、演劇の世界に大きな存在を示すことになる。

さらに詳しく知るための参考文献

宝塚歌劇団『宝塚歌劇五十年史』(一九六四)……別冊として第一回公演からの演目、出演者、芸能界の動きなどを収載する。他に『宝塚少女歌劇廿年史』『宝塚歌90年史』『宝塚歌劇100年展』が存する。

東宝五十年史編纂委員会『東宝五十年史』(東宝株式会社、一九八二)……東宝の発足からの歴史をたどり、多数の映画作品の写真と年表を付す。

『帝国劇場100年のあゆみ』編纂委員会『帝国劇場100年のあゆみ』(東宝株式会社、二〇一二)……帝国劇場の設立の経緯から、経営母体の変遷とともに、上演された演目と出演した俳優が列挙される。

伊井春樹『小林一三の知的冒険――宝塚歌劇を生み出した男』(本阿弥書店、二〇一五)……小林一三の少年時から銀行員を経て電気鉄道事業にいたる経緯と、文学青年としての姿を描く。

「宝塚を作った男　小林一三の一生」(「別冊宝島」宝島社、二〇一六)……小林一三の誕生から電鉄、宝塚歌劇などの事業とともに、松永安左ェ門、五島慶太等の交友関係も記す。関連する多くの写真も掲載される。

伊井春樹『小林一三は宝塚少女歌劇にどのような夢を託したのか』(ミネルヴァ書房、二〇一七)……箕面有馬電気軌道鉄道の出発から、箕面における動物園、博覧会の開催、宝塚における新温泉と余興として出発した少女歌劇団の姿を明らかにする。

伊井春樹『宝塚歌劇から東宝へ――小林一三のアミューズメントセンター構想』(ぺりかん社、二〇一九)……宝塚少女歌劇の人気、東京の帝国劇場での公演から東京宝塚劇場の建設をたどり、日比谷から有楽町の一帯をアミューズメントセンターに成長させていった背景と、小林一三の演劇論についても考察する。

第27講

カフェーの展開と女給の成立

斎藤　光

†当初のカフェー

カフェーとは、明治末期に銀座で誕生し、大正期に、全国的に定着を見た、飲食店ジャンルである。先行形態としては、ビアホールとミルクホールがあった。このジャンルの当初の特色をまとめると次のようになる。カフェーは、コーヒーや洋酒などの西洋由来の飲み物と、ライスカレーやオムレツなど一品の洋食を提供する、洋風の設備（例えばテーブルと椅子）内装の店舗・システムであった。

このシステム内では、飲み物や食べ物は、カウンターや調理場で作られる。そこから、多くの客が飲食談笑している空間を縫って、客のテーブルへと運ばれる。当然ながらそれらを運ぶ役目の店員、給仕者（ウエーター）が必須だ。給仕者は、商品としての飲食物を運ぶだけでなく、客に応対し注文を取る必要もあった。

多くの場合、カフェーでこうした仕事をする給仕者・ウエーターは、女性だった。この女性労働者は、はじめは「カフェーの女」などと称されたが、大正の中期頃から「女給」という名称でよばれるようになった。こうして成立した「女給」という要素がその名称とともに、大正中期以降のこのジャンルの展開で中心的な役割を果たすようになっていく。

昭和期にはいると、カフェーというかなり漠としたジャンルは、食堂、レストラン、バー、喫茶店、カフェー、キャバレーなどといったものに、内容・形式や機能で差異化され分解していく。その中でカフェーは、小さいものはバーや酒場、大きなものはキャバレーとみなされるようになり、「女給」による「接客」を中心とする、主に洋風のジャンルへと収斂し、敗戦を迎えることになった。

†一九一一（明治四四）年の銀座

一九一一年の春、三月または四月、カフェープランタンが、現在の銀座八丁目六番地、当時の日吉町に開店した。店を始めたのは、洋画家の松山省三《しょうぞう》と平岡権八郎《ごんぱちろう》である。まだ、カフェージャンルが成立する前だったので、松山らは、客が来るか、店を維持できるかを心配していた。そこで、はじめは会員制をとり、当時の文化人や芸術家が係ったのである。

同年八月八日の『東京朝日新聞』を見るとプランタンは「日吉町の伊太利式料理店」とされ、

まだカフェーという認知はない。「主人は一人では資本が出来ず仲間の文士画家を語らひ会社組織にて開業」と会員制のことにも触れている。森鷗外、小山内薫、木下杢太郎《もくたろう》、黒田清輝、岡田三郎助《さぶろうすけ》などが会員に名を連ねたとされる。パリやウィーンの文芸芸術カフェーがそのモデルであった。

同じ年の七月、永井荷風は、尾張町の角、現在の銀座四丁目南角に「カフェーギンザ」ができるという情報を耳にし、建築現場を目にしていた。八月四日には、西洋料理店の草分け築地精養軒が納涼会を開き、「都下の紳士数十名」の前で、「カフェーライオン」開店を公表した。「カフェーギンザ」の正式名称は「カフェーライオン」となったのだ。オープンは八月一〇日。「来客のため絶えず余興をなし新趣向の休憩所たらしむる」（一九一一年八月八日『東京朝日』）ことが当初目指されていた。

八月二七日、『東京朝日新聞』に「カッフエー」と題するエッセイルポが連載され始めた。筆者は「大食漢」。大正末から昭和になるとカフェーの専門家と認められ、雑誌『食道楽』を主宰する松崎天民《てんみん》である。天民は、カフェーライオンからルポを開始し、プランタンを取り扱い、最後の六回目に一九〇五年オープンの台湾喫茶店もカフェーと再定義した。この連載が、カフェージャンルの成立を後押しし、その認知を広める役割を果たしたといえよう。ルポの人気が高かったため、天民は、九月一三日から五回、続編の「バーとホール」を連載する。メイゾン鴻乃巣《こうのす》やカフェーシンバシはこのシリーズで扱われた。

この年の一二月一二日、コーヒーをメインにしたカフェーパウリスタが、銀座で三番目のカフェーとして、当時の南鍋町《みなみなべちょう》、現在の銀座七丁目に産声をあげる。コーヒー豆販売業として前年に設立された会社が、六月二五日、大阪の箕面に第一号の飲食系店舗を出したのに続いて東京に展開したものであった。

こうして、銀座に、プランタン、ライオン、パウリスタと三軒の新規飲食店がカフェーとして開店すると同時に、松崎天民のルポなどを通して、カフェーというジャンルが、人々のもとに届けられることになった。日本語文化圏で、カフェーは銀座を発信地としてかく誕生したのである。これ以降、日本の人々はカフェーやその派生態を消費することになる。

この動きは、東京のほかの繁華街や日本のほかの大きな都市にも連動波及する。まだ、実証的な研究はなく、回顧資料によっているが、大阪では、一九一一年頃から、新世界にカフェー・ミカドが、千日前戎橋筋《えびすばしすじ》にカフェー・ナンバが、道頓堀浪花座東隣にパウリスタが開店したとされる。その後、道頓堀筋に、若い文士、画家、新聞記者などが入り浸った旗乃酒場／キャバレ・ド・パノンもでき、大阪文化に深い刻印を残した。

京都に関しては、同時代資料によって、かなり状況が明らかになっている。一九一一年一一月、日本画家の秦《はだ》テルヲが、京都にカフェーが二店あることを、新聞紙上で語った。寺町二条角の鎰屋《かぎや》カフェーと、文教地区吉田の吉田カフェーである。

鎰屋カフェーは一九〇八年前後に、老舗の和洋菓子店の階上に作られた喫茶寮がカフェージャンルによってカフェーと再定義されたものだった。のちに、梶井《かじい》基次郎《もとじろう》の代表作「檸檬」（初出一九二五）で舞台の一つとなり、日本文学史に名を残した。吉田カフェーは、もともとミルクホールであったが、三高生などの支持で繁盛し、カフェーと解釈できる形態へと変化した店舗であった。『三田文学』『早稲田文学』『中央公論』『スバル』など文芸雑誌も置かれていたという。

一九一二年六月になると、カフェーパウリスタ支店の開店などで、京都のカフェーは四店舗となった。さらに一九一四年初めには、少なくとも一九店のカフェーがあったことが、『京都日出新聞』に連載された「カフエー巡」から確かめられる。京都で見られる、カフェーの増殖は、他の大きな都市でも同じようにみられたと考えられる。近代的生活が浸透して行く帝国の都市部に、カフェーが新ジャンルの飲食店として、広がっていったのは間違いない。

†カフェーの内実――ライオンの事例（大正四年）

松崎天民の「カッフエー」や「バーとホール」には、カフェージャンル成立当初の、カフェーの様子が、記述されている。その後どう展開したのかについては、いまだ、しっかりした資

カフェーライオンの女給仕のイラスト。藍色友禅のモスの単衣、モスの赤帯、白いエプロンという「制服」姿であった（大食漢「カッフェー」『東京朝日新聞』1911年8月28日号）

料は見つかっていないし、信頼に足る研究も見当たらない。そこで、これまであまり注目されてこなかった、「カフェーライオンの給仕（ボーイ）となる記」（以下「探訪記」）を検討し、ライオンのシステムについてみておこう。

この探訪記は、一九一三年一一月号の雑誌『新公論』に、筆名「変装記者」のルポとして掲載され、その後、知久《ちく》桟雲峡雨《さんうんきょうう》生著『変装探訪世態の様々』（一誠堂書店、一九一四）におさめられた。

まず、興味深いのは、夏頃、中国の政変がらみの取材で、京阪神に滞在したときのカフェージャンルに係わる記者の証言である。

京都にカフエーギオンが出来たり、大阪にも神戸にも所謂カフエー式ともいふべきバアの多く出来てゐたのに驚きました。彼した夜の歓楽場の気分は成程享楽主義の詩人にお誂向のものですね　それは東京に於て尠くとも我等同人間に云ひかはした話柄ではありますが、古典的な京都にまで、かうした新しい時代の歓楽場が頻々と設けられて行くといふ事が非常に私にとつて興味深いものなのでした。昔ながらの東山一帯の風景、静に夕暮れてゆく鴨川の闇を渡つて吹く風、そして私は森影神寂《もりかげかみさ》びた祇園社の前に起つて思ひがけなきバアの一室にコクテルやマハタンさてはヂン或ひはキユラソーといふやうな芳烈な洋酒の盃を手にするといふ事は、誠に意想外な出来事なのでした。

銀座にスタートしたカフェージャンルの京阪神への進出、特に古都での展開について、率直で貴重な感想を書き残している。なお、この「カフエーギオン」は、先の「カフエー巡」でも紹介され、昨年、加藤政洋らの研究で、その位置が特定された。

さて、この探訪記から、一九一三年当時のライオンの姿を再構成しておこう。ここでは触れられていないが、カフェーライオンは三階建てで、一階は酒中心のビアホール的空間、二階は食事中心の食堂的空間、三階に個室として使用可能な特別室が設けられていた。

残念ながら、この探訪記では、調理場や酒場に関しては記述がなく、一階の客席中心にボーイとしての観察がまとめられている。

給仕側の従業員体制は、支配人のもと、ボーイが複数おり、さらに女性の給仕長のもとに女給仕（ウエーター）が一三人勤務していた。給仕長は、二七歳、女給仕は、一五歳から一八歳で

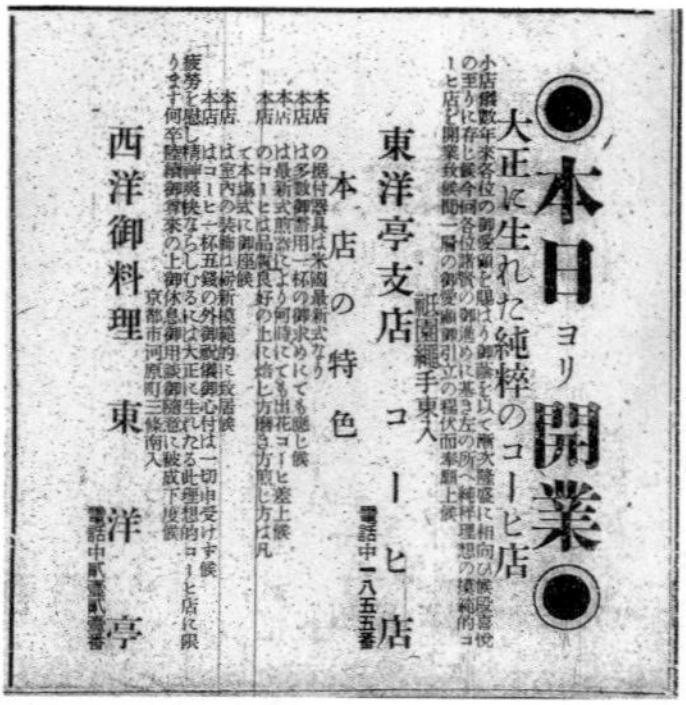

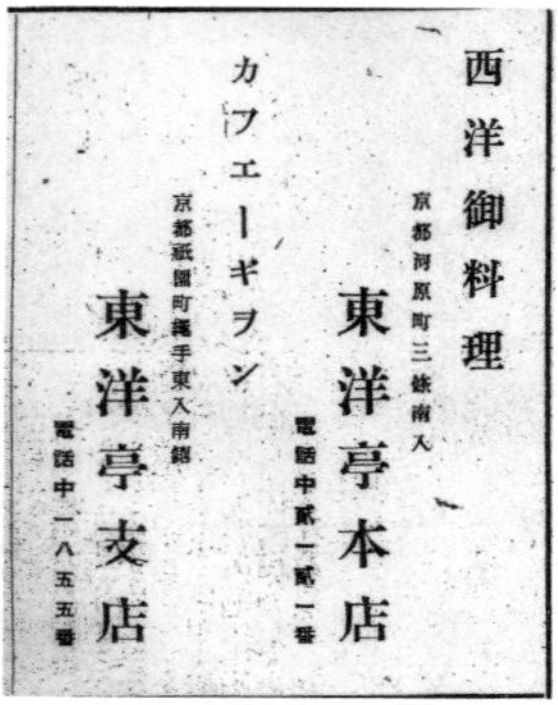

東洋亭支店＝「カフエーギヲン」の広告
左『大阪朝日新聞』（京都付録）1912年11月1日号
右『京都日出新聞』1913年1月1日号

あるという。

女給仕の勤務は早番と遅番の交代制で、早番は午前七時出勤午後九時退勤、遅番は午前一一時出勤午後一二時退勤と、かなりハードな労働である。支配人が、出勤手帖に捺印することで管理をしていた。

給与等についての記載はなく、のちに大きな問題となる「チップ」についても触れられていない。

仕事としては、注文を取ること、飲食物を運ぶこと、客と会話することなどであるようだ。会話に関しては、給仕長が、毎晩来る外国人の客に対して、「流暢な英語で萬遍《まんべん》無く愛嬌をふりまいてゐる」様子が記録されている。

客筋の情報も貴重だ。大使館関係者や汽船会社関係の外国人、各省の官吏、実業家、各有名人、各新聞社の記者、帝大・慶応・早稲田などの学生、学者、文士画家小説家、華族連などが挙げられている。

「客の多くは所謂新時代の人」とまとめられるが、基本的には、中上層階層の男性であったことが分かる。

閉店近くになると「客種は大抵一変」する。タクシーの運転手がきたり、芸妓や雛妓も現れる。天民のルポには、昼に、家族連れが食事に来ているシーンが記録されているが、この探訪記には見られない。

客の目的は、飲食、客同士の社交であるが、中には、「ウエーターを張りに来る人も」いる。つまり、女給仕が目的で、口説き落とそうという魂胆なのだ。記者の観察では、「女給仕の美しさこそ、このカフエーの客を引きつける引力」であるという。「女給」の「魅力」が、カフェーでも集客力の一つになっていることは、当初から気づかれていた。

京都のカフェーのお客の事例も、見ておこう。一九一二年の六月頃の数字だ。鎰屋カフェーの客を、メードがカウントし証言している。

毎日お越しになるお客は平均百人、其の中大別して見ると学生が六十人で二十人が訳の判らぬ書生や美術家など、商売人と番頭などが十人、会社員が十人で新聞記者も其の中である

この時期、鎰屋の場合、圧倒的に学生や書生が多かった。とはいえ客が「所謂新時代の人」

でかつ男性であることは間違いない。

†『中央公論』における批評（大正七年）

一九一八年九月号の『中央公論』に、興味深い記事が掲載された。題して「新時代流行の象徴として観たる「自動車」「活動写真」「カフェー」の印象」という。編集部は、近代的な生活の象徴として、「自動車」「活動写真」「カフェー」の三アイテムを抽出した。そのうえで、三アイテムに関して、新しくメディアなどに登場していた知識人文化人に意見や感想をもらうという企画を進めた。

ここで意見や印象を書いたのは、一四名。全員カフェーに触れている。それらの「印象」は、同時代のカフェーを知るうえで、また、カフェージャンルの歴史を考えるうえで、重要なものである。

カフェーの現状が、そこでどう描かれていたかに注目しよう。多くは、近代社会生活のスピード化に適応したジャンルとして、カフェーをとらえていた。そのうえで、例えば江口渙《かん》は、「近頃市内のカッフエは非常な勢で殖え初めた」という認識を示している。江口に言わせると、この増殖は、洋酒や洋食へと、日本の人々の嗜好が移動している反映だが、生活の簡単化との関係も重要だという。

江口は、三点指摘する。一つ目。カフェーは入りやすく出やすいシステムで、すべてが簡単、自由、気楽である、これがまず重要だ。二つ目は、初等教育の普及で、小学校以来椅子に掛け慣れてきた。そのため、畳に座るよりも椅子に掛けるほうが楽なので、カフェーが選ばれる、という。この指摘はカフェー理解の一つのポイントであろう。椅子机という設えが、カフェーの特色や引力として把握されていた。

三つ目にあげるのが、大部分のカフェーが女性の給仕を使っていることだ。ウエートレスの多くは、世間ずれしていないので気持ちがいいという。ウエートレスは、職業として、例えば芸者に比べて簡単だ、という指摘でもある。ただ、カフェーの「全盛とともにウエートレスの職業の内容が芸者同様変つて行くと云ふ一つの問題がある」点も見落としていない。

もう一人、重要な指摘をしたのは、長田幹彦《ながたみきひこ》である。彼は、一四人の中で唯一、花柳界との対比でカフェーシステムを検討している。昭和期にはいると、花柳界との対比や対抗が言説上も現実にも浮上してくるのだが、長田の論はその先駆けであった。

長田も、近代都市生活の手っ取り早さがカフェーの普及をもたらした、という。ただその手っ取り早さは、花柳界との対比で語られている。花柳界の伝統や高額な料金は、都市生活者にとって大きな負担である。そのためカフェージャンルに向かう、というわけだ。

「明るい灯火の輝く美々しい建物のなかで、強い酒を呷りながら妖艶な粉飾を凝らした女給に戯れ、短時間の間に生活の労苦を忘れ、或種の飢ゑを醫《い》す」と、まとめている。

いまから振り返ると、カフェーの興隆という江口の観察は正しく、また、花柳界と拮抗する存在へと至る、という長田の図式も正鵠を射ていたことになる。二〇年代後半になると、ともに現実化し、実証されるであろう。

一四名のカフェーの印象を見るとカフェーについての認識、そして当時のカフェーのあり方がいろいろであったことが分かる。例えば谷崎潤一郎は、カフェーを洋食を食べるために利用していると語る。柴田勝衛《かつえ》は、「精神や肉体の疲労を癒すための休憩所」と位置付ける。菊池寛は、アイスクリームやランチが重要として、具体的に、新橋の千疋屋《せんびきや》の階上と日比谷の東京ランチルームをカフェーとして紹介している。その菊池は「美しいウエイトレスが居」るカフェーは大嫌いだ、としながら、「親切で気がついて、浮ついた所のない」「ウエイトレス」は好きだ、とも語っていた。

では、「女給」は、この一九一八年、カフェーとの関連で、どのようにとらえられていたのか。一四名のうち、谷崎潤一郎も含めて七名は「女給」に言及していない。「女給」に言及している七名も、「女給」という記号を使っているのは長田幹彦ただ一人である。その長田も、一貫して「女給」という記号を使うのではなく、「カツフエの女」という、より古い表現を使ってもいる。つまり、この時点では「女給」という概念は成立途上だった、ということを、図らずもこの企画は示していた。

最後に、回顧的な視点を導入せざるを得ないのだが、この時期のカフェーに欠けていたものを確認したい。まずは音楽である。確かに、前に紹介した探訪記では、ライオンで蓄音機が鳴っていることが記録されている。しかし、この『中央公論』に寄稿した一四名の中で、カフェーの音楽に言及しているのは二人に過ぎない。一人は、カフェーパウリスタの自動ピアノへ批判的に言及していた。もう一人は、欧州のカフェーでの音楽を肯定的に扱っていた。要するに、この時期、「音楽」とカフェーは結び付いていない。当然音楽を必要とするダンスの存在もここでは語られていない。この二つ、音楽とダンスのカフェーにおける不在を、ここで確認しておきたい。

†「女給」の誕生と普及（大正一一年）

『中央公論』の記事とほぼ同時期の『読売新聞』一九一八年八月一六日号には、『カフエー』という雑誌の創刊を告げる広告が載っている。記事として「女給評判記」があることが分かる。長田は「女給」という記号を使用したが、カフェーの周辺ではすでにこの言葉と「女給」概念が生まれていたことが分かる。ただ世間的な広がりは欠いていた。

一九二〇年七月三〇日から『読売新聞』で連載開始された「貝杓子」というエッセイがある。

ここには「東京のカフエーは、時代語の一つに「女給」といふ言葉さへ造り出した」という記述が見られる。「女給」は新しい概念であること、その新しい概念が、カフェーの広がりとともに、世間でも認知されつつあること、その二点が語られている。

広く一般的にも「女給」が受け入れられたことを示すイベントが、実は、京都で一九二二年に開催された。『京都日日新聞』主催で行われた、「カフエー女給人気投票」である。

一九二二年七月二六日、『京都日日新聞』夕刊に、九月初めまで、古都の人々に話題を提供したこの「人気投票」の告知が掲載される。興味深いことにそこでもまだ「女給仕」という言葉も使用されている。

京都市内、その周辺や郊外にあったカフェー、そこに勤める女給に、新聞購読者などが投票し、人気を争うというイベント。「大正のアイドル総選挙」といえよう。八月二日から新聞紙上で投票結果が女給氏名とカフェー名つきで発表された。中間集計で一位となった女給が写真入りでインタビューを受ける記事も掲載され、競争心や好奇心をあおった。

九月二日付の夕刊に発表された結果も見よう。一位は、第二京極にあった中央カフエーのよし子で四四四三〇票を獲得、二位は、西堀川下立売下《しもだちうり》ルにあった堀川自由軒の操子、三六九一四票、三位は、四条大宮精養軒の文子、一八〇一七票。全得票を概算すると、当時の京都市民の五人に一人が票を投じた計算となる。京都市をあげて、その夏は女給とカフェーに熱狂したように見える。

　このイベントからは、二〇年代に入ると「女給」という職業が認知され、「女給」がカフェーに不可分の要素となったことが読み取れる。京都のイベントではあるが、全国的なそうした状況を象徴するものといえよう。

　ところで、古都の「カフェーギオン」の女給は票を得たのだろうか。残念ながら、新聞には見つからなかった。しかし、「カフェーギオン」が投票時点にも営業していたことは、かなり後、一九二九年の『京都日日新聞』掲載の商店街地図広告「四条ぶるぱある」に「ギオンカフエー」と記載があるので分かる。

カフエー女給の人氣者

明《あか》るい文化的《ぶんくわてき》の顔《かほ》

の持主でお裁縫が好きといふ

堀川自由軒の操子さん

カフエー女給人氣投票の第二回中間締切に於て突如彗星の如く現れ七千三百餘票といふ多數を以て見ン事首位を占めた堀川自由軒の操子――西村操さんはあのカフエーのスターとして人氣を一身に聚め主人からもまたなきものと愛でられ婉やかな笑か

◎双の頬

から絶えたことのないといふ、讀者でも、今年まだ十八、明るい文化的の顔にドコか人を引つけねばおかぬといつた風、スラリとした姿に潔白なエプロンがよく似合ふ、純粋の京娘で小[illegible]へると知恩院下の[illegible]女學校に入つて何の苦へることもなく心も身體もズンズン伸びて行きつゝあつたが十六歳――もう直ぐ二年生になるといふ今年三月、一寸の病氣が原因でお母さんが亡くなつた、其時に操さんは純眞な少女である丈け感情の打擊が意外に甚だしく寢ても覺めても

◎涙の絶

えたことはなかつたと云ひます、「ほんとにあの時、私も一緒に死んだ方がえゝと思つたわ」操子さんは眼を卓子に落してシンミリした口調で斯う云ひます、併し何と云つても十六の少女です、それに便利な「時」といふものがあります、日が經つにつれて沈み切つた心も幾分かづゝ喜びへ樂みへと引戻されて行きました、がもう其時には女學校へも行けなくなり「實社會へ」といふ叫びが耳の奥をつきます、操さんは遂に一大決心をしました、そして堀川自由軒の女給として茲に實社會への第一歩を踏出したのです「何が一番お好き?」と訊くと

◎お裁縫

と言下に答へて「ピアノもヴアイオリンも」と此處まではおとなしく「水泳も、テニスも」と多少賢い所が出て來ます、お裁縫は大の自慢で衣裳の數の殖えるのを勘定するのが最も樂みださうです、實家には義理のお母さんが出來たが世間に往々あるやうな忌はしい話もなく至極平和で月二回の休みには土産を持つて兩親や兄妹と一日を樂く過すのださうです「も少し世の中の人がカフエーといふものを理解されて

◎若い方

ばかりでなく老人や女の方もお子達も揃つてお越しなるやうにならねば嘘だと思ひます」と大に吹く所が可愛い、世の荒浪と戰ふ若い美しい操子さん何時までも若く、さうして何時までも美しくあれと彼女の前途を祈りが [illegible]

「女給人気投票」中間集計で１位になった「堀川自由軒の操子さん」（『京都日日新聞』1922年8月13日号）

†関東大震災のインパクト（大正一二年・一五年）

「カフェー女給人気投票」の結果が示されてからちょうど一年。一九二三年九月一日に発生した関東大震災は、カフェージャンルのその後の展開に大きなインパクトと変動をもたらした。その変動について、中央職業紹介事務局が執筆編集した『東京大阪両市に於ける　職業婦人調査　女給』(中央職業紹介事務局、一九二六)から見ておこう。

この調査は、当時、職業婦人が増加しているという認識や状況を背景に行われたものだ。緒言では、「幾多の新しき婦人職業の中に於ても女給と言ふ職業は数年来急激なカフエーの増加繁栄にまかせ非常なる発展を示し」ており、かつ、多くの社会問題と深く関連している、と分析する。このような情勢では、「女給の実相を知ること」は「急務であるが他の婦人職業と大いに其の趣を異にする」ので「女給」単独での調査を行ったという。

アンケート形式の調査で、東京と大阪の「所謂カフエー女給を中心」に西洋料理店や喫茶店などで働く女性も対象にし、一言でいえば「近代的エプロン女給」に質問用紙が配布された。実施は一九二五年の七月下旬である。回答した女給数は東京で一八四七人(アンケート回収率六二・五%)、大阪で一一一五人(回収率八五・六%)であった。

この調査ではじめて明らかになったのは、女給における収入の構造であり、チップ問題である。東京では、八二・四％、大阪では、八五・六％の女給が、チップを収入としている。これに対し、固定給がある女給は、東京では、三三・一％だが、大阪では、一三・三％に過ぎなかった。当時の大阪は、カフェー経営の先進地だったが、女給の九割弱がチップだけで生活を支えていたことが分かる。収入の金額は、予想よりは少ないが、「無教育の者」でも就業できるという点では、「決して少なくない」と評価している。

ではカフェー自体はどうか。この時点で、カフェーは、その増殖にともない、多様化が特徴となっていた。例えば、立地や外観内装形式によって、一流二流三流に分けられるようになっていた。東京ならば、山の手、下町、場末のカフェーという分類と、重なる区分が広がっていた。

多様なタイプが例示されている。

シャンパンやカクテルの杯をあげる青年紳士が客である店では、蓄音機からフォックストロットなどのダンス音楽が流れ、客と女給のダンスも見られた。

ビロードの服を着た長髪の芸術家風青年が、青い光の電灯のもと、紅茶の茶碗を見つめながら深い思いに沈んでいる。傍らでピアノが演奏されている。

ある店では、ラジオや蓄音機から騒々しい音楽が流れる中、学生服の若い男性と女給が丸テーブルをかこみ囁いている。隣では、女給と別な学生が「都の西北」をうたっている。その横で、赤ら顔の中年男が熱燗をちびちび飲みながら女給相手に管を巻いていた。人相も服装も問題がある不良たちが部屋隅のテーブルを占拠し、紅茶一杯で二時間も座り続け、客の出入りをじろじろとにらんでいるような店も見られた。

カフェージャンルの中に、多様なカフェー気分と雰囲気を持ち、それらに応じた客を引きつける、さまざまな個別店舗が分岐していた、ということが分かる。そこには音楽やダンスも組み込まれていた。

共通して目立つようになった傾向の指摘もある。重要なものとして、店でのイベント企画をあげることが出来よう。定番だったのは、桜狩り（観桜会）、納涼デー、紅葉狩り、クリスマスデコレーションである。こうした企画は、例えば「納涼デー」でいうと、カフェーライオンでは、一九一八年あたりから始まっている。一九二一年のライオンの納涼デーで「給仕仮装接伴」も広告され、イベントの定例化と、女給を巻き込んだ企画が震災以前から行われたことが分かる。

また、「最近では多くの店で意匠を凝らして店名入りのマッチを客に配つて広告を兼ね」る試みも注目されている。「其箱の型と図案にも亦店の情調に相応しい気分が表されてゐる」のである。

この時期のカフェーの展開を象徴するのは、一九二四年九月に尾張町一丁目、現在の銀座五丁目に開店したカフェータイガーであろう。安藤更生によれば「酒とか料理とかは二の次で、全く美人のサービスで売り出した」という。昭和に入ってすぐまで、銀座カフェーの最前線に位置していた。しかし、カフェーの内実にかかわる本質的地殻変動は、東京ではなく大阪で起きていたのである。

†おわりに――大阪での新機軸

大阪で、一九二〇年代のカフェーにどういうことが起きていたか。実は実証的研究はまだ始まったばかりである。

ただ、これについては、村嶋歸之《むらしまよりゆき》のほぼ同時代の証言が参考になる。雑誌『中央公論』の一九二九年一二月号に掲載された「大阪カフエー弾圧史」を見ておこう。

村嶋は、ここで、一九二九年時点で見られた「大阪カフェーの特質」を二点指摘している。これらの特質は、一九二〇年代に徐々にあるいは急速に大阪で形作られたものであった。

第一は、「女給」が客に身体接触するように隣に座るという「接客」を、店の経営者が、積極的に商品化した、ということだ。第二は、「女給」の象徴的・記号的服装だったエプロンを廃止し、着物をはじめ髪形や化粧を店の方針として高価念入りに改めさせたということである。

特に後者は、カフェーユニオン（ユニオン食堂）の社長小堀勝蔵が、一九二三年頃にカフェーの営業戦略として採用し、収益的に大きな成功を収めていた。大阪での女給の固定給の少なさもこのことと連関していた。

いずれも、「女給」の商品化、あるいは、「性の商品化」ととらえることができる。つまり、女給が給仕という仕事をメインとし、その「魅力」も集客力を持つというあり方から、女給自体とそのサービスが商品化されたシステムへと、一部のカフェーで変容が起きたのだ。これにより、飲食を主要商品とするカフェーは、別ジャンル、例えば喫茶店ジャンルを形成しそこへ向かう。ジャンルの分解はこうして加速されていく。

このように、大正期のカフェーの展開をたどると、カフェージャンルは当時二つの意味を持っていたことが分かる。第一には、洋風飲食の洋風形式での提供システムとして存在していた。第二には、女性と男性の一般社会での交流が極度に制限されていた戦前の日本で、男女の接触や社交や交際が商業的に成立する新たな場として、立ちあがったのである。

さらに詳しく知るための参考文献

＊カフェーに関連する書籍や文献は多数存在する。ただ、カフェーやその分化分解過程や、その社会史・文化史・思想史などについての学術的標準的研究は、残念ながらない。しかしながら、玉石混交とはいえ、九〇年代以降、学術的論考も少数だが公表されてきた。ここでは、今後研究を展開する場合に、まずは参照したほうがよい書籍と論文を簡単に紹介しておく。

藤目ゆき「戦間期大阪における「接客婦」とその運動」（『史林』第七三巻第二号、一九九〇）……二〇年代および三〇年代初頭の大阪での労働運動としての女給運動などに焦点を当て分析した先駆的研究。特に第一章は、女給の労働問題やカフェーの展開を考える上で重要である。

初田亨『カフェーと喫茶店』（INAX出版、一九九三）……カフェーや喫茶店に関する先駆的研究。建築雑誌や建築写真集から多数の図像を引用して構成されており、三〇年代以降のカフェーや喫茶店の外観や内装の把握に重要である。

和田博文「エッセイ・解題・関連年表・参考文献」（和田博文編『コレクション・モダン都市文化　第一二巻　カフェ』（ゆまに書房、二〇〇五）……関連年表と参考文献は、カフェーを研究する場合の重要な参照資料である。戦前昭和期の雑誌掲載のカフェー言説の基本的リストを見ることができる。

斎藤光「ジャンル「カフェー」の成立と普及（1・2）」（『京都精華大学紀要』第三九・四〇号、二〇一一・二〇一二）……カフェーをジャンルとしてとらえるという視点を提示した。新聞資料を中心にしたため、カフェーの新たな側面が浮かび上がり、京都における初期のカフェーの展開の再構成は、銀座からの広がりを実証している。

山中雅大「喫茶店の大衆化過程における学生の利用状況――昭和初期の学生に関する記述を手掛かりに」（『コミュニケーション科学』第四二号、二〇一五）……喫茶店利用などに関して、当時の学生の日記を利用している点が、同時代の状況を知るうえで示唆的である。

野口孝一『銀座カフェー興亡史』（平凡社、二〇一八）……一般向けの書籍。銀座におけるカフェーの展開史を、独自資料を多数加えながら、再構築したもので、松崎天民の『銀座』（一九二七）、安藤更生の『銀座細見』（一九三一）とともに、参照すべき書籍である。

林哲夫『喫茶店の時代――あのときこんな店があった』（ちくま文庫、二〇二〇）……一般向けの書籍。

主に回顧的資料で、有名カフェーや喫茶店の意味や歴史を、記述している。文学や美術にかかわる活動が特に取り上げられ、カフェーや喫茶店の文化史を考える基本文献・資料である。

斎藤光『幻の「カフェー」時代――夜の京都のモダニズム』(淡交社、二〇二〇)……一般向けの書籍。ジャンル論をもとに記述した歴史であり、京都でのカフェーなどの展開が三〇年代まで追われている。これまでのカフェー史では記述されていなかった事象が多数扱われている。

加藤政洋・河角直美「近代京都における主要商店街の店舗復元――《祇園町》を事例とした方法の検討」(『歴史地理学』第六二巻第四号、二〇二〇)……京都の祇園町、鴨川から八坂神社までの街並みの個別店舗の位置を、再構成する試みである。有名カフェー「カフエレーヴン」「ギオンカフエー」「農園」などの所在地が確定された。

半戸文「一九二〇~三〇年代東京における接客業の変化と花街振興策」(『国史学』二三二号、二〇二一)……本講のなかで言及した、長田幹彦による、カフェーシステムと花街の対比がいかに現実化したかに関しての、事例をうかがうことができる。

編・執筆者紹介

筒井清忠（つつい・きよただ）【はじめに・第4講・第11講・第12講】
一九四八年生まれ。帝京大学文学部長・大学院文学研究科長。東京財団政策研究所主席研究員。専門は日本近現代史、歴史社会学。著書『昭和戦前期の政党政治』（ちくま新書）、『昭和史講義』『昭和史講義2』『昭和史講義3』『昭和史講義【軍人篇】』『昭和史講義【戦前文化人篇】』『昭和史講義【戦後篇】上・下』『明治史講義【人物篇】』（編著、ちくま新書）、『戦前日本のポピュリズム』（中公新書）、『近衛文麿』（岩波現代文庫）、『満州事変はなぜ起きたのか』（中公選書）、『帝都復興の時代』（中公文庫）、『石橋湛山』（中公叢書）など。

＊

今野 元（こんの・はじめ）【第1講・第3講】
一九七三年生まれ。愛知県立大学外国語学部教授。ベルリン大学第一哲学部歴史学科修了。Dr. phil.（歴史学）。東京大学大学院法学政治学研究科博士課程修了。博士（法学）。専門は政治学、ドイツ・日本の近世・近代史。著書『マックス・ヴェーバー』（岩波新書）、『多民族国家プロイセンの夢』（名古屋大学出版会）、『教皇ベネディクトゥス一六世』（東京大学出版会）、『フランス革命と神聖ローマ帝国の試煉』（岩波書店）など。

牧野邦昭（まきの・くにあき）【第2講】
一九七七年生まれ。慶應義塾大学経済学部教授。京都大学大学院経済学研究科博士後期課程修了。博士（経済学）。専門は近代日本経済思想史。著書『経済学者たちの日米開戦』（新潮選書）、『新版　戦時下の経済学者』（中公選書）、『柴田敬』（日本経済評論社）など。

藤田正勝（ふじた・まさかつ）【第5講】
一九四九年生まれ。京都大学名誉教授。京都大学大学院文学研究科およびドイツ・ボーフム大学哲学部ドクター・コース修了。哲学博士。専門は哲学・日本哲学史。著書に『哲学のヒント』『日本文化をよむ――5つのキーワード』（以上、岩波新書）、『人間・西田幾多郎――未完の哲学』（岩波書店）、『はじめての哲学』（岩波ジュニア新書）など。

大山英樹（おおやま・ひでき）【第6講】
一九八〇年生まれ。東洋英和女学院大学他非常勤講師。青山学院大学大学院総合文化政策学研究科博士課程修了。博士（学術）。専門は日本近代文学。著書『夏目漱石と帝国大学――「漱石神話」の生成と発展のメカニズム』（晃洋書房）、『菊池寛現代通俗小説事典』（共著、八木書店）など。

小谷野 敦（こやの・あつし）【第7講】
一九六二年生まれ。作家、文筆家。東京大学文学部大学院比較文学比較文化専攻博士課程修了、学術博士。専門は比較文学。著書に『もてない男』（ちくま新書）、『聖母のいない国』（河出文庫）、『現代文学論争』（筑摩選書）、『谷崎潤一郎伝』『里見弴伝』『久米正雄伝』『川端康成伝』『近松秋江伝』（以上、中央公論新社）など。

山折哲雄（やまおり・てつお）【第8講】
一九三一年生まれ。宗教研究者、評論家。東北大学大学院文学研究科博士課程単位取得退学。国際日本文化研究センター名誉教授。専門は宗教史、思想史。著書『さまよえる日本宗教』（中公叢書）、『近代日本人の宗教意識』（岩波現代文庫）、『空海の企て』（角川選書）、『親鸞をよむ』（岩波新書）、『デクノボーになりたい――私の宮沢賢治』（小学館）、『救いとは何か』（共著、筑摩選書）など。

川本三郎（かわもと・さぶろう）【第9講】
一九四四年生まれ。評論家。東京大学法学部卒業。著書『大正幻影』『荷風と東京』（以上、岩波現代文庫）、『林芙美子の昭和』（新書館）、『白秋望景』（新書館）、『映画のメリーゴーラウンド』（文藝春秋）、『日本映画　隠れた名作』（筒井清忠氏との共著、中公選書）など。

河原和枝（かわはら・かずえ）【第10講】
一九五二年生まれ。甲南女子大学人間科学部文化社会学科教授。大阪大学大学院人間科学研究科博士後期課程中退。博士（人間科学）。専門は文化社会学、社会意識論。著書『子ども観の近代――『赤い鳥』と「童心」の理想』（中公新書）、『日常からの文化社会学――私らしさの神話』（世界思想社）、『全訂新版　現代文化を学ぶ人のために』（共著、世界思想社）など。

石川桂子（いしかわ・けいこ）【第13講】
一九六七年生まれ。竹久夢二美術館学芸員。國學院大學文学部史学科卒業。専門は竹久夢二、大正期の日本出版美術。編書『竹久夢二《デザイン》――モダンガールの宝箱』（講談社）、『竹久夢二詩画集』（岩波文庫）、『竹久夢二　かわいい手帖――大正ロマンの乙女ワールド』（河出書房新社）、『竹久夢二という生き方』（春陽堂書店）など。

田中智子（たなか・ともこ）【第14講】
一九六九年生まれ。京都大学大学院教育学研究科准教授。京都大学大学院文学研究科博士後期課程研究指導認定退学。博士（文学）。専門は日本近現代史、教育史。著書『近代日本高等教育体制の黎明』（思文閣出版）、『日本女性史研究文献目録 1868-2002 CD-ROM版』（共著、東京大学出版会）、『明治史講義【人物篇】』（共著、ちくま新書）など。

難波知子（なんば・ともこ）【第15講】
一九八〇年生まれ。お茶の水女子大学准教授。お茶の水女子大学大学院人間文化研究科博士後期課程（比較社会文化学専攻）修了。博士（学術）。専門は日本服飾史。著書『学校制服の文化史』『近代日本学校制服図録』（以上、創元社）、『ビジュアル日本の服装の歴史③明治時代〜現代』（ゆまに書房）など。

竹田志保（たけだ・しほ）【第16講】
一九七九年生まれ。学習院大学他非常勤講師。学習院大学人文科学研究科博士課程単位取得退学。博士（日本語日本文学）。専門は日本近代文学。著書『吉屋信子研究』（翰林書房）、『昭和史講義【戦前文化人篇】』（共著、ちくま新書）など。

藤井淑禎（ふじい・ひでただ）【第17講】
一九五〇年生まれ。立教大学名誉教授。立教大学大学院文学研究科博士課程単位取得退学。専門は近現代日本文学・文化。著書『乱歩とモダン東京』（筑摩選書）、『純愛の精神誌』（新潮選書）、『清張　闘う作家』（ミネルヴァ書房）、

『漱石文学全注釈――こころ』(若草書房)、『名作がくれた勇気』(平凡社)、『乱歩とモダン東京』(筑摩選書) など。

牧野 悠(まきの・ゆう)【第18講】
一九八一年生まれ。帝京大学宇都宮キャンパスリベラルアーツセンター専任講師。千葉大学大学院人文社会科学研究科博士後期課程修了。博士(文学)。専門は日本近現代文学。著書『昭和史講義【戦前文化人篇】』(共著、ちくま新書)、論文「五味康祐「喪神」から坂口安吾「女剣士」へ――剣豪小説黎明期の典拠と方法」(『日本近代文学』第七八集)、「「歴史をあざむく陰のわざ――柴田錬三郎と山田風太郎の忍法小説」(『昭和文学研究』第七六集) など。

宮本大人(みやもと・ひろひと)【第19講】
一九七〇年生まれ。明治大学国際日本学部教授。東京大学大学院総合文化研究科博士後期課程単取得退学。専門は漫画史・表象文化論。著書『江口寿史 KING OF POP Side B』(編著、青土社)、『マンガの居場所』(共著、NTT出版) など。

佐藤卓己(さとう・たくみ)【第20講】
一九六〇年生まれ。京都大学大学院教育学研究科教授。京都大学大学院文学研究科博士課程単位取得退学。専門はメディア論。著書『『キング』の時代』(岩波書店)、『言論統制』(中公新書)、『メディア論の名著30』(ちくま新書)、『増補 大衆宣伝の神話』『増補 八月十五日の神話』(以上、ちくま学芸文庫)、『物語 岩波書店百年史2』(岩波書店) など。

橋爪節也(はしづめ・せつや)【第21講】
一九五八年生まれ。大阪大学総合学術博物館教授・大学院文学研究科兼任。東京藝術大学美術学部大学院修了。日本東洋美術史専攻。著書『大大阪イメージ――増殖するマンモス/モダン都市の幻像』(創元社)、『モダン心斎橋コレクション――メトロポリスの時代と記憶』(国書刊行会)。『木村蒹葭堂全集』(監修、藝華書院) など。

倉田喜弘(くらた・よしひろ)【第22講】

一九三一年生まれ。芸能史研究家。大阪市立大学経済学部卒業。NHK勤務ののち芸能史研究に専念する。専門は近代芸能史。著書『明治大正の民衆娯楽』（岩波新書）、『日本レコード文化史』（岩波現代文庫）、『「はやり歌」の考古学』（文春新書）など。

岩本憲児（いわもと・けんじ）【第23講】
一九四三年生まれ。早稲田大学名誉教授。専門は映画史、映像論。著書『幻燈の世紀　映画前夜の視覚文化史』、『サイレントからトーキーへ――日本映画形成期の人と文化』、『ユーモア文学と日本映画――近代の愉快と諷刺』（森話社）、『日本映画の海外進出――文化戦略の歴史』（編著、森話社）、『戦時下の映画　日本・東アジア・ドイツ』（共編著、森話社）、『黒澤明の映画　喧々囂々』（論創社）など。

神野由紀（じんの・ゆき）【第24講】
一九六四年生まれ。関東学院大学人間共生学部教授。筑波大学大学院芸術学研究科修了。博士（デザイン学）。専門は近代日本のデザイン文化史。著書『趣味の誕生』（勁草書房）、『子どもをめぐるデザインと近代』（世界思想社）、『百貨店で〈趣味〉を買う』（吉川弘文館）、『趣味とジェンダー――〈手作り〉と〈自作〉の近代』（編著、青弓社）など。

老川慶喜（おいかわ・よしのぶ）【第25講】
一九五〇年生まれ。立教大学名誉教授。立教大学大学院経済学研究科博士課程単位取得退学。経済学博士。専門は日本経済史。著書『近代日本の鉄道構想』（日本経済評論社）、『井上勝』（ミネルヴァ書房）『日本鉄道史』幕末・明治篇、大正・昭和戦前篇、昭和戦後・平成篇（中公新書）、『満州国の自動車産業』（日本経済評論社）など。

伊井春樹（いい・はるき）【第26講】
一九四一年生まれ。大阪大学大学院教授、国文学研究資料館館長、阪急文化財団逸翁美術館館長を経て、現在は大阪大学名誉教授他。広島大学大学院博士課程。文学博士。専門は日本文学。著書『源氏物語注釈史の研究』（桜楓社）、『成尋の入宋とその生涯』（吉川弘文館）、『ゴードン・スミスの見た明治の日本』（角川学芸出版）、『小林一三は宝塚少女歌劇にどのような夢を託したのか』（ミネルヴァ書房）、『人がつなぐ源氏物語』（朝日新聞出版）など。

斎藤 光（さいとう・ひかる）【第27講】

一九五六年生まれ。京都精華大学ポピュラーカルチャー学部教員。京都大学理学部、北海道大学大学院環境科学研究科修士課程、東京大学大学院理学系研究科修士課程修了。専門は、科学史科学論、近代社会文化誌。著書『幻の「カフェー」時代』（淡交社）、『性的なことば』（編著、講談社現代新書）、『社会的なもののために』（共著、ナカニシヤ出版）、『〈いのち〉はいかに語りうるか？』（共著、日本学術協力財団）など。

ちくま新書
1590

大正史講義《たいしょうしこうぎ》【文化篇《ぶんかへん》】

二〇二一年八月一〇日　第一刷発行

編者　筒井清忠（つつい・きよただ）

発行者　喜入冬子

発行所　株式会社 筑摩書房
東京都台東区蔵前二-五-三　郵便番号一一一-八七五五
電話番号〇三-五六八七-二六〇一（代表）

装幀者　間村俊一

印刷・製本　株式会社 精興社

ISBN978-4-480-07423-2 C0221

ちくま新書

1469
近世史講義
――女性の力を問いなおす
高埜利彦編
第一線の実証史学研究者が最新研究に基づき江戸時代の実像に迫る。特に女性が持った力と果たした役割を多角的に検証。通史としても読める全く新しい形の入門書。

1318
明治史講義【テーマ篇】
小林和幸編
信頼できる研究を積み重ねる実証史家の知を結集。20のテーマで明治史研究の論点を整理し、変革と跳躍の時代を最新の観点から描き直す。まったく新しい近代史入門。

1319
明治史講義【人物篇】
筒井清忠編
西郷・大久保から乃木希典まで明治史のキーパーソン22人を、気鋭の専門研究者が最新の知見をもとに徹底分析。確かな実証に基づく、信頼できる人物評伝集の決定版。

1589
大正史講義
筒井清忠編
大衆の台頭が始まり、激動の昭和の原点ともなった大正時代。その複雑な歴史を二六の論点で第一線の研究者が最新の研究成果を結集して解説する。決定版大正全史。

1136
昭和史講義
――最新研究で見る戦争への道
筒井清忠編
なぜ昭和の日本は戦争へと向かったのか。複雑きわまる戦前期を正確に理解すべく、俗説を排して信頼できる史料に依拠。第一線の歴史家たちによる最新の研究成果。

1194
昭和史講義2
――専門研究者が見る戦争への道
筒井清忠編
なぜ戦前の日本は破綻への道を歩んだのか。その原因をより深く究明すべく、二十名の研究者が最新研究の成果を結集する。好評を博した昭和史講義シリーズ第二弾。

1266
昭和史講義3
――リーダーを通して見る戦争への道
筒井清忠編
昭和のリーダーたちの決断はなぜ戦争へと結びついたのか。近衛文麿、東条英機ら政治家・軍人のキーパーソン15名の生い立ちと行動を、最新研究によって跡づける。